디지털 전환과
가야 할 미래

하이브리드미래문화연구소 편

플랫폼생태계, 스마트 시티 순환경제에 대한 반성과 전망

디지털 전환과 가야 할 미래

이종관 · 이호근 · 김재광 · 김종규
김화자 · 오민정 · 이아름 · 오관후

성균관대학교
출판부

발간사

이제 위기는 끝났는가? 우리는 이전처럼 살아도 되는가? 21세기부터 본격화된 디지털 전환은 그대로 지속되어도 좋은가?

3년 전으로 되돌아가보자. 2020년 인간들은 대혼란에 빠졌고 재난 영화나 SF 영화에서나 연출될 수 있는 허구가 실제로 돌변하며 닥쳐왔다. 하루에 100명 남짓 코로나 환자가 발생하는 상황에서조차 사회는 공포에 사로잡혔고 국가는 비상 상태를 선포하고 인간들은 사회적 관계를 단절하고 집으로 도피했다. 텅 비워진 도시, 홀로 남겨진 고립의 상황.

그 와중에 우리가 살아온 삶에 대한 반성과 성찰이 서서히 빛을 내며 이 엄청난 재앙의 위기를 벗어날 수 있는 길을 모색하려는 움직임도 일어났다. 뉴노멀, 대전환, ESG 등 근대 이후 인류가 살아온 삶의 방식의 전환, 나아가 문명의 대전환이 없이는 재앙은 더욱 악화될 것이라는 진단이 그것이다. 그리고 실로 전 세계적 차원에서 심지어는 가장 단기적으로 또 대중적으로만 행동하는 정치 경제 영역에서조차 반성과 새로운 미래를 찾아야 한다는 함성이 들려왔다.

그런데 그 3년이 지난 지금 뉴노멀, 대전환 등은 낡은 상투어로 전락해 가고 오히려 리오프닝이 시대를 이끌어 가는 구호가 되었다. 물론 다시 열려야 한다. 그런데 어떤 방식으로 다시 열려야 하는가에 대한 진지한 반성과 혁신적 성찰이 없이 문명은 다시 안일에 빠져들고 있다. 그리고 그 안일 속에서 문명에 내재한 재앙의 리스크는 어떤 방식으로든 반복될 수밖에 없다. 우리는 이미 이를 수차 목격했다. 한 시대의 문명에 내재한 야만과 재앙의 리스크는 모습을 바꾸어가며 영역과 지역을 넘나들며 침공해 온다는 것을.

21세기에 들어서만 3번째이다. 2008년 경제 파탄, 2010년 후쿠시마 방사능 재앙, 그리고 2020년 전 세계를 순식간에 뒤덮고 엄청난 생명을 앗아간 코로나 팬데믹.

물론 이렇게 상이한 양상으로 또 시차를 두고 공격해오는 재앙에 대해 스스로 최고로 합리적이라고 자만하는 현대인들의 대응 방식은 한결같다. 그 위기가 좀 완화되는 듯하면 곧바로 아무 일 없었던 듯 또 안일하게 위기 이전의 삶을 그대로 지속한다. 이번에도 예외는 아니다. 다른 위기와는 달리 직접적으로 그 재앙이 치명적 질병의 양상으로 우리의 몸속으로 침략해오고 또 우리의 가족, 친지, 친구, 지인들이 그 재앙의 희생양이 되었던 그 3년을 이제는 망각의 늪 속으로 침몰시키고 있다. 그리고 21세기부터 본격화된 현대 문명의 견인차인 디지털 전환을 이제는 거의 범용 인공지능의 수준에 가속적으로 가까이 가는 생성 인공지능에 위임하며 지속해 나간다. 정말 그래도 되는 것일까?

어쩌면 이 질문조차 이제는 물을 가치가 없는 질문으로 잊어버리며 디지털 전환의 진행을 더욱 가속화하는 것이 대세로 굳어지고 있다. 그러나 이 질문을 잊으려 하지 않으려는 사람들이 있다. 잊게 되면 현대 문명에 잠복하고 있는 야만과 재앙의 리스크가 언젠가는 또 다른 양상으로 어쩌면 더 치명적으로 공격해올지 모르기 때문이다. 그들은 바로 성균관대 하이브리드미래문화연구소 사람들이다. 이미 오래전부터 그들은 미래를 철학적으로 인문학적으로 연구해왔다. 그리고 그 연구가 이제는 시대의 절실하지만 쉽게 망각되는 요청에 대한 학문적 응답으로 더욱 실천력을 갖고 진행되고 있다.

물론 이 연구는 현대 문명의 중추와 견인차 역할을 하는 디지털 기술에 대한 철학적 인문학적 비판적 성찰로 전개된다. 그러나 그렇다고 디지털 기술을 버리고 모두 자연인이 되자는 것은 아니다. 인간은 자연에 생존하는 존재가 아니라 문화에 실존하는 존재이다. 따라서 인간은 문화를 형성하는 도구와 기술을 개발하여 그것을 매개로 실존할 수밖에 없다. 그러나 그 기술을 맹신할 때 인간은 기계적으로 계산적으로 작동하는 장치에 부속된다. 그리고 그때 그 기술에 어떤 오작동의 위험이 있고 그 위험이 현실이 될 때 어떤 재난이 닥쳐올지에 대한 실존적 성찰력을 상실한다. 그것이 바로 현대 인간이 처한 상황이다. 하이브리드미래문화연구소 사람들은 바로 이 상황에서 탈출하려 한다. 그리고 다시 인간의 실존적 성찰력으로 우리를 현대인으로 실존하게 하는 그 디지털 전환을 탐구한다.

데이터 전환과 가야 할 미래

성균관대 하이브리드미래문화연구소가 수행하는 시대적 실천은 바로 이것이다. 그 결실이 이번에 출간되는 이 책이다.

문화관광부 최우수 도서로 선정된 『하이브리드 포에시스』를 시작으로 『디지털 철학』을 거쳐 『미래, 메타버스와 함께?』에 이르기까지 하이브리드미래문화연구소 사람들의 현대 문명과 디지털 전환에 대한 심층적이며 인간적인 탐구는 지칠 줄 모르고 계속되었다. 그리고 앞으로 인간의 탐구가 chatGPT로 대치되는 상황이 오더라도 우리 연구원들의 미래와 첨단 기술, 나아가 chatGPT에 대한 인간적 탐구는 중단되지 않을 것이다.

이번에 출간되는 이 총서에는 미래를 전망하기보다는 잠시 숨을 고르고 현재까지 진행된 디지털 전환의 내면을 좀 더 선명하게 드러내는 작업이 수행되었다. 이제 그 내용을 나열하면 다음과 같다.

경영학자가 참여하여 에너지 문제를 디지털 기술과 순환경제의 관계에서 성찰하는 연구, 인공지능 학자가 참여하여 인공지능을 물질 과잉 소비의 현대 경제를 스마트 순환경제로 전환하는 방향에서 개발하고 또 이 인공지능 자체가 거대 인공지능으로 개발되면서 엄청난 데이터와 전력을 소비하는 역설을 극복하는 길을 제시하는 연구, EU에서 전 유럽적 프로젝트로 추진되고 있는 친사회적, 생태적 플랫폼인 GAIA X에 대한 철학적 탐구, 현직 변호사로 또 하이브리드 연구에 참여하고 있는 연구자의 탄소중립 기본법에 대한 성찰, 스마트시티에 대한 문학적 나아가 문화적 연구와 베를린 스마트 시티 사례에 대한 창의적 수용, 메타버스 리믹스 문화와 디지털 커먼스에 대한 최신 기술 철학적 고찰, 순환경제가 진정으로 현대 경제의 과오를 극복하기 위해 내재화해야 할 문화철학적 차원에 대한 고찰, 금융위기와 코로나 위기 상황에서 급성장 급팽창한 플랫폼 자본주의의 리스크에 대한 고찰.

하지만 시대적 요청에 응답하는 이 광범위하고 미래지향적인 탐구는 독일 프리드리히 나우만 재단의 전폭적인 지원이 없었다면 불가능했을 것이다. 나우만 재단은 2019년부터 하이브리드미래문화연구소가 지향하는 학문적 실천 행위를 물질적 정신적 양면에서 격려하고 커다란 도움을 주고 있다. 이 기회를 빌려 나우만 재단의 한국사무소 프레드릭 스포어 소장과 임성은 부장에게 감사드린다.

마지막으로 기억해야 할 사람이 있다. 그는 나우만 재단의 전임 소장 크리스티안 탁스 박사이다. 탁스 박사는 누구보다도 한국을 사랑했고 남북의 평화를 위해 헌신했으며 성균관대 하이브리드미래문화연구소의 발전을 위해 도움을 아끼지 않았다. 하이브리드미래문화연구소의 파트너였으며 친구였던 그는 안타깝게도 많은 사람에게 슬픔을 남기고 작년 세상을 떠났다. 탁스 박사의 평화로운 영면을 기원하며 이 책을 그의 영전에 바친다.

데이터 전환과 가야 할 미래

Contents

I

디지털 전환과
데이터 생태계

디지털 전환과 플랫폼 경제의 리스크

이종관

1. 들어가는 말

　근대 산업혁명 이후 경제는 끊임없이 생산 수단의 기술적 혁명을 일으키는 테크노 자본주의로서만 존립이 가능하다. 그리고 이 테크노 자본주의의 기술적 혁명은 디지털 기술을 전유함으로써 최첨단에 도달하였다. 디지털 전환이라는 불리는 이 과정에 의해 추동되는 테크노 자본주의는 경제의 영역을 넘어 문명의 견인차로 대대적인 환대를 받는다. 그 이유는 그 기술이 자유의 성장을 통한 경제 번영을 예언하기 때문이다. 일단의 경제학자들에 따르면 자유는 경제적 번영과 양의 관계를 갖고 있다고 한다. 특히 밀턴 프리드만 그리고 하이에크 같은 경제학자는 자유시장 경제를 통해 확보되는 선택할 수 있는 자유는 경제적 번영을 낳고 이는 다시 인간의 선택의 자유를 증진시킨다고 주장한다.

과연 그럴까? 디지털 기술은 과연 인간의 선택할 수 있는 자유와 어떤 양상의 관계를 맺는가? 특히 2008년 금융위기 이후 4차산업혁명 혹은 디지털 전환이란 양상으로 급격히 시장 속으로 침투하고 있는 디지털 기술은 어떤 경제를 어떻게 탈바꿈시키고 있는가? 그리고 이때 구체적이며 실질적 자유로서 경제적 선택의 자유는 증진되고 있으며 이 실질적 자유의 증진으로 인간의 자유 총량이 증가하고 있는가?

2. 디지털 전환의 새로운 단계: 플랫폼 기업의 출현

2008년 이후 파국의 위기를 경험한 디지털 자본주의는 실리콘밸리를 진원지로 본격화된 소위 파괴적 혁신을 통해 명맥을 유지하고 있다. 특히 파괴적 혁신을 주도하는 기업들은 상상으로 초월하는 매출을 단기간에 달성하는 신화를 쓰면서 자본주의의 구원의 여신으로 찬양되고 있다. 그런데 이 기업들의 혁신은 거의 대부분 디지털 플랫폼이란 새로운 사업 모델을 구축함으로써 이루어진다.

플랫폼 기업이라 불리는 이 새로운 자본과 기술의 유착은 디지털 네트워크 기술을 활용하여, 복수 이상의 사용자 집단의 상호작용을 촉진시킴으로써 다양한 방식으로 수익을 창출한다.

이러한 현상은 디지털화의 과정이 2009년을 기점으로 새로운 단계로 접어들면서 발생한다. 디지털 공간에서 활동할 때 사용자는 다른 사용자들과의 상호작용, 사용자 생성 콘텐츠 및 그 밖의 풍부한 디지털 활동으로 흔적을 남긴다. 그런데 이 디지털 흔적들이 이제 시간이 지남에 따라 엄청난 양의 데이터로 축적되고 있다. 이 데이터화는 2009년 스마트폰이 출시되면서 비약적으로 본격화된다. 유비쿼터스 컴퓨팅의 구현을 본질로 하는 이 기기는 한편으로는 아이폰과 아이패드에서 보듯 HCI의 혁신을 가져왔고, 다른 한편으로는 이른바 소셜미디어의 시대를 열었다. UC는 그 개념이 처음 만들어질 당시부터 이미 스마트폰, 탭, 패드와 같은 UC를 구현할 디바이스를 요구하고 있었다. 그리고 이런 디바이스가 실제로 사용되기 시작하자마자 UC는 개인을 가상과 익명의 세계로 도피시켰던 20세기 후반의 인터넷과 달리 개인과 개인을 실명으로 연결시키고 그 흔적을 역시 실시간으로 기록 저장한다. 또한 유비쿼터스 컴퓨팅이 추구해온 맥락인식 기술과 매립 기술은 무선인식 기술(RFID, radio frequency identification)에서 성공적으로 실용화되어 GPS 서비스와 함께 언제 어디서 누가 어떤 활동을 하고 있는지 추적하여 데이터화할 수 있다. 예를 들면, 우정은 페이스북에서 "likes"가 되고, 도시에서의 움직임은 GPS가 탑재된 기기에 광범위한 디지털 발자국을 만들어 낸다. 또 정보검색은 개인 혹은 집단이 무엇을 욕망하고 무엇에 가치를 두는지 파악할 수 있는 엄청난 양의 단서를 제공한다. 이 거의 무한 양에 가까운 디지털 흔적들은 오늘날 빅데이터란 이름으로 불리며 고스란히 저장된다. 이와 같이 스마트폰과 같은 모바일 기기는 2009년경 경제위기로 전 세계가 신음하고 있던 시기에 때마침 등장함으로써, 디지털화가 데이터화라는 새로운 단계로 진입하는 데 결정적인 역할을 한다. 2000년 이후 많은 인터넷 회사들은 다양한 구체적인 사업 모델을 가지고 시작했다. 그런데 이 회사들은 사용자들에 의해 생성된 엄청난 양의 데이터가 잠재적으로 귀중한 자원이라는 것을 포착했다. 이 디지털 흔적은 자본의 의한 디지털기술의 전유를 데이터화로 발전시키는 데 핵심적 역할을 한다.

　그런데 사용자 개개인의 움직임과 활동이 미세한 시간단위로 추적되어 축적되는 천문학적 양의 빅데이터를 통계학적으로 분류 처리하면, 사용자 활동의 패턴이나 규칙을 파악할 수 있을 것이다. 이 빅데이터 기반 예측은 단순히 제한된 모집단 대상으로 한 조사연구와는 비교가 되지 않을 정도의 정확성을 가질 것이다. 그러나 인간의 자연지능은 이 엄청난 양의 데이터를 저장은 물론 처리는 더더욱 할 수 없다. 따라서 이 빅데이터를 통계학에서 개발된 시그모드 함수 등을 적용하여 분류 처리하고 그로부터 특정 개인 나아가서 집단의 활동 규칙 혹은 패턴을 신속하게 파악하기 위한 인공지능이 개발된다. 이제 빅데이터가 이러한 인공지능을 거쳐 처리되면 사람들의 관심, 움직임 및 관계에 대한 패턴을 찾아내고 이를 근거로 미래의 활동을 상당한 정확도를 갖고 예측할 수 있게 된다. 그리하여 디지털 플랫폼이 주축이 되는 금융위기 이후의 자본주의에서 가치가 생산되는 방식이 변하고 있다. 즉 빅데이터를 원자재로 하여 소위 예측가치 (prediction-value)가 생산됨으로써 기업이 수익을 올릴 수 있다. 금융위기 이후 구매력이 저하된 소비자들은 제품을 소유하여 그 제품을 사용하기 보다는 제품을 소유하지 않고 사용하기를 원한다. 따라서 기업은 플랫품을 구축하여 이제 제품의 판매가 아니라 제품의 사용으로부터 발생하는 서비스를 파는 방식으로 사업전략을 전환한다.

그런데 서비스를 잘 팔기 위해서 소비자 개개인 앞으로 무엇을 원할 것인가를 미리 예측할 수 있어야 한다. 빅데이터를 바탕으로 AI(인공지능)으로 처리를 하면 개개인의 앞으로의 행위가 예측된다. 거기에 대한 고객 맞춤화(customized) 된 서비스를 제공하는 것이다. 이렇게 플랫폼 기업에서는 예측을 통해 사용자를 정확하게 서비스의 소비로 유도함으로써 가치가 생산된다. 이렇게 미래예측의 가능성이 소비자의 소비 패턴 파악 및 예측에 적용되면, 디지털 공간으로의 진입로를 제공하는 소위 플랫폼 기업들에게 엄청난 이익 창출의 기회가 제공된다. 이렇게 하여 플랫폼, 빅데이터, 그리고 인공지능은 사실상 2008년 이후 자본주의가 겪은 파산의 위기로부터 벗어나 자본축적의 작동기제를 새롭게 구성하는 필수 요소가 된다

3. 플랫폼 기업의 사업 전략

현재 인공지능, 빅데이터, 그리고 플랫폼을 구성되는 디지털자본주의를 선도하는 기업은 아마존, 구글, 애플, 페이스북 등이다. 이제 이들 기업을 중심으로 이들이 이익 창출을 하는 전략과 그 파장을 좀더 구체적으로 살펴보자.

디지털 플랫폼은 디지털 네트워크 기술을 통하여 공급과 수요를 실시간으로 어긋남 없이 연결하여 가치를 창출하는 양면 시장으로 묘사되어 왔다. 이러한 플랫폼은 디지털 네트워크에 기반하고 있는 한, 네트워크 효과를 수반한다.

네트워크 효과는 메칼프의 법칙으로 더 잘 알려져 있다. 메칼프의 법칙이란 다음과 같이 설명될 수 있다. 예를 들면 네트워크이 사용자가 3명일 경우 1대1로 연결가능한 방법은 3가지이다. 1명이 더 추가되어 4명인 경우에는 6가지가 된다. n명의 경우 $n(n-1)/2$가지다. 결국 네트워크 효과는 더 많은 사용자들이 참여하여 링크가 활성화되면 될수록 효과의 파급력이 거의 기하급수적으로 증폭된다는 것을 의미한다. 바로 이 네트워크 효과가 그들 사업의 성패를 결정하기 때문에, 디지털 플랫폼을 기반으로 하는 기업들은 사용자수와 그들 간의 연결활동을 증가시키려 한다.

이와 함께 이 플랫폼 기업들은 파괴 전략을 추구한다. 그들은 말 그대로 기존 제품의 사소한 개선 사항을 최적화하는 데 집중하는 익숙한 형태의 개방 시장을 우회한다. 대신에 그들의 목적은 기존 시장의 기능 논리에 급진적으로 도전하는 것이다.

새로운 기술, 특히 네트워크 기반 기술은 경제의 여러 분야에서 거래 비용을 크게 절감함으로써 시장을 교란시킨다. 시장 행위자에 대한 정보 수집, 협상 및 협정 체결은 모두 정보 기술과 인터넷에 의해 훨씬 더 용이해지고 신속 기민해진다. 나아가 기업은 디지털 네트워크를 기반으로 하면 회사의 틀을 벗어나 소프트웨어 플랫폼, 네트워크 기술, 시장 기반 거래의 조합으로 사업을 운영할 수 있고 이를 통해 기업의 규모를 축소하여 비용을 절감할 수 있다. 그 결과 전통적인 기업들은 이러한 저비용 기회를 이용하는 좀 더 민첩한 경쟁자들의 출현으로 인해 혼란을 겪는다.

이렇게 플랫폼 기업들이 구사하는 파괴적 기술과 사업 전략 때문에 경제의 더 전통적인 가치사슬과 그에 따른 사업영역 구분은 "디지털 소용돌이"에 휘말려 들어간다. 디지털 기술을 이용하여 플랫폼을 구축한 기업들은 월드 와이드 웹을 위한 인프라를 제공하고, 디지털 통신의 방식과 사용자 활동을 결정하며, 디지털 네트워킹에 필요한 소프트웨어와 하드웨어를 제공한다.

특히 구글, 애플, 아마존, 페이스북, 마이크로소프트 등 주요 디지털 경제 기업들의 경제 거래는 돈과 정보의 두 가지 다른 통화를 사용한다. 구글이나 페이스북 계정은 사용자에게 무료로 제공되지만 사용자들은 사실상 회사의 주요 자본인 개인의 활동의 디지털 흔적을 사용의 대가로 지불한다. 이들 기업들은 사용자들의 개인 활동의 디지털 흔적을 빅데이터로 축적한다. 이 빅데이터는 자사의 서비스 및 생산 프로세스를 설계하는 알고리즘을 지속적으로 최적화하여 이들 기업들의 시장 지배력을 더욱 강화한다. 물론 사용자와 디지털 생산 프로세스 사이의 이러한 영구적인 피드백 루프는 고객들의 바람과 선호도를 파악하여 지속적으로 서비스를 개신한다. 그럼으로써 사용자 경험의 가치를 향상시킨다. 하지만 다른 한편 그 피드백루프에 의해 축적되는 빅데이터는 인공지능에 의한 분석을 거쳐 구글이나 페이스북과 같은 기업의 핵심 사업인 표적 광고와 빅데이터 애플리케이션의 기초가 된다. 구글의 자동번역 앱은 플랫폼 기업 나아가 플랫폼자본주의와 빅데이터 처리의 긴밀한 상호작용을 잘 보여준다. 구글의 알고리즘은 번역 서비스가 필요로 하는 사용자들의 집단지성이 무상으로 제공하는 모든 정보와 제안들을 수집 통합한다. 이는 번역 서비스의 정확성이 빠른 속도로 개선되는 효과를 발생시켜 구글이 웹 공간에서 확보하고 있는 지배력을 강화 확대한다.

4. 플랫폼 기업과 독점화

　메이슨과 리프킨과 같이 포스트 자본주의자에 따르면 이 회사들은 디지털 상품을 취급하기 때문에, 그들이 장기 수익성 있는 사업을 운영하는 것은 점점 불가능해진다. 따라서 이 플랫폼 기업에 의해 소생한 자본주의의는 이들 기업의 몰락과 함께 다른 경제로 넘어갈 것이라고 전망한다. 그러나 이러한 전망과는 다른 상황이 전개되고 있다. 디지털 플랫폼을 기반으로 한 이 기업들은 확장적임과 동시에 배타적인 기술 생태계를 통해 시장과 가격 그리고 노동을 통제한다. 이는 자신들의 시장 장악력을 전 세계로 확장하여 독점 내지 준독점화하는 경향으로 나타나 개인들의 선택의 자유를 가속적으로 박탈한다. 여기에는 두 가지 원인이 있다.

　첫째, 공급 측면에서는 규모의 경제가 여전히 작동한다. 즉, 디지털 제품의 개발 비용은 상당히 높지만, 각 단위를 생산하는 한계비용(예: 소프트웨어)은 매우 낮다. 바로 이 때문에 포스트 자본주의자들은 이익의 감소를 전망했다. 그러나 이들의 전망은 한계비용이 감소한다는 것이 수반하는 다른 효과를 간과하고 있다. 한계비용이 전혀 들지 않는다는 것은 기업이 대량의 제품을 비교적 저렴한 가격에 판매하거나 심지어 제품을 장기 고객 충성도 촉진 수단으로서 무상 제공할 수 있다. 더욱이 기업의 규모가 커질수록 신제품 개발 시 비용과 속도 면에서 유리한 위치를 점할 수 있으며 제품 포트폴리오도 다양해진다. 대기업이 작은 경쟁업체에 비해 비교할 수 없는 우월적 지위를 점령하며 초과이익을 산출한다.

둘째로, 기업의 규모가 커지면 이제 수요 측면에서는 구체적인 네트워크 효과가 나타난다. 일단 중요한 사용자 집단이 플랫폼에 참여하여 연결활동이 활성화되면, 점점 더 많은 사람들이 시스템에 참여하는 유인효과가 발생한다. 이렇게 어느 정도 시장진입에 성공한 제품의 수요가 특정 규모에 도달하면 수요는 자체 증식과정으로 진입하게 된다. 그러므로 네트워크 효과는 강한 경쟁자들을 더 강하고 약한 경쟁자들을 더 약하게 만든다. 네트워크 효과와 규모의 효과가 함께 발생하면 대기업화가 일어나면서 시장이 독점화 내지 과점화된다. 반면 중소기업들은 급속히 수축되어 도태됨으로써 "승자-독점-시장"이 열리게 된다. 이는 단순한 추론이 아니다. 현실 속의 대표적인 예가 구글이다. 구글은 검색엔진 제공자로서 현재 사실상 독점적 지위를 누리고 있다.

물론 구글이 원래부터 그런 것은 아니었다. 구글 이전에는 야후가 사실상 독점적 지위를 누리고 있었다. 그러나 구글이 등장하여 야후와 경쟁하게 되는데 이 경쟁에서 구글이 승리하여 오늘날의 독점력을 확보한 것이다. 물론 이는 디지털 경제에서 특히 플랫폼의 독점력은 가소성이 매우 높아 독점력이 사실상 지속되기 어렵다는 사례가 될 수 도 있다. 실로 네트워크는 양의 효과를 낳기도 하지만 음의 효과를 낳는다. 즉 네트워크 참여자가 감소하면 네트워크 연결의 양은 기하급수적으로 감소되는 역현상이 나타난다. 사용자가 탈

I. 디지털 전환과 데이터 생태계

퇴하거나 비활성화되면 거기에 딸린 링크가 다 떨어져 나가고 이 과정이 기하급수에 가깝게 악순환되기 때문이다. 승승장구하던 야후와 싸이월드의 급속한 몰락은 이 음의 네트워크 효과에 기인한다.

그러나 오늘날의 거대 디지털 플랫폼 회사들은 인터넷 초기에 이런 경험을 통해 또 음의 네트워크 효과에 대비해 독점력을 강화하기 위한 기술과 전략을 개발하고 있다. 현재 플랫폼 대기업은 사용자 요구를 최대한 충족시키는 하드웨어와 소프트웨어를 통합한 사회 기술 생태계를 조성하여 사용자가 그들 선택에 의해 자유롭게 다른 플랫폼으로 이주하는 것을 방해하는 전략을 구사하고 있다. 이렇게 선택의 자유를 저해하는 배타적 사회-기술 생태계의 조성은 다음과 같이 이루어진다.

첫째, 기업들은 그들 자신의 시장 점유율을 확대하기 위해 경쟁자를 인수한다. 그들은 또한 그들의 제품 포트폴리오를 확대하여, 그들의 핵심 영업에 속하지 않는 듯 보이는 회사들을 매수함으로써 새로운 노하우를 통합한다. 예를 들어 아마존은 다양한 상품을 판매하는 온라인 소매점을 인수하여 디지털 서점에서 전방위 유통업체로 계속 확장되고 있다. 뿐만 아니라 사실상 생산자와 소비자가 거래하는 디지털 시장 공간 자체를 자신 사업 영역으로 영토화하고 또 그 영토를 확장하고 있다. 동시에 이 시장에서 이루어지는 구매 판매 배송 물류시스템 그리고 마케팅에 이르기까지 기업활동의 전 과정을 지능적으로 자동화하기 위해 로봇, 웹서비스, 하드웨어 회사에 투자한다. 구글 역시 가장 활발하게 인수합병을 하는 기업이며 인터넷 검색과 광고의 핵심 사업과의 연관성이 있는 많은 회사에 투자하고 있다.

둘째, 기업들이 스스로 그들의 플랫폼과 연동될 수 있는 하드웨어 장치를 개발하여 배타적 사회 기술 생태계를 구축한다. 이 하드웨어 기기 혹은 장치는 사용자를 나포하고 묶어두는 데 핵심적인 역할을 한다. 그들은 고객들에게 여러 방식으로 동기화되고 상호 연계된 프로그램과 서비스를 제공한다. iPad, Nexus, Surface, Kindle 같은 모바일 기기들은 사용자를 그들의 플랫폼에 묶어 두는 일종의 디지털 추적기 나아가 족쇄 기능을 하는 기기이다. 일단 사용자가 이 디지털 족쇄를 사용하며 사회-기술 생태계에 포박되면(예를 들어, 자신이 데이터를 저장하고 특정 제공자의 클라우드에 파일을 저장하기 때문에), 그 다음에 다른 애플리케이션이 설치 제공되어 사용자는 연결 활동을 더욱 활성화하며 그 플랫폼에 계속 구속될 수밖에 없다. 이렇게 디지털 플랫폼, 기기, 앱으로 이루어진 배타적 사회기술 생태계는 사용자에게 매우 개인화된 폐쇄형 시스템으로 형성된다. 그런데 이는 사용자가 다른 플랫폼으로 자유롭게 이주하는 것을 조직적으로 방해한다. 다른 플랫폼으로 이주할 경우 사용자는 지금까지 플랫폼상의 활동을 통해 구축한 데이터의 손실 등에서 비롯되는 불편함을 감수해야 하기 때문이다. 따라서 오로지 독점적으로 특정 디지털 플랫폼에 접근성이 허락되는 독자적 디지털 기기(예, I-Phone 혹은 Kindle, 구글 AI speaker)의 개발은 플랫폼 기업의 핵심 사업에 속한다. 이를 통해 사회 기술 생태계를 구축하고 여기에 지속적으로 그 특정 플랫폼에 동기화된 앱을 제공하면, 사용자의 링크 활동이 활성화되어 네트워크 효과가 양의 방향으로 증폭되면서 독점적 장악력이 확대됨과 동시에 공고해진다. 또 이렇게 특정 플랫폼 기업의 규모가 거대해지고 독점력이 공고해지면, 디지털 플랫폼 기업들은 자동화 및 노동 통제 강화를 통해 생산 비용을 절감한다. 동시에 자본 축적에 최적화된 가격책정을 할 수 있는 시장 조작 권력을 갖게 된다.

셋째, 이러한 플랫폼은 어떤 시장 안에서 일어나는 사업 활동의 도구가 아니라 그것을 통해 시장 그 자체가 조직된다. 그리고 이 시장은 그 자체 그 플랫폼 기업에 의해 사적으로 소유된다. 이렇게 일단 회사가 시장을 지배하거나 혹은 소유하게 되면, 그 고객들의 플랫폼 의존성이 강화되어 그 회사는 원하는 대로 마진을 정할 수 있는 독점권력을 행사하게 되는 것이다. 그런데 더 심각한 것은 이 독점권력이 실행되는 양상이 적어도 범위와 속도 면에서 과거의 그것과 차원이 다르다는 점이다. 자본주의의 독점 권력은 과거 초기의 경우 국경을 넘어서기가 쉽지 않았다. 그러나 온라인 디지털 공간은 그러한 국경이 없다. 그리고 네트워크 효과에 따른 확장의 속도가 오프라인 공간과는 비교가 되지 않을 정도로 가속적이다. 따라서 디지털 플랫폼에 기반한 디지털 자본주의의 독점력은 단기간에 전지구적 규모로 확장된다. 이는 우리가 현재 목격하고 있는 현실이다. 더욱 유감스러운 것은 초기 자본주의의 독점화 폐혜를 적절한 법과 제도로 잘 극복하여 개인의 경제적 자유를 증진시키는 독일, 네덜란드, 오스트리아 같은 사회적 시장경제 국가조차 디지털 독과점자본주의 소용돌이에 휘말려 들어가는 현상이 곳곳에서 나타나고 있다. 결국 디지털 경제는 Web 2.0에 기반한 플랫폼 기업들이 독점화로

치달으며 인간들은 인공지능과 빅데이터를 통해 자신도 모르는 사이에 선택의 자유를 박탈당한 채 플랫폼에 예속되고 있다.

5. 블록체인의 꿈

디지털경제의 반자유적 상황은 새로운 기술을 통해 예속의 상황을 타개하려는 기술적 혁신을 출현시켰다. 그것이 바로 블록체인이다.

블록체인은 기본적으로 P2P 거래시스템에 참여하고 있는 모든 노드들 간의 거래(transaction) 정보와 히스토리를 담고 있는 기록원부(Ledger)를 말하는 것으로서, 일종의 데이터베이스이다. 그러나 기존의 데이터베이스와의 결정적 차이점은 그 DB가 중앙의 서버에 저장되는 것이 아니라 P2P 시스템에 참여하고 있는 모든 노드들에 분산 저장된다는 점이다. LG CNS는 블록체인의 원리를 다음과 같이 설명한다.

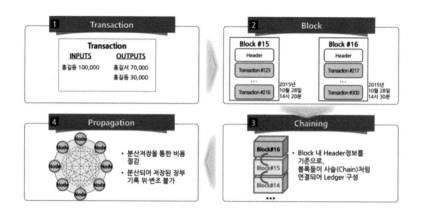

1. 거래(Transaction) 단계: A라는 소유자가 B라는 사람과 일정 액수의 금액을 거래하는 단계.

2. 암호화(Block) 단계 : 이 거래와 관련된 내용들은 블록 하나에 저장되는데, 이때 블록은 암호화 처리가 되어 쉽게 풀어낼 수 없다.

3. 상호연결(Chaining) 단계: 블록들이 순서대로 서로 묶인다. 거래들이 모여서 블록 A를 생성하는데, 이 블록들은 순서에 따라 이전 블록 B, C와 연결되어 하나의 거대한 관리대장이 된다.

4. 분산저장(Propagation) 단계: 이렇게 서로 사슬처럼 연결되어 있는 블록들은 하나의 중앙 컴퓨터에 저장되는 것이 아니라, 거래에 참여한 여러 대의 컴퓨터들이 각자 장부의 일부를 가짐으로써 전체 장부를 공유하는 방식으로 저장된다.[1]

블록체인은 기존의 화폐 거래와 그 관리 방식에 거의 혁명적인 변화를 일으키고 있다고 해도 지나치지 않다.

우선 블록체인은 탁월한 신뢰성을 발휘한다. 블록체인은 모든 거래에 대한 최종 인증이 중앙집중적 관리시스템에 의해서가 아니라, P2P 시스템에 참여하고 있는 노드들 가운데 일정 숫자 이상의 노드가 합의(consensus)를 하면 자동으로 이루어지도록 만든 합의 시스템이다. 달리 표현하면 블록체인은 모든 거래의 궤적을 추적 보존하는 온라인 원부가 광범위하게 분산된 동료 네트워크에 의해 영구적

---

1) 위의 내용은 LG CNS blog "블록체인 전문가를 만나다"에 있는 블록체인에 대한 설명을 필자가 약간 수정 인용한다. http://blog.lgcns.com/979

으로 유지 관리됨으로써 작동하는 시스템이다. 이러한 방식은 우선 중앙화된 위치에 데이터를 저장하는 것보다 거래의 보안성을 훨씬 높여준다. 왜냐하면 비트코인의 경우처럼 네트워크의 무수한 노드에 분산되어 있는 데이터는 사실상 어느 개인이나 조직에 의한 특권적 지배는 물론 위조와 변조도 불가능하기 때문이다. 이를 좀 더 상세히 설명하면 다음과 같다.

블록체인은 P2P 네트워크에 연결된 컴퓨터들이 '채굴'(mining)이라 불리는 암호화 작업에 참여함으로써 유지된다. 이 암호화 작업을 방해하고 블록체인을 위·변조하기 위해서는 P2P 네트워크에 연결된 모든 컴퓨터의 연산능력을 합한 것보다 더 뛰어난 연산능력이 필요하다. 예컨대 비트코인에 참여하는 컴퓨터들의 총 연산능력은 세계 1위에서 500위에 랭크된 슈퍼컴퓨터의 연산능력을 합한 것보다 크다고 알려져 있다. 사실상 위변조가 불가능한 것이다. 블록체인은 해킹이 불가능한 DB라는 점에서 금융권도 주목하고 있다.

이러한 탁월한 보안성과 함께 블록체인이 갖는 혁신성은 블록체인 플랫폼을 통해 제3자의 개입이 없이 참여자 상호간의 관계 형성이 가능하다는 점이다. 거래 관계의 성립에는 거래 참여자들 각각의 신용과 거래 대상의 진본 인증이 결정적이다. 그런 까닭에 이들의 신용을 보장하고 인증을 담당하는 기관의 개입은 지금까지 불가피한 것이었다. 그리고 그 기관은 거래를 성립하게 하는 각종 유료 서비스를 제공하면서 수익을 창출해왔다. 예를 들어 보자.

거래가 이루어질 때는 지불 행위가 따른다. 물물교환과 같은 거래의 경우를 제외하고 현대 경제에서 지불은 직접적으로 이루어지지 않고 지불을 보증 대행하는 제3자를 통해 이루어진다. 대표적인 예가 신용카드이다. 신용카드사는 고객 및 상점과 각각 계약을 맺고 고객이 현금 지불 없이 상품 구매를 할 때 그 결재를 거래 쌍방 간에 보증해줌으로써 보증 수수료와 거래에 수반되는 리스크 관리 수수료를 받는다. 그러나 블록체인은 신용카드 회사와 같은 제3자의 보증 없이 구매자와 판매자 간에(peer-to-peer) 직접 결제를 하는 방식이다. 이렇게 제3자의 개입이 필요 없게 되면 거래 비용이 거의 제로에 가까워진다. 그리하여 기존의 지불보증 서비스에 비해 매우 저렴한, 다양한 형태의 비트코인 기반 지불서비스(예를 들어 Bitpay)가 가능하다.

그런데 거래 비용의 감소보다 더 중요한 블록체인의 기능은, 그것이 탈중앙적 협력 조직을 구축하는 데 결정적 기반이 될 수 있다는 것이다. 참여자들 간의 거래가 이루어지기 위해 반드시 거쳐야 하는 중앙의 매개 시스템이 더 이상 블록체인에서는 필요하지 않기 때문이다. 블록체인의 이러한 장점은 공유를 바탕으로 한 협력 조직인 조합주의의 취약점을 극복할 수 있는 가능성을 열어준다.

조합 운영에 블록체인을 도입할 경우, 중앙집중화된 제3자의 개입이 불필요해지기 때문에 조합원들에 의한 직접 운영이 가능하다. 여전히 직접 운영이 어렵다고 할지라도 위탁운영자의 운영 행태를 투명하게 관리감독할 수 있는 조건을 확보할 수 있다. 이미 언급한 바와 같이 블록체인은 모든 거래의 궤적을 추적 보존하는 온라인 원부가 광범위하게 분산된 동료 네트워크에 의해 영원한 기록처럼 유지 관리되는 방식으로 작동한다. 이를 조합 운영에 적용하면 조합 운영진의 모든 행태와 그들이 수행한 일련의 모든 상호작용 및 거래가 추적 보존되고 이 저장된 내용들이 모든 사용자의 컴퓨터에 저장되어 투명하게 공개된다. 게다가 조합원들이 의사결정을 해야 할 사안이 발생하여 투표가 필요할 경우, 위변조의 위험 없이 즉각적인 투표에 의한 합의 도출이 가능하다.

　디지털 기술은 아무리 그것이 여러 문제를 안고 있다 해도 현존하는 기술 중에서는 인간과 인간의 협력을 기술적으로 증진시킬 수 있는 잠재력을 가장 크게 지닌 기술이다. 특히 블록체인은 인간들에게 중앙집권적 시스템의 개입 없이 탈집중적으로 상호간의 신뢰를 구축하며 협력할 수 있는 기반을 가져다줄 기술로 주목을 모으고 있다. 블록체인에 의해 유연하게 탈중앙화된 조직은 현재 중앙집권적 위계적 구조를 대체하여 공유재에 기반한 공동체가 신뢰성과 투명성을 가지고 효율적으로 작동할 수 있게 해줄 것이다. 다시 말해서 블록체인은 기존의 하향적 의사결정 구조에 의존하지 않고도 사용자의 평등한 참여 아래 공동체의 집단 지성을 활성화함으로써 중앙의 개입 없이 책임성을 확보하고 그 성취를 평가할 수 있는 가능성을 열어준다.

　이미 2008년 금융위기에서 경험한 바와 같이 제3자의 관리감독은 거기에 아무리 사회적 권위를 부여한다 해도 늘 심각한 문제를 일으킬 소지를 안고 있다. 왜냐하면 감독의 역할을 맡은 그 감독자를 감독할 방법이 없기 때문이다. 중앙집권적 지배는 관리감독과 집행의 효율성을 명분으로 내세우지만 언제나 부패의 위험을 안고 있는 게 사실이다. 이와 달리 블록체인에서는 참여자가 동시에 운영자의 역할을 맡는다. 이것이 가능한 것은 블록체인 알고리즘이 참여자들 사이의 상호작용을 책임과 감독이 동시에 수행되는 형태의 상호작용으로 매개하기 때문이다.

중앙화된 중개 권력이 필요없이 개인과 개인의 기술적 협력으로 운영되는 블록체인의 옹호자들은 블록체인 기술이 궁극적으로 개인의 자유와 자율성을 촉진할 것이라고 주장했다. 그러나 실제로 그 꿈도 사라질 리스크에 처하고 있다.

6. 블록체인이 시사하는 미래 과제

대부분의 블록체인 기반 네트워크 또는 애플리케이션의 거버넌스는 분산된 인프라에도 불구하고 고도로 중앙 집중화되어 있다. 비트코인이 대표적인 사례이다. 비트코인은 블록체인을 기반으로 탈중앙화된 금융경제 시스템을 구축하려는 기술적 시도였다. 그럼에도 비트코인 경우는 분산된 인프라 내에서 점진적인 권력 집중 경향을 보여주고 있다. 물론 완벽하게 분산된 시스템으로 설계된 비트코인 네트워크는 신뢰할 수 있는 기관이나 중앙 집중식 운영자와는 독립적으로 자율적이고 분산된 방식으로 작동한다. 그러나 비트코인의 운영 방식을 좀 더 자세히 들여다보면 거버넌스가 실제로 상당히 중앙집권화되어 있다는 사실이 밝혀진다. 우선, 비트코인 프로토콜의 진화를 결정하는 데 필요한 지식, 전문성, 힘을 가진 개발자는 사실 극소수에 불과하다. 또, 비트코인은 이론적으로 분산되어 있지만, 거래를 검증하기 위한 프로토콜(소위 채굴 프로세스)은 현재 네트워크의 대부분을 제어하는 몇 개의 대규모 채굴공장에 고도로 집중되어 있다.

비트코인이 원래 설계된 바와는 달리 참여자들의 공평하고 자유로운 결정을 억압하는 중앙집중화로 전개되는 이유는 무엇일까? 그 주요 이유 중 하나는 채굴 과정이 경제적 인센티브(작업 증명)에 의해 통제되는 특정 보상 구조에 의존하기 때문이다. 이러한 보상 구조는 수년간의 운영 후에 시장 역학(및 규모의 경제)에 따라 결국 네트워크를 소수의 과점 주체(일명 채굴 풀)에 의해 통제되는 고도로 집중된 시장으로 변질시켰다.

분산 거버넌스를 달성하지 못한 또 다른 예는 이더리움 블록체인에 배치된 분산형 블록체인 기반 투자펀드인 TheDAO이다. DAO는 분산형 피어 네트워크가 일괄 관리했다. DAO의 지배 메커니즘은 비교적 간단하다. 분산투자펀드에 특정 금액의 디지털 화폐를 보낸 사람들은 그 대가로 특정 금액의 토큰을 받았다. 이 토큰들은 그들이 펀드의 투자와 관련된 의사 결정 과정에 참여할 수 있도록 했다. 물론 누구나 이러한 자금이 어떻게 사용될지에 대해 제안서를 제출할 수 있다. 그러나 토큰 보유자만이 제안서에 자금 지원 여부에 대해 주장할 수 있는 권리가 있다. 물론 분산된 조직으로서, DAO는 CEO나 다른 지도자가 존재하지 않는다. 지배구조는 이더리움 블록체인에 구축된 코드에 의해서만 정의되었으며, 이는 모든 구성원이 준수해야 하는 절차와 규칙을 정확하게 규정한다. 그러나, 이렇게 분산된 특성에도 불구하고, 그것의 지배구조는 사실 기

I. 디지털 전환과 데이터 생태계

존과 크게 다르지 않았다. 사람들이 펀드에 더 많은 돈을 투자할수록, 그들의 영향력이 의사결정 과정 내에서 더 커지는 구조이다. 따라서 분산형 블록체인 기반 조직으로서 DAO는 근본적으로 금권정치란 지배구조이다.

이 두 가지 사례 모두 블록체인 거버넌스 영역에서 중요한 사실이 간과되고 있다는 점을 증언한다. 과학기술이 개인의 자유와 자율성을 촉진하는 강력한 도구가 될 수 있다고 해도 과학기술 자체만으로는 자유롭고 분산된 사회의 기초를 구성할 수 없다. 블록체인이 대표적인 경우이다. 블록체인 기술의 분산형 인프라는 사람들이 더 개방적이고 덜 위계적인 방식으로 조직하고 조정할 수 있는 기회를 충분히 증가시킬 수 있지만, 지속 가능한 분산형 거버넌스 구조를 보장하기 위한 충분한 조건을 구성하지는 못한다. 인터넷을 통해 우리는 프로토콜이 정치적이라는 것을 배웠다. 예를 들어, 프로토콜은 우리에게 사생활을 제공하는 역할을 할 수도 있고 그로부터 우리를 빼앗을 수도 있다. 블록체인 기술도 기술적 설계와 보상 구조에 따라, 우리를 중앙집중적 지배구조로부터 해방되는 자유를 누리게 할 수 있지만 반대로 새로운 중개자 집합에 의해 정교해지고 제어되는 일련의 새로운 코드 기반 규칙에 종속시킬 수 있다. 따라서 인프라 수준에서 분산의 개념을 거버넌스 수준에서 권력분산과 혼동하지 않는 것이 중요하다. 분산형 인프라가 반드시 분산형 거버넌스 구조를 수반하지는 않는다. 오히려, 분산형 인프라는 관리 및 보호를 담당하는 중앙 기관이 없기 때문에, 실제로 외부 힘에 의해 보다 쉽게 지배될 수 있는 취약성을 갖고 있다. 따라서 분산된 협력의 잠재력에도 불구하고, 블록체인 기술의 사회적, 정치적 의미는 예측하기 어렵다. 특히, 기술적 분권이 더 분산되고 민주적인 사회(사람들이 정부와 기업의 통제에서 벗어나 개방적이고 분산적인 방식으로 자유롭게 자신을 조직할 수 있는 사회)로 이어질지, 아니면 오히려 더 권위주의적인 사회로 이어질지는 여전히 불투명하다.

결국 앞으로 블록체인에 내재하고 있는 분권의 혜택을 충분히 누리려면 분권형 거버넌스 모델을 마련하는 것이 필요하다는 점이다. 특정 권한이나 권한을 소수의 확인된 개인에게 할당함으로써 분산된 기반 구조 위에 중앙 집중식 거버넌스 시스템을 배치하는 것은 항상 가능하다는 점을 잊어서는 안 된다. 블록체인 같은 디지털 분산형 인프라가 곧 분산형 지배구조를 발생시키는 것은 아니다. 분산형 인프라 위에 배치될 수 있는 적절한 분산형 거버넌스 시스템을 구상하고 설계하고 구현해야 한다

7. 결론에 대신하여

블록체인이 시사하는 미래의 과제, 즉 블록체인에 내재한 리스크를 분산적 거버넌스의 사회적 설계와 정치적 실천을 통해 극복할 수 있을까?

그러나 그 거버넌스가 아무리 발전하여도 인간의 주권적 존재로 참여하는 거버넌스 나아가 미래의 정치는 불가능하다는 주장이 점차 영향력을 확대하고 있다. 특히 인공지능의 만능성에 기대를 걸

고 맹렬한 연구를 하는 선구적 연구자들의 경우 미래의 정치는 인공지능이 담당해야 한다고 한다. 대표적인 경우가 인간을 닮은 외모와 또 언어적 구사력을 과시하는 소피아라는 인공지능을 개발하여 세간의 주목을 끌었던 벤 고르첼(Ben Goertzel) 같은 인공지능 연구자이며 사업가이다. 그는 인간은 어차피 자기 이익이나 자기가 속한 집단의 이익으로부터 헤어날 수 없는 비합리적인 존재이기 때문에 인간이 정치를 하는 한 합리적으로 운영되는 권력 분산적 정치가 불가능하다는 입장을 갖고 있다. 인공지능은 정실에 좌우되지도, 이기적인 생존욕구나 욕망에 휘둘리지도 또 각종 인간적 스캔들로부터도 자유롭기 때문에 인공지능에게 정치 권력을 이양하는 것이 인류의 미래를 위한 길이라는 것이다. 이번 선거에도 어떤 후보의 경우 인공지능이 실재 인간 후보를 대신하여 선거운동을 한 바가 있다. 이 인공지능은 후보자의 용모와 목소리를 시뮬레이션하는 초보적 단계에 불과했지만 어쩌면 정치하는 인공지능의 도래를 예언되고 있는 것은 아니었을까?

물론 인공지능에 정치적 권력과 결정권을 이양하기 위해서는 현재의 인공지능 수준을 훨씬 능가하는 인공지능의 개발이 필수적이다. 현재의 인공지능은 딥러닝 방식으로 개발되어 과거와 비교할 수 없을 정도의 지능적 처리능력을 보여주고 있다. 그럼에도 불구하고 여전히 인간이 미리 정해주는 특정과제 처리의 한계를 벗어나지 못하는 특화인공지능(Artificial Narrow Intelligence:ANI)에 불과하다. 인공지능이 정치를 하기 위해서는 ANI 한계를 돌파하여 인간이 정해주는 거의 모든 과제에 두루두루 활용되는 소위 범용인공지능(AGI)으로도 부족하다. 인공지능이 정치를 하기 위해서는 이제 인간의 비합리성을 전면적으로 능가하며 진화하는 초인공지능(Super Artificial Intelligence)이 출현해야 한다. 그런데 이 초인공지능은 지금과 같이 목적함수에 최적화되는 함수 특정을 위해 천문학적 번회의 순전파와 역전파를 순환과정에 따른 파라미터 수정을 통해 작동하는 딥러닝 방식으로는 불가능하다. 초인공지능은 마치 생명체처럼 자신의 한계를 비약적으로 넘어서며 목적함수를 스스로 창출하고 진화하는 알고리즘을 기반으로 하는 인공지능이어야 한다. 물론 현재로는 이러한 초인공지능의 출현은 요원하다. 하지만 미래를 향해 적극적으로 도전하는 일부의 인공지능 학자들과 또 이들의 도전을 적극 응원하는 기술중심적 미래학자들은 초인공지능을 향해 연구의 방향을 집중시켜야 한다고 피력하고 있다. 설령 그 성공은 먼 미래에 이루어질지 모른다 할지라도.

물론 이 초인공지능이 기술적으로 가능한지를 둘러싸고 AI 전문가들 사이에서도 어지러운 논쟁이 일어나고 있다. 양자컴퓨터가 개발되면 초인공지능은 어렵지 않게 개발될 수 있다는 주장을 둘러싼 논쟁으로부터 앞으로 50년내에는 불가능하니까 이 문제를 갖고 논쟁하는 것은 시간 낭비라는 주장에 이르기까지. 그러나 초인공지능은 가까운 미래에 등장하지 않을 것이기 때문에 문제삼지 말자는 주장은 당장 AI가 인간을 대체할 수는 없기 때문에 예를 들면 인간의 일자리 문제에 대해 고민할 필요가 없다는 것만큼 무책임한 주장이다. 현재의 기술이 어떤 방향을 향하고, 개발되고 있으며 그 방향이 과연 어디에 도달할 것인가를 성찰해보는 것은 그 방향에 내재해 있을지 모를 리스크를 관리해 나가기 위해서 매우 중요한 문제이다. 물론 모든 사람이 이 문제에 고심할 필요가 없다. 그러나 적어도 인문사회영역에서 미래를 연구하는 전문가들은 사전 예방의 원리(Precautionary Principle)에 의거한 리스크 관리기법에 따라 이러한 리스크를 예민하고 신중하게 다루어야 한다. 그러한 의미에서 미래의 합리적 정치를 위해 정치하는 초인공지능의 개발 방향에 어떤 위험이 잠복하고 있는지 살펴보면, 최소한 다음과 같은 세가지 리스크가 감지된다.

첫째, 인공지능이 초인공지능으로 발전하려면, 인간의 현재 상태를 계속 능가하는 자율적 진화의 능력을 갖고 있어야 한다. 그런데 이렇게 자율적으로 진화하는 초인공지능은 인간보다 우월한 지적 차원에 속하기 때문에 인간의 편에서는 이 진화가 올바른 것인지, 보다 안전한 것인지 나아가 정의로운 것인지 판단할 수 없다. 이는 마치 유인원이 그보다 더 지적으로 진화한 인간의 행위의 올바름 여부를 판단할 수 없는 것과 같다. 따라서 정녕 인간을 능가하는 초인공지능의 개발이 성공한다면, 미래에 인간의 운명을 초인공지능에 맡기는 것 이외는 다른 선택이 없을 것이다. 그러나 초인공지능은 절대 전능의 신이 아니며 따라서 오류를 범할 수밖에 없다. 그리고 그보다 더 중요한 것은 자율적 진화의 과정에서 반드시 시행착오와 돌연변이 등이 발생할 수밖에 없고 또 이러한 것이 없이는 지속적인 진화는 불가능하다. 그런데 수퍼인공지능의 시행착오나 돌연변이는 초인공지능에게 자신의 운명을 맡기는 인간에게는 치명적이 위험이 될 수도 있다. 이러한 위험은 개개의 인간에게 위험이 될 수도 있고 인류전체에게 치명적 재난이 될 수도 있다.

둘째, 일반 인공지능을 넘어서 개발될 초인공지능은 인간의 모든 영역과 그 영역과 관계는 모든 사물에 인공지능이 스며들어 모든 것을 지능적으로 연결하고 작동하는 만물 AI(AI of Everything)라 할 수 있다. 이 경우 시스템의 복잡도는 상상을 초월할 정도로 폭증하고 복잡성의 폭증은 또 그만큼 오작동의 위험을 가중시킨다. 이렇게 가중되는 위험을 감시 통제하기 위해서는 만물 인공지능을 다시 통제하는 초정밀 인공지능 시스템이 필요하다. 초정밀 시스템의 복잡성은 그것에 의해 통제되는 시스템의 복잡성을 능가하고 따라서 오작동의 위험은 더 가중된다. 결국 초인공지능이 완성된다면, 그것은 시스템의 오작동 위험을 급증시키는 고위험 사회의 미래가 될 수도 있다.

마지막으로 고려해야 할 위험은 다음과 같은 것이다. 수퍼인공지능은 인간을 둘러싼 환경의 복잡성과 그 복잡성이 야기하는 여러 가지 위협적인 문제들을 정확히 인지하고 그 복잡성을 제어할 목적으로 개발되고 있다. 그러한 가운데 초인공지능에게는 인간의 명령에 따라 타율적으로 행동하는 것이 아니라 인간의 명령 이전에 그 인간이 원하는 것을 그 인간보다 먼저 파악하여 자율적으로 행동할 수 있는 능력이 요구된다. 그런데 문제는 이렇게 초인공지능이 행동의 자율성을 실현할 수 있는 방향으로 발전하면 할수록, 그리하여 모든 문제를 인간에 앞서 해결해주면 해줄수록, 인간은 자유로운 행위자로서의 존재방식을 상실해갈 위험에 노출된다. 마치 헤겔이 주인과 노예의 변증법에서 보여준 바와 같이, 노예가 주인에 앞서 미리 모든 것을 결정해주고 처리해주면, 주인은 거의 모든 것을 노예에 의존하게 되어 사실상 자기 스스로 아무 것도 하지 못하는 무기력한 존재로 전락한다는 것이다. 초인공지능의 개발이 성공한다면, 똑같은 상황이 전개될 수 있다.

물론 현대 학문들은 현대과학의 기본적인 태도인 물리주의에 편승하여 자유로운 존재로서의 인간을 부정하고 인간을 물질과 동일하게 취급하는 입장도 있다. 하지만 우리가 우리 자신으로 되돌아가 자신을 살펴보면 부정될 수 없는 절대적 실존적 진리가 있다. 그것은 인간 개개인은 어느 누구와도 또 무엇과도 동일할 수 없는 자기 자신이라는 체험이다. 이렇게 인간은 자기 자신이기 때문에 오히려 자신을 포기하고 남을 따라 사는 선택을 할 수 도 있거나 아니면 자신으로 사는 방식을 선택하는 자율성을 갖는다. 또 인간이 인간으로서의 정체성과 인권을 주장할 수 있는 근거도 인간 각자는 다른 무엇과도 바꿀 수 없는 자기 자신으로 사는 주권적 행위자라는 사실에 있다. 나아가 이러한 인간의 인간성을 인정함으로써만이 인권을 존중하는 민주적 인도주의적 시민사회가 성립한다. 따라서 인간이 인권이 존중되는 시민사회를 포기하지 않는 한, 인간은 이러한 자유로운 행위자로서의 인간성을 보존해야 하고 신장시켜야 할 사회적 의무를 갖는다.

결론적으로 아무리 현재의 정치가 실망스러워도 또 설령 먼 훗날 초인공지능의 개발이 성공한다 해도, 우리는 정치를 초인공지능에게 이양할 수도 또 해서도 안 될 것이다. 우리가 여전히 주권적 존재로서 나와 타자의 인권을 존중하는 한 그리고 인간이 주권적 존재로서 인권을 존중받는 미래 사회를 향해 발전해 나가려고 하는 한, 정치발전을 향한 인간의 정치적 지성을 증진시키기 위한 연구와 교육은 더욱더 필연적인 요청이다. 그래야만 정치적 지성이 발달한 스마트(현명한) 시민들에 의한 정치가 가능해지며 그렇게 시민들이 스마트해질 때, 그들의 스마트한 행위에서 발생하는 빅데이터들에 기반한 현명한 인공지능이 개발될 수 있다.

순환경제의 문화적 토대에 관하여

김종규

1. 시장경제와 경제적 존재

하이에크(F.A. von Hayek)에 있어 시장경제 체제는 일종의 문화적 진화의 산물로 이해되었다. 이러한 문화적 진화를 무시한 채, 합리적 이성에 기초하여 새로운 사회와 제도를 구축하려는 시도는 오히려 개인 자유의 억압과 그의 고유한 목적 추구의 제한을 가져오기에, 그러한 시도는 근본적으로 합리성이라는 이름으로 전개되는 일종의 오류이다.[1] 물론 근대 합리성에 대한 그의 비판에 일부 동의할 수는 있겠지만, 문화적 진화가 의미하는 것처럼 시장경제 체제를 자생적으로 생성되는 질서로 이해할 수 있을지는 의문이다.

자유의 개념만큼 중대하지만 서로 달리 이해되고 사용되는 개념

---

[1] F. A. von Hayek, *The Fatal Conceit – The Errors of Socialism*, W. W. Bartley Ⅲ(ed.), Routledge, 1988, pp. 48~53.

도 없는 듯하다. 하이에크가 말하듯 시장경제 체제가 자생적 질서로 생성된 것이라면, 그 자생성에 누군가가 개입한다는 것은 그 자생성에 기초한 질서를 혼탁하게 만든다는 것을 의미한다. 따라서 그러한 개입에서 벗어나 있는 것이 그에게는 '자유'이다. 이러한 자유의 개념은 초기 정치경제학자들 역시 주장했던 바이기도 하다.

이 새로운 관점에서 보자면 자유로운 사회란 두 가지 인종으로 구성된 것으로 생각할 수 있으니, 그 두 인종이란 재산 소유자들과 노동자들이다. 후자의 수는 식량의 양으로 제한되는 것이었으며, 소유제가 안전하게 유지되어 타인의 소유를 뺏을 수 없다는 조건만 충족된다면 그들이 굶주림을 채울 수 있는 길이랑 오직 노동뿐이니 결국 노동하지 않을 도리가 없다. 여기에는 아무런 치안관도 필요없다. 그 어떤 치안관도 굶주림만큼 훌륭하게 노동자들에게 기율을 잡는 훈육관의 역할을 할 수는 없을 테니까. ······ 정치적 국가와는 뚜렷이 구분되는 경제적 사회(economic society)가 이미 나타난 것이다. ······ 지금까지의 도덕적 세계는 정치체(body politic)를 구성 요소로 하여 성립하는 것이었지만 지금 나타나는 사회는 다름 아닌 시장 체제였기에, 인간 사회의 도덕 또한 그때까지의 도덕적 세계와는 완전히 낯선 새로운 기초로 옮겨가야 할 위태로운 상황에 처해 있었다. 당시 터져 나온 구호 대상 극빈자 문제는 예전의 도덕으로서는 도무지 답을 찾을 수 없는 것으로 보였고, 이로 인해 맬서스나 리카도는 자연주의로 빠져들어 간 타운센드의 견해를 지지하지 않을 수 없

었던 것이다.[2]

잘 알려져 있듯이, 초기 정치경제학도 자유를 강조하였다. 그리고 이들은 이 자유와 대립적 구도에 놓인 것이 국가의 개입이라 이해하였다. 국가의 개입과 자유는 양립될 수 없는 것으로 보였다. 이러한 점에서, 구빈법(救貧法)과 관련하여 1786년 발표된 타운센드의 〈구빈법에 대한 논고〉는 국가의 개입과 자유 간의 관계에 관한 매우 상징적인 저작물로 이해될 수 있을 것이다. 구빈법은 말 그대로 빈민을 구제하는 법(法)이었다. 잘 알려진 것처럼, 법은 그것이 국가 전체의 수준에 시행되던 혹은 지방 정부의 수준에서 시행되던 공적 권력이 개입되는 행위이다. 따라서 빈민을 구제하는 법의 시행은 공적 권력의 개입을 의미하는 것이었다.

공적 권력의 개입은 결코 임의적이지 않다. 오히려 그것은 뚜렷한 목적에 따라 이루어져야만 하는 것이다. 구빈법 역시 마찬가지였다. 구빈법의 목적은 사회와 국가의 균형과 질서를 유지하는 것이었다. 국가 혹은 지방 정부의 의무는 그 균형과 질서의 유지를 통해 국가와 사회의 안정적 유지와 그 유지 속에서의 국민의 생명과 재산을 보호하는 것이기 때문이다. 이러한 책임이 인간 공동체에 부여되는 것은 단순한 우연의 결과는 아니었다. 인간 공동체는 단지 인간 여럿의 집합이 아니다. 오히려 공동체는 인간의 터전이다. 인간은 공동체 내에서

---

2) 칼 폴라니, 『거대한 전환』, 홍기빈 옮김, 도서출판 길, 2009, 343~346쪽.

비로소 인간으로 성장하며 인간으로서 살아가기 때문이다. 이러한 의미에서 인간 공동체는 인간이 인간으로 존재할 수 있는 근본적인 조건이 된다. 그리고 이로써 인간 공동체는 자연과 다른 존재론적 의미를 갖게 되는 것이다. 이러한 의미에 토대를 둔다면, 공동체의 의무와 책임은 이러한 존재론적 조건과 의미를 보존하는 일이다.

공동체가 그 일원의 빈곤을 책임지고자 하는 것은 빈곤이 단지 개인의 문제가 아니라는 이해에 기초한다. 비록 빈곤이 개인의 책임과 전적으로 무관할 수 없다손 치더라도, 그 결과의 원인을 오로지 개인에게서만 찾아서는 안 된다는 것이다. 공동체 내 인간의 삶은 그 공동체의 특성과 무관할 수 없으며, 따라서 인간 공동체의 문제는 모두의 문제라는 대의(大義)와 더불어 빈곤이 그 공동체의 특성과 연관되는 일종의 구조적 문제로도 이해되기 때문이다.

칼 폴라니에 따르면, 이와 같은 인간 공동체의 특성은 새롭게 발견된 '시장사회'에 부합하는 것은 아니었다. 특히 산업혁명 이후 더 큰 부를 창출하기 위한 생산과 소비에 빈민을 구제하는 법은 일종의 걸림돌로 인식되었다. 더 큰 부는 인간 욕망의 지속적 추구와 충족 속에서 가능하며, 이 욕망을 심리적 토대로 삼고 있는 시장사회는 이 욕망에 대한 어떠한 제한도 용납해서는 안 되기 때문이다. 욕망의 결과를 욕망한 자가 배타적으로 차지하기 위해서, 그 욕망에 대한 책임 역시 그 스스로 가져야 하며, 동일 논리에서 빈곤 역시 개인이 책임지고 감당해야 하는 것으로 이해되는 것이다. 타운센드의 논고는 바로 이러한 생각을 뒷받침하는 것이었다. 바다 한 가운데 가상의 섬에서 벌어진 염소와 개의 개체수 조절은 누구의 개입이 아닌 자연스러운 조정 과정을 통해 이루어지며, 만일 인간이 같은 동물이라면, 인간의 사회 역시 동일 원리가 적용될 수 있다는 것을 이 논고는 은연중에 암시하고 있다. 소위 자연의 '자기조정(self—regulation) 메커니즘'을 인간 사회의 원리로도 이해하는 것이다.

정치학에서는 전통적으로 인간 사회의 정부를 건설하는 기초는 어떻게 마련되는가의 문제가 피할 수 없는 질문이라고 여겨져 왔는데, 타운센드는 인간 공동체를 아예 동물이라는 측면에서 접근함으로써 그 질문을 따돌려버렸고, 또 그렇게 하는 가운데 인간사에 새로운 개념의 법칙을 도입했으니, 그것은 자연의 여러 법칙들이었다. …… 인간 공동체라는 것이 항상 법과 정부라는 것과 동일한 것으로 관념되었기 때문이다. 그런데 페르난데스의 섬에는 정부나 법도 없었다. …… 타운센드는 인간이 실제로 짐승이며, 바로 그렇기 때문에 최소한의 정부만 있어야 한다고 주장한 것이다.[3]

동물의 약육강식이 자연의 원리이듯, 동물로서의 인간 역시 이 원리를 따르며, 약육강식의 몫이 개개의 동물에게 부여되어 있듯, 동물로서의 인간 역시 빈곤의 몫은 개개의 인간에게 부여된다.[4] 자연

---

3) 앞의 책, 342~343쪽.

4) 구빈법을 반대하는 이와 같은 이념들은 현재의 복지 정책에도 영향을 미치고 있다. 그 대표적인 예가 1996년 미국 클린턴 행정부의 복지 정책 기본노선 변화이다. (Fred Block & Margaret Somers, "In the Shadow of Speenhamland: Social Policy and the Old Poor Law", Politics&Society, Vol.31 No. 2, 2003, p. 283. 참조) '개인 책임과 근

으로서의 사회 내에서 개인은 또 다른 개인과 생존을 놓고 벌이는 경쟁 속에 놓이게 된다. 그리고 그러한 인간은 생존의 좁은 문을 통과하기 위해 최대의 영리를 추구하며 이를 위해 계획적이며 합리적으로 행동하는 존재, 즉 '경제적 존재(homo economicus)'로 이해된다. 그리고 이와 같은 정의는 시장사회를 살아가는 지금도 여전히 유효한 주류의 인간 이해이다.

2. 경제적 존재와 문화적 존재

이성(Reason)은 인간의 문화적 삶의 형식들을 그것의 풍부함과 다양성에 있어 포괄적으로 이해하는 데 매우 적합하지 않은 용어이다. 그러나 이 형식 모두는 상징적 형식이다. 따라서, 인간을 이성적 동물(animal rationale)로 정의하는 대신 우리는 인간을 상징적 동물(animal symbolicum)로 정의해야 한다.[5]

아리스토텔레스는 동물과 다른 인간 존재만의 특징을 규명하고자

로기회조정법(PRWORA)'으로 알려진 이 기조 변화의 핵심은 빈곤에 대한 개인 책임 명시와 복지수혜자가 노동시장에 참여하는 것을 강제하는 것이다. 이러한 기조는 영국에서 기존의 구빈법(the Old Poor Law)을 폐지하고 제정된 신 구빈법(the New Poor Law)의 핵심이기도 하다.

5) E. Cassirer, *Essay on Man - An Introduction to a Philosophy of Human Culture*, Yale University Press, 1944, p. 44.

I. 디지털 전환과 데이터 생태계

하였다. '이성'은 이를 위해 그가 도입한 일종의 기준이었다. 잘 알려진 것처럼, 이 기준을 토대로 아리스토텔레스는 인간을 '이성적 동물'로 정의하였다. 인간은 '이성'을 갖고 있기에 다른 동물과 다른 존재이며, 그 능력을 통해 동물의 자연과는 다른 자신만의 세계를 구축해왔다. 이성에 의해 구축되었다는 점에서 이 세계의 근본적 성격은 '이성적'인 것으로 이해되며, 인간이 구축한 물질적 정신적 소산을 '문화(文化)'라 칭한다면, 문화 역시 이성적인 것으로 규정될 수 있다.

이러한 아리스토텔레스의 전통에서 보자면, 이성에 낯선 것은 결코 문화에 포함될 수 없다. 예를 들어 이성(logos)에 가장 낯선 신화(mythos)는 문화의 일원이 되지 못한다. 물론 이러한 이해는 인간이 '이성적 동물'이라는 전제하에서만 유효한 것이다. 문화철학자 E. 카시러가 문제 삼고 있는 것이 바로 이 전제이다. 물론 그 역시 인간이 이성적 능력이 있다는 점을 부인하지는 않았다. 카시러 지적의 요체는 인간이 오로지 이성적인 존재만은 아니라는, 다시 말해 이성은 인간의 능력 중 하나라는 점이었다. 인간이 사유하고 인식하는 방식은 여럿이며, 그 여러 능력을 관통하는 근본적인 특성은 '이성' 아니라, '상징'이라는 것이 그의 주장이었다. 이 주장에 따르면, 이성 역시 이러한 상징적 능력 중 하나이며, 이러한 연유로 그는 인간을 이성적 동물이 아니라 '상징적 동물(animal symbolicum)'로 정의했던 것이다.

이러한 일종의 포괄적 정의의 장점은 인간의 문화를 다양성 속에서 이해할 수 있게 한다는 점이다. 이를 통해 이성(logos)의 전통 속에서 철저히 배제되었던 신화는 다시 인간 문화의 일원이 될 수 있었으며, 문화적 존재의 역사는 신화시대까지 확장될 수 있었다. 만일 상징적 능력에 기초한 문화적 존재로서의 인간 정의가 인간에 대한 가장 포괄적이며 본질적인 규정이라면, 우리는 이 규정을 경제적 존재라는 시장사회 발견 이후의 인간 정의와도 연관 지어 볼 필요가 있다. 인간은 과연 경제적 존재인가? 그리고 경제적 존재는 문화적 존재이기도 한 것인가?

　일반적 이해처럼, 경제적 존재를 합리성, 계획성, 영리성을 행위원칙으로 삼는 존재로 정의할 때, 경제적 존재는 이성적 존재의 또 다른 표현으로 보이기도 한다. 합리성은 계획의 수립과 영리의 획득에 있어 가장 근본적 능력으로 보이며, 그 합리성은 근본적으로 이성적 능력이기 때문이다. 하지만 앞서 언급했듯 이성은 다른 동물과는 다른 인간만의 고유한 종적 특성을 규정하는 것이다. 다시 말해 이성적 동물로서의 인간은 인간이 동물이라는 의미보다는 동물과 다른 고유하고 독특한 존재라는 의미를 드러내고 있는 표현이다. 하지만 인간이 경제적 존재로 이해되는 배경에는 인간이 동물과 다른 존재라는 생각보다는, 오히려 동물과 다르지 않다는, 더 나아가 사회 역시 자연과 다르지 않다는 생각에서 연원하고 있다. 이러한 점에서 본다면 사실 이 둘, 즉 이성적 존재와 경제적 존재는 정반대의 의미와 목적을 함축하고 있는 표현들인 셈이다. 물론 어떤 점에서 경제적 존재는 동물과 이성 간의 교묘한 혼합으로 보이기도 하지만, 이 경우 경제적 존재는 인간만의 고유성을 표현하는 문화적 존재와 근본적으로 양립될 수는 없다. 에드워드 윌슨(Edward Osborne Wilson)류의 사회생물학이 설명하듯, 합리성, 계획성, 영리성은 비단 인간만이 갖는 특성은 아니기 때문이다.

경제학만큼 자기 분야 학자들의 공개적인 비판을 끊임없이 받는 과학
은 없다. 경제학에 불만족하는 동기는 많지만, 가장 중요한 동기는 '경제
적 인간'이라는 허구적 개념과 관련된 것이다. 이 개념은 인간이 경제생
활에서 기계적으로 행동한다고 말하는 것이나 마찬가지인바, 이 허구로
인해 인간의 행동에서 모든 문화적 성향이 제거된다는 점이 불만의 요인
이다.[6]

물론 어쩌면 우리는 순수하게 그 정의를 이성적 능력에 국한하여
이해할 수도 있을 것이다. 합리성, 계획성, 영리성이라는 원칙을 이
성의 능력에 포함하여 이해할 수도 있을 것이기 때문이다. 하지만
경제적 존재는 이성적 동물로서의 인간이 갖는 여러 특성 중 하나의
특성만을 표현하고자 하는 목적에 기초하지 않는다. 오히려 경제적
존재는 시장사회 내 존재자의 보편적 특성을 지시한다. 시장사회의
특성을 가장 잘 반영하며, 이 사회에 가장 부합하는 인간에 대한 표
현이 바로 '경제적 존재'이기 때문이다. 만일 그와 같은 경제적 활동
을 위한 원칙이 이성적 능력에 토대를 두는 것이라면, 우리는 경제
적 존재를 인간에 대한 정의로도 이해할 수 있을지 모른다. 하지만
이 경우 이성적 존재가 좁은 인간 정의라는 카시러의 비판에서 경제
적 존재라는 정의는 자유롭지 않다.

---

6) 니콜라스 게오르게스쿠-뢰겐, 『엔트로피와 경제』, 김학진·유종일 옮김, 한울, 2017,
   p. 28.

언어, 예술, 종교, 과학은 (인간의 점진적 자기해방) 과정의 다양한 국면들이다. 그것들 모두에서 인간은 새로운 힘 - 그의 고유한 세계, 즉 "이상적(ideal)" 세계를 구성하는 힘을 발견하고 증명한다. 철학은 이 이상적세계 내의 근본적 통일성 탐구를 포기할 수 없다. 그러나 이 통일성과 단순성이 혼동되어서는 안 된다. 철학은 인간의 다양한 힘들 간의 긴장과마찰, 강력한 대립과 깊은 갈등을 간과하지 않는다. 이것들은 하나의 공통분모로 환원될 수 없다. 그것들은 서로 다른 방향으로 나아가며, 서로다른 원리들을 따른다.[7]

카시러에 따르면, 문화를 구성하는 형식들은 인간의 점진적 자기해방의 국면들이다. 인간의 점진적 자기해방이란 이 다양한 각각의국면에서 인간이 자신을 다양한 관점과 방향으로 인식하고 이해함으로써 새롭게 자신을 발견해 나가는 것을 의미한다. 다시 말해 인간은 고정적이거나 특정 목적에 제한적인 존재가 아니라, 늘 새롭게 자신을 발견함으로써 자신에 대한 인식의 폭과 깊이를 확장해 나가는 존재이다. 이렇게 본다면, 인간의 점진적 자기해방은 곧 문화적 존재로서의 인간의 성장을 의미하는 것이다.

이 인간의 성장은 결코 선형적(linear)으로 진행되지 않는다. 카시러가 밝히고 있듯, 각 국면은 서로 다른 힘인 만큼, 서로 다른 방향으로 향하며, 이 과정에서 서로 간에 충돌과 불화를 겪기도 하는 역

---

7) E. Cassirer, op.cit., p. 286.

동적인 관계에 있다. 그러나 카시러에 따르면, 이 역동성은 결코 상호 파괴적이지 않다. 현악기의 줄은 서로 다른 힘의 방향으로 당겨지지만, 이 힘의 대립을 통해 조화로운 음을 낼 수 있듯이, 국면의 다양한 힘들 역시 상호 파괴적인 것 관계가 아니라 조화를 위해 견제의 관계에 하는 관계에 놓여 있는 것이다. 각 국면은 고유하며, 따라서 어떤 국면도 다른 국면을 위해 예속되거나 환원되지 않는다. 예속이나 환원을 통해 문화의 다양성이 저해된다면, 그것은 인간의 점진적 자기해방 과정을 방해하는 문화적 위기 상황이다. 만일 경제적 존재로서의 인간 정의가 카시러의 비판에서 자유롭고, 더 나아가 이 문화적 위기 상황에서 자유로운 것이라면, 그 정의 역시 인간의 점진적 자기해방에 종사하는 것이어야만 한다.

하지만, 칼 폴라니의 설명 속 초기 정치경제학자의 생각처럼, 사회가 하나의 시장이며, 그 사회에 부합하고 존립할 수 있는 인간이 경제적 존재로서 규정된다면, 인간은 점진적 해방의 과정이 아닌 그 반대의 방향에 놓이게 되는, 다시 말해 문화의 위기 상황에 봉착한 것일 수도 있다. 특히 그것이 유일하거나 유력한 인간 정의로 이해되면 될수록, 그 위기의 정도는 더욱 심각해진다. 경제적 존재로서의 인간은 배타적으로 자신의 영리를 추구하는 존재이다. 비록 영리의 추구와 계획성이 모두 합리성, 즉 이성의 능력을 토대로 하는 것이지만, 영리의 측면에서 볼 때 합리성과 계획성은 영리 추구를 위한 도구의 역할을 하는 것이다. 모든 인간이 영리를 추구하는 것이라면, 인간 행위의 목적은 단일하게 설정된다. 그러나 모두가 영리를 추구하지만, 영리는 공평하게 주어지지 않는다. 시장사회 내에서 영리의 추구는, 생산자건 노동자건, 상품을 통해 이루어지며, 더 많은 상품의 생산과 소비가 더 큰 영리를 결과하게 된다. 영리의 지속적 추구 혹은 더 큰 영리의 추구는 '성장'을 통해서만 가능하며, 따라서 영리는 곧 성장과 동의어가 된다. 이 성장을 위해 사회 내에서 '기술(技術)'의 위상과 영향력은 막대해진다. 기술적 성과가 곧 성장의 동력이기 때문이다. 효율성과 같은 기술의 이념은 사회 전 영역에 걸쳐 마치 보편적 원리처럼 작동하며, 이 원리는 인간 역시 규정한다. 인간의 성장 역시 이념적이며 질적인 것이 아닌 그 효율을 따질 수 있는 양적인 것으로 이해되며, 그 성장은 생산과 소비라는 선형적(linear) 과정 내에서 진행된다.

3. 순환경제의 문화적 의미

성장에 중독된 우리의 생산 시스템이 계획적 진부화의 출발점이다. 우리는 무제한적 축적 위에 사회 조직을 구축하는 운명을 선택했다. 우리는 원하든 원하지 않든 끊임없이 더 많이 생산하고 소비하도록 강요받는다. …… 소비 사회는 성장 사회의 종착점이다. 성장 사회는 성장 경제가 지배하는 사회, 성장이 모든 것을 흡수해 버리는 사회로 정의할 수 있다. 즉 성장을 위한 성장이 경제와 삶의 우선적인 목표, 심지어는 유일한 목표가

되어 버린다.[8)]

시장사회는 상품의 소비를 통해 성장한다. 상품의 소비를 통해 영리 추구라는 목적이 실현되기 때문이다. 영리 취득을 실현하도록 하는 소비의 둔화나 정체는 시장사회의 존속 자체를 위협하게 된다. 계획적 진부화(Planned Obsolescence)는 이 위기에 대한 구조적 대안이다. 이 계획적 진부화를 통해 지속적인 소비 구조를 유지할 수 있기 때문이다. 계획적 진부화는 어떠한 방식으로라도 상품의 수명을 단축하도록 만드는 모든 방법을 지칭하는 개념이다. 예를 들어 결함 있는 부품을 삽입하여 일정한 시간이 지나면 고장 등을 이유로 물건을 버리게 하거나 새로운 모델을 내놓음으로써 기존 사용 물품이 구식으로 인식되도록 만듦으로써 새로운 상품을 소비하도록 유도하기도 한다.[9)] 소비 없는 성장은 가능하지 않다.

진부화의 방식으로 전개될 수 있지만, 그 근본적인 조건은 기술의 발전이다. 기존의 것을 진부하게 만들고 진부하게 느껴지도록 유도하기 위해서는 기존의 것과는 다른 기술과 기술적 생산물이 나타나야 한다. 더욱이 기술이 도입되는 영역이 확장될수록, 다시 말해 기술화가 고도화될수록 계획적 진부화의 영향력 역시 커지게 된다. 고

---

8) 세르주 라투슈, 『낭비 사회를 넘어서』, 정기헌 옮김, 민음사, 2014, pp. 16~17.
9) 시장에 진입할 수 있는 것은 오직 상품뿐이다. 폴라니의 말처럼, 사회가 하나의 시장이라면, 이 사회 내에 존속하기 위해 모든 것은 양도와 판매가 가능해야 한다. 하지만 어떤 상품도 영원하지 않으며, 소위 상품화되는 순간 상품의 교환 가치는 하락한다. 계획적 진부화는 이러한 가치 하락을 촉진하는 일련의 기술을 총칭한다.

도화된 기술을 바탕으로 새롭고 더 효율적인 상품이 생산되며, 이렇게 생산된 상품이 소비되어야 하기에 계획적 진부화는 더욱 계획적으로 전개되는 것이다.

산업혁명 이후 기술의 진보는 일종의 사회적 목표로 자리매김한다. 기술적 진보가 그 성장의 동력이었기 때문이다. 물론 기술 역시 인간의 문화 세계를 구성하는 고유한 형식 중 하나이지만, 커지는 기술의 영향력만큼 기술을 견제할 수 있는 또 다른 형식들의 견제력은 줄어들게 된다. 그러나 이 견제력이 문화를 구성하는 다양한 힘들이 유지되는 조건이라는 점에서, 기술의 영향력 증대와 이에 대한 견제력의 불균형은 문화를 위기 상태로 몰아가는 원인이 된다. 이것은 계획적 진부화의 흐름 속에서 인간의 진부화가 함께 일어나는 원인이기도 하다.

이른바 '발전된' 사회는 쇠퇴를 대량 생산한다. 다시 말해 가치의 상실, 상품을 넘어 인간까지 포함하는 일반화된 퇴락을 양산한다. '일회용' 제품이 갈수록 빠른 속도로 확산되면서 상품은 쓰레기로 버려지고, 인간은 소외되거나 사용 후 해고된다. …… 어빙 존 굿, 버너 빈지, 레이 커즈와일 등 일부 과학자들은 이런 인간의 진부화 경향을 도리어 환영했다. 인류는 기술 과학적 완성 속에서 사라지게 될 것이다. 종국에는 트랜스휴머니즘(transhumanism)으로 귀결되는 기술적 특이점(technology singularity) 가설이 특히 이런 주장을 뒷받침한다.[10]

견제되지 않는 기술의 영향력이 인간 존재 자체에 미치게 될 때 발생하는 이와 같은 인간의 진부화는 곧 인간의 위기이다. 또한 문화가 인간의 산물인 한, 인간의 진부화는 문화의 위기이기도 하다. 이러한 위기를 위기로 인식하지 못하게 될 때, 자연 역시 위기에 봉착하게 된다. 문화와 자연이 비록 반대 관계이긴 하지만, 이 관계가 결코 자연을 부정하는 것은 아니기 때문이다. 오히려 문화적 존재로서의 인간의 활동적 삶(vita activa)의 근본적 토대 중 하나인 노동(labor)은 자연에 대한 의존을 전제로 이루어지는 활동이기 때문이다.[11] 따라서 인간의 활동적 삶에 대한 부정은 곧 그 삶과 밀접히 연관된 자연에도 영향을 미치게 된다. 자연에 대한 전면적 이용이 어떠한 도덕적 판단이나 견제 없이도 전개될 수 있는 것이다. 기술적 진보와 기술 영향력의 확대 속에서 작동하는 계획적 진부화는 더 새롭게 더 많은 소비를 위한 상품을 생산하기 위해 끊임없이 자연을 소재로써 사용하도록 촉진해 온 것이다.

이 흐름은 필연적으로 자원 고갈 및 환경 문제 등을 발생시킬 수밖에 없었다. 이 문제들을 대개 인류가 맞닥뜨린 심각한 과제로 간주하지만, 상품의 생산에도 마찬가지였다. '순환경제(circular economy)'는 이

---

10) Ibid., pp. 86~89.

11) Hannah Arendt, The Human Condition, The University of Chicago Press, 1998, pp. 7~10.

과제를 해결하기 위한 대표적인 성찰의 결과이다. 순환경제의 목표는 생산과 소비 과정을 자연의 순환과 유사한 선순환 과정으로 변경하는 것이다. 즉 생산과 소비의 단선적(linear) 구조가 초래하는 파괴적 결과를 방지하고 이를 통해 사회의 지속적 유지 가능성을 확보하기 위하여 생산과 소비 과정을 통해 물질과 에너지를 소모하는 단선적 과정(linear flow model)을 물질과 에너지의 순환(cyclical flow) 과정으로 변경하는 것이다.[12] 재활용(recycling), 새활용(upcycling) 등의 용어는 이와 같은 순환경제의 대표적 개념이자 일상의 용어로도 자리 잡고 있다.

순환경제가 자연의 지속가능성을 지향한다는 점에서, 물질과 에너지를 소모의 방향에서 촉진해 온 계획적 진부화와 순환경제는 서로 다른 길 위에 있다. 순환경제 내에서 자연과 인간은 더 이상 기술에 의해 일방적으로 규정되지 않는다. 인간과 자연은 기술에 의해 소모되는 대상이 아니라, 인간의 활동적 삶과의 연관성 속에서 고려되고 참작되는 것이다. 그리고 그러한 한 인간과 자연은 기술과 본질적인 관계를 맺을 수 있다. 그렇지만 시장의 성장을 위한 선형경제에서 이 관계는 역전된다. 본질적인 관계와는 정반대의 관계로서 인간과 자연은 기술의 질서에 종속된 것이다. 순환경제는 선형경제에서 역전된 이 관계를 다시 역전시키고자 하며, 이를 통해 기술에 대한 일종의 견제력이 다시 작동될 수 있는 여지를 마련하였다.

---

12) Jouni Korhonen, Antero Honkasalo, Jyri Seppälä, "Circular Economy: The Concept and its Limitations", *Ecological Economics* 143, 2018, p. 38.

문화의 위기와 인간의 위기라는 측면에서 기술에 대한 견제력의 회복은 결코 단순한 변화가 아니다. 문화 세계는 그것을 구성하는 요소 간의 '대립 속의 조화(harmony in contrariety)'[13]라는 역동적 관계에 기초하며, 따라서 기술에 대한 견제력의 회복은 일종의 '문화적 복원 (cultural resilience)'이라는 의미도 갖기 때문이다.[14] 더 나아가 이 과정에서 인간은 더 이상 객체가 아닌 주체로서 순환경제에 참여함으로써 인간의 위기를 스스로 극복해 나갈 수 있는 자기 책임과 활동의 가능성도 확보할 수 있다.

순환경제는 지속 가능한 발전 계획으로, 그것의 목표는 사회적 생산-소비 체계의 선형적 물질·에너지 처리량을 감소시키는 것이다. 이를 위해 물질 순환과 재생 가능한 캐스케이드 타입의 에너지 흐름이 선형경제에 적용된다. 순환경제는 전통적인 재활용과 더불어 높은 가치의 물질 순환을 촉진하고 지속 가능한 발전 공정(sustainable develop work) 내에서 생산자, 소비자 그리고 다른 사회 활동가들의 협력에 관한 시스템 접근 방식들을 개발한다.[15]

---

13) E. Cassirer, op.cit., p. 286.

14) 생명윤리의 차원에서 인간 복제를 규제하는 것도 이에 대한 예시로 볼 수 있다. 우리는 기술의 부족으로 인간을 복제하지 못하는 것이 아니다. 기술의 길 위에서 인간 역시 만들어질 수 있고 변형할 수 있는 가소적(可塑的) 존재로 규정되며, 관련된 복제의 기술이 부족한 것은 아니다. 하지만 인간과 생명에 대한 종교의 시각과 의미는 이와 같은 기술에 대한 견제의 역할을 하며, 이 견제 속에서 인간이 단지 가소적 존재로 규정되는 것이 방지될 수 있다.

15) Jouni Korhonen, Antero Honkasalo, Jyri Seppälä, op.cit., p. 547.

순환경제는 분명 기존의 선형경제 체계 내에서 지속되어 온 문화의 위기에 대한 대응 기능과 역할을 하고 있다. 순환경제를 위한 다양한 노력은 선형경제가 미쳐 온 많은 문제를 완화하는 데 큰 역할을 하고 있다. 하지만 이러한 역할과 기능이 충분한 수준에서 이루어질 수 있을지는 여전히 의문이다. 위의 인용문에서 볼 수 있듯이, 순환경제를 규정하는 정의들은 대개 '순환경제'와 '지속 가능한 발전' 개념이 밀접히 연관된 것으로 간주하고 있기 때문이다. 다시 말해 순환경제가 지속 가능한 발전과 연관되는 한, 그것의 목표 역시 선형경제가 지향했던 성장의 이념과의 완전한 결별은 가능해 보이지 않는다.

지속 가능한 발전은 성장 자체를 문제 삼지 않는다.[16] "지속 가능한 발전은 미래 세대들이 그들의 니즈(needs)를 충족할 능력의 훼손 없이 현재의 니즈를 충족하는 발전이다."[17] 따라서 지속 가능한 발전에 있어 자원과 인구 사이의 균형 유지가 핵심적 과제이다.[18] 이러한 균형 유지는 물론 매우 중요하다. 그리고 이 균형의 유지를 위한 기업 및 국가적 노력도 진행되고 있다. 그러나 이러한 노력이 순환경제의 안착을 위한 보편성을 갖출 수 있을지는 여전히 의문이다.

---

16) 세르주 라투슈, op.cit., p. 101.

17) WCED. World commission on environment and development(World council on environment and development). *Our Common Future*. Oxford University Press, New York, 1987, Part Ⅰ, Chapter 2, p. 1.

18) 세르주 라투슈, op. cit., p. 101.

설사 이런 전략들이 기업들에 의해 자발적으로 채택된다고 하더라도 이 '성공 스토리'가 일반화되는 것이 가능할까? 포식(捕食)과 소비 지상 주의적 낭비, 쓰레기의 대량 생산에 기초한 축적의 경제가 멋진 순환경제 로 전환될 수 있을까? …… 기술 혁신이나 단순한 투자 전환을 통해 별 노 력도 고통도 지불하지 않고, 더욱이 부를 늘려 가면서 생산주의적 산업 시스템과 자연적 균형의 공존을 유지할 수 있다고 믿는다면, 그것은 신화 에 불과하다.[19]

지속 가능한 발전의 조건은 그 발전 동력의 지속적 공급이다. 순 환의 전략과 기술을 통해 자원이 무한 반복하여 사용될 수 있다면, 발전은 지속하여 전개될 수 있을 것이다. 하지만 이러한 순환을 위 한 물질의 완벽한 순환은 매우 어려운 일이다. 게오르게스쿠-뢰겐 (Nicholas Georgescu-Roegen)에 따르면, 엔트로피는 에너지뿐 아니라 물질에도 적용되며, 완전한 물질의 순환은 가능하지 않다.[20] 물론 그의 주장을 그대로 수용할 수는 없다. 그의 주장은 논박되었으며, 그 논박의 핵심인 엔트로피를 물질에 적용할 수 없다는 비판은 여전 히 유효하다.[21] 그러나 게오르게스쿠-뢰겐에 대한 비판의 유효성

---

19) Ibid., p. 104.

20) Nicholas Georgescu-Roegen, "THERMODYNAMICS AND WE, THE HUMANS," BIOECONOMICS REVIEW, 2(2), 2019, pp. 188~190.

21) 니콜라스 게오르게스쿠-뢰겐의 열역학 제4 법칙에 대한 비판은 다음의 논문을 참 조할 것. Samuel Lee Iglesias, "The Miscommunications and Misunderstanding of Nicholas Georgescu-Roegen", Durham: Duke University, 2009. https:// dukespace.lib.duke.edu/dspace/bitstream/handle/10161/1389/Iglesias?sequence=1

이 완전한 물질 순환의 가능 근거는 될 수 없다. 우리에게 물질 순환은 여전히 과제로 남는 셈이다. 이 과제는 선형경제의 구조적인 문제에서 발생하는 것이며, 따라서 근본적인 과제 해결은 이 구조적인 문제의 해소에 있는 것이지만, 사실 선형경제와의 관계성 내에서 순환경제는 구조에 대한 변경보다 과정(process)에 대한 변경에 주안점을 두고 있다.

기술적으로 물질 순환의 완전성을 기하려는 노력은 계속될 수 있겠지만, 완전한 물질 순환이란 단지 이념적 목표로 남을 가능성이 큰 것으로 보인다. 물론 이러한 예상이 틀렸으면 하는 바람이 크지만, 인간 삶 전체와 긴밀히 연결되어 있다는 점에서 물질 순환이 단지 기술에 의해 제어되고 통제될 수 있는 성질은 아니다. 하지만 우리는, 비록 그것이 이념적 목표일지라도, 그 목표를 지향하며 최소한 생태계가 유지될 수 있을 정도의 물질 순환을 이룰 수 있도록 노력해야만 할 것이다. 이러한 점에서 순환경제와 성장의 관계는 다시 고찰되어야 할 것으로 보인다. 성장을 절대적인 전제로 설정할 때, 순환경제를 통해 우리는 생태계의 항상성을 유지할 수 있을 만큼의 물질 순환 정도를 확보할 수 있을 것인가? 다시 말해 순환경제가 성장의 개념과 불가분의 관계라면, 그 성장은 어떤 것이어야 하는가?

미래의 경제, 실현할 수 있는 정책이라는 의미에서 우리는 '성장'을 전제할 수밖에 없을지 모른다. 하지만 어쩌면 우리는 이러한 수사적 표현을 통해 지금까지 우리를 몰아세워 온 욕망의 씨앗을 미래에 전달하는 것일 수도 있다. 세르주 라투슈는 성장의 두 가지 의미,

I. 디지털 전환과 데이터 생태계

즉 '필요를 위한 성장'과 '성장을 위한 성장'을 구분한다.[22] 이 구분은 사실 선형경제와 순환경제를 구분하는 데 매우 중요한 개념적 틀로도 보인다. 성장을 위한 성장은 게오르게스쿠-뢰겐이 지적한 기계론적 경제학의 지향점이기도 하며, 기존의 선형경제의 이념이기도 하기 때문이다. 만일 순환경제가 선형경제와 근본적으로 달라야한다면, 그것은 '성장을 위한 성장'에서 자유로울 수 있어야 할 것이다. 과연 순환경제는 '성장을 위한 성장'에서 자유로운가? 그것이 단지 이론적 차원에서가 아니라 우리의 실질적 삶 속에서 진정으로 자유로울 수 있는가? 이러한 질문에 마주하여 우리는 진정한 성장의 본질적 의미를 살펴보아야 한다.

4. 순환경제의 미래와 문화적 존재로서의 회복

전통적으로 경제성장률(economic growth rate)은 실질 '국내 총생산' 또는 실질 GDP(real Gross Domestic Product)의 증가분으로 측정을 해왔다. '성장'이란 보통 재화와 용역의 가격에 대한 인플레이션의 영향까지 반영된 실질 생산이 반영되어 측정된다. 따라서 전년대비 실질 GDP의 증가분을 경제성장률 또는 GDP 성장률이라고 한다.[23]

'성장'의 의미를 파악하려면 우리는 우선 그 대상을 결정해야 할

---

22) 세르주 라투슈, op.cit., pp. 16~17.

23) 위키백과, https://ko.wikipedia.org/wiki/경제성장(2023.01.05.)

것이다. 일반적으로 성장의 대상으로 꼽히는 것은 경제일 것이다. 경제 성장은 모든 국가의 최우선 과제이기도 하다. 위의 인용처럼, 경제 성장은 전문적인 용어로 정의될 수 있지만, 간단히 말하자면 경제 성장은 생산 능력의 향상을 통해 생산량을 늘리는 것이다. 노동 생산성과 자본 양의 증대 그리고 기술의 발전을 통해 더 많은 상품을 생산함으로써 경제적 이득을 늘려가는 것이다. 경제 성장의 조건은 더 많은 생산인 셈이다.

하지만 생산만으로 경제 성장은 성취될 수 없다. 인플레이션의 경우와 같이 늘어난 생산량에 대한 소비가 이루어지지 않을 수 있기 때문이다. 따라서 경제 성장의 조건은 사실 더 많은 생산과 그 증가분을 소모할 수 있는 더 많은 소비이다. 만일 성장이 지속하여 이루어진다면, 지금보다 더 많은 생산과 소비가 이루어질 수 있어야만 하는 것이다. 물론 생산과 소비라는 일반적 관계는 매우 오랜 역사적 배경을 갖겠지만, 경제 성장과 관련된 이러한 성장 모델은 사실 산업혁명 이후 정착되어 온 근대적 모형이다. 산업혁명 이후 이러한 성장 모델의 토대는 자연 자원의 활용이었으며, 이를 위한 자원 확보 경쟁에서 우위는 곧 국가의 경쟁력이었다. 이러한 의미에서 성장의 근본적 조건은 자연 자원을 지속하여 더 많이 활용할 가능성이다.

잘 알려진 것처럼, 이 가능성은 이 근대 모형의 근본적 취약점이 돼가고 있다. 일반적인 순환경제의 정의 역시 바로 이 취약점을 극복하는 데 초점이 맞춰져 있다는 점은 이미 앞서 살펴본 바이기도 하다. 이러한 정의에서처럼, 순환경제가 사회적 생산—소비 체계의 선형적 물질·에너지 처리량을 감소시킴으로써 지속 가능한 발전을 목적으로 삼는 것이라면, 순환경제는 선형경제에 대한 일종의 보완이며, 그러한 한 순환경제 역시 선형경제가 지향해 온 '경제 성장'의 의미를 공유하는 것이 된다.

물론 우리는 물질 순환의 수준을 기술로 보완하고 높여 나갈 수는 있을 것이다. 그리고 이를 통해 선형경제가 갖는 취약점이 어느 정도 보완될 수도 있을 것이며, 사실 이것만 해도 그 의미와 역할은 대단한 것이다. 하지만 이것은 동시에 과정에 한정된 평가일 뿐이다. 문제의 원인이 구조라면, 이러한 해결책은 제한적일 따름이다. 앞서 언급한 것처럼 성장의 지향점이 더 많은 생산과 그렇게 늘어난 만큼의 생산량에 대한 소비를 통해서만 가능하다면, 지속 가능한 성장은 물질 순환만으로는 이루어질 수 없기 때문이다. 더욱 진보한 기술을 통해 활용의 수준을 엄청나게 높인다고 할지라도, 순환은 결코 활용할 수 있는 물질의 총량을 늘릴 수 있는 것은 아니기 때문이다. '지속 가능한 성장'을 위해 성장의 동력 역시 커져야 하며, 그러한 한 논리적으로 지속 가능한 성장은 지속적인 지구의 황폐화를 전제로 할 수밖에 없는 것이다. 이른바 '성장을 위한 성장'인 것이다. 만일 이를 위해 우주로 눈을 돌리고 지속 가능한 성장을 도모해야 한다고 한다면, 그것은 인류를 지구의 약탈자를 넘어 전 우주의 약탈자로 만드는 것일 뿐이다. 이 성장 속에서 과연 인간은 성장하는 것인가?

바로 이러한 의미에서 우리는 '성장을 위한 성장'이 아니라 '필요를 위한 성장'을 논해야 한다. '성장을 위한 성장'은 생산을 무제한적으로 확대하기 위해 소비를 무제한적으로 부추기고, 새로운 욕망을 무제한적으로 불러일으킨다.[24] 다름 아닌 무한한 양적성장의 악순환이다. '필요한 성장'은 이와 대비되는 성장의 방식이다. 물론 이 둘을 구분한 세르주 라투슈는 '필요한 성장'에 대한 별도의 언급이 없긴 하지만, 우리가 주목해야 할 것은 '성장'을 '필요한'이 한정하고 있다는 점이다. '성장을 위한 성장'에서 목표는 '성장' 그 자체이다. 그러나 '필요에 의한 성장'에서 성장은 결코 그 자체가 목표로 설정되지 않는다. 성장은 당위나 의무, 지향점이 아니며, 필요에 따라 요청될 뿐이다. 따라서 중요성이 큰 것은 '성장'이 아니라 '필요'이다. '필요한 성장'에서 '성장'은 더 이상 항시적 지상 과제가 아니다. 우리는 성장하지 않을 수도 있는 것이다.

계획적 진부화가 보여주듯, 양적성장을 위한 악순환은 자연뿐 아니라 우리 자신조차 위기에 빠뜨리고 있다. 그리고 이에 대한 보완으로 이러한 악순환 자체가 해결될 수 있는 것도 아니다. 그렇다고 양적성장을 악마화할 필요는 없다. '필요한 성장'에 있어서도 양적성장은 결코 배제될 수 없는 것이다. 그러나 양적성장만이 '성장'의 유일한 의미이며 방향으로 설정되는 구조라면, 그 구조하에서 '성장'은 언제나 위험 그 자체일 뿐이다. 하지만 우리가 '성장'을 결코 배제할 수 없는 것이라면, 우리는 성장 자체의 의미이건 혹은 경제적 성장이라는 제한된 영역 내에서의 의미이건, 그것이 미치는 인간 사회에 대한 영향력을 감안하여, '성장'의 의미와 그 방향을 구조적으로

---

24) 세르주 라투슈, op.cit., p. 17.

재설정할 필요가 있다. 최소한 우리 인간이 성장과 무관하지 않다면, 이와 같은 필요성은, 현재의 시점에서는 더더욱, 커질 수밖에 없다. '성장'을 '경제적 성장'이라는 좁은 틀에만 가두어 두더라도, 그 성장이 인간의 성장과 궤(軌)를 같이하지 않는다면, '경제적 성장'은 인간 사회 내에서 어떤 가치도 가질 수 없을 것이기 때문이다.

'경제(economy)'라는 말의 어원(oikonomia)이 보여주듯, 그것은 인간의 삶(oikos, 가정)과 본래부터 밀접히 연관된 것이다. 비록 현대의 경제학이 고대 헬라스의 시각과 같지 않다고 하더라도, 이 연관성 자체는 부정될 수 없다. 경제 역시 인간의 삶의 반영이며, 그러한 한 경제 역시 인간이 자신을 인식할 수 있는 계기이며 계기여야 한다. E. 카시러는 이러한 계기를 문화를 구성하는 형식으로 규정하였듯이, 경제 역시 하나의 문화형식으로 기능해야 할 것이다. 그리고 그러한 한, 경제 역시 본래 문화 세계 내에서 다른 형식들에 의해 견제됨으로써 역동적 균형을 이루는 역할을 행할 수 있을 것이다. 그러나 선형경제는 이러한 역할보다는 구조적으로 양적성장의 악순환을 촉진함으로써 오히려 문화적 균형의 상실을 촉진해왔으며, 이러한 위기의 상황이 순환경제라는 새로운 시각을 촉발한 것이다.

순환경제의 문화적 의미는 바로 여기서 조망될 수 있을 듯하다. 만일 순환경제가 그것의 일반적 정의에서처럼 선형경제의 보조자로 남게 된다면, 순환경제 역시 문화 위기의 촉진자가 될 뿐일 것이다. 순환경제의 문화적 의미는 오히려 그러한 위기를 벗어나는 데 일조하는 데서, 다시 말해 선형경제의 보조자가 아닌 견제자의 기능 속에서, 다시 말해 구조 변경의 역할 속에서 찾아질 수 있을 것이다. 이러한 점에서 양적성장이 순환경제의 당연한 전제가 되어서는 안 될 것이다. 소비가 끊임없이 조장되는 구조에서 진정한 순환은 이룰 수 없는 환상에 불과할 뿐이다. 이것이 앞서 말한 '필요한 성장'이 요청되는 까닭이며, 바로 이러한 역할을 행할 때, 순환경제는 양적성장을 악순환이 아닌 선순환의 고리로 자리매김하도록 할 수 있을 것이다. 예를 들어, 순환경제는 성장을 위한 성장의 환상에 대응하여 '검약한 풍요의 이념(the idea of frugal abundance)'[25]을 제공할 수도 있고, 성장 자체에 대한 비판의 가능성을 제공함으로써 인간사회를 보다 문화적으로 조성하고 성장시키는 데 이바지할 수 있을 것이다. 그리고 이러한 의미에서 순환경제는 성장지향의 구조를 벗어난다는 의미에서 '탈성장(Degrowth)'을 이념적으로 포괄할 수 있는 논의로 발전해 나갈 필요도 있을 것이다.

이러한 발전은 결코 양적성장의 배제를 의미하지 않는다. 더욱이 기존의 순환경제를 위한 모든 노력도 부정하지 않는다. 더 나아가 '성장하지 않을 수 있음'은 결코 '성장하지 못함'을 함의하지 않으며, 더욱이 책임과 의무의 방기나 회피는 더더욱 아니다. 오히려 '성장하지 않을 수 있음'은 오히려 우리의 선택이자 결단이며, 우리가 자유로울 수 있으며, 우리의 미래를 위해 다양한 선택을 할 수 있는 최소한의 조건을 형성하는 것이다. 그리고 이 자유 속에서 비로소 우

---

25) FEDERICO DEMARIA, FRANÇOIS SCHNEIDER, FILKA SEKULOVA, "What is Degrowth? From an Activist Slogan to a Social Movement", *Environmental Values* 22, 2013, p. 209.

I. 디지털 전환과 데이터 생태계

리는 진정한 의미의 성장, 진정한 의미의 지속 가능한 발전을 경험

하게 될 수도, 문화적 존재로서 살아갈 수도 있게 될 것이다.

위기의 시대, 협력형 거버넌스를 통한 데이터 생태계의 새로운 역량: 회복탄력성 그리고 순환경제, Gaia-X의 사례

이아름

1. 서론

제조업과 정보통신을 융합한 Industrie 4.0을 필두로 4차 산업혁명이라는 화두가 새로운 물결처럼 전 세계에 퍼져나갔다. 생산단계의 기계 및 설비에서부터 물류단계의 전 프로세스까지 산업의 전 과정이 정보화되고, 이 정보들이 상호 연결되어 생산을 효율적이게 만드는 디지털 네트워크 시스템을 구축하기 위한 혁신들이 국가별로 경쟁적으로 진행되었다. 이러한 산업혁명의 새로운 국면에서 가장 먼저 주목을 받은 쟁점은 바로 인간 일의 소멸에 관한 것이었다. 2017년 일론 머스크가 미국 캘리포니아 생산 공장에서 인공지능 기반의 로봇으로 공장을 완전 자동화 해 테슬라를 생산하겠다고 밝혔을 때, 그러한 전망은 멀지 않은 미래에 실현될 것처럼 보였다. 그러나 그러한 시도는 1년도 채 되지 않아 잦은 시스템 오류로 포기되었다. 소위 DNA(Data, Network, AI)경제에서 인간의 역할이 사라질 것이라는 전망은 마치 인터넷 혁명기에 거리가 소멸할 것이라는 전망과 같이 성급한 루머에 불과할 것이다.

 이제 중요한 것은 지능화된 기계를 활용하는 인간의 지혜이다. "산업용 로봇이 제조 공정 전반에 폭넓게 적용되고, 자율주행 기반의 물류 로봇이 활성화 될 것"은 분명하지만, "제조공정 상에서 수집되어야 하는 데이터를 정의하고, 자동화된 공정을 모니터링하며, 로봇과 인간이 효과적으로 협업할 수 있는 제조 프로세스를 설계·관리하는 업무"는 고유한 인간의 역할이 될 것이다. 그리하여 "스마트 제조의 미래는 완전 무인화가 아닌 숙련 기술자와 인공지능 기반의 산업용 로봇과 스마트 제조 플랫폼의 최적화된 협업"[1]의 형태를 갖추게 될 것이다. 인간의 일이 더욱 중요한 가치를 갖는 이유는 로봇과 인간이 효과적으로 협업할 수 있는 제조 프로세스를 설계하는 일이 비단 공장 내 정보처리만으로 이루어지지 않는 일이기 때문이다. 원료 공급망에 문제가 생기면 프로세스는 다시 설계되어야 한다. 제조 과정에 요구되는 사항이 변경되면 프로세스는 다시 설계되어야 한다. 이 프로세스의 설계는 산업 전반의 대내외적 환경에 대한 종합적 판단을 바탕으로 이루어진다. 이러한 인간의 기민한 판단을 통해서만 지능화된 스마트 기계는 현실의 문제를 해결하는 진정한 '스마트'한 능력을 비로소 갖추게 될 것이다.

---

1) 양희태(2020), 「스마트 제조 분야에서의 인공지능 기술 활용 전망과 제언」, 『Future Horizon+』, 48: 32-37.

이제 문제는 데이터 생태계이다. 산업 전 과정의 정보화는 다분야 간 정보의 소통을 통해 이전에는 없었던 새로운 가치를 창출하는 디지털 경제 시대를 열었다. 디지털 경제 시대, 모빌리티·금융·제조·농업·에너지 등 다분야의 디지털 정보들이 소통할 수 있는 데이터 생태계는 산업의 근간이 될 전망이다. 이 글은 4차 산업혁명의 중요한 변곡점이 될 데이터 생태계의 구성과 그 진화과정에 있어서 인간 고유의 일은 무엇인지, 또 그것의 중요성은 어디에 있는지 밝히는 것을 목적으로 한다. 유럽연합의 데이터 전략과 더불어 유럽연합의 지원을 받아 성장하고 있는 Gaia-X 데이터 생태계는 이 생태계의 참여자들이 워킹그룹 및 위원회 활동을 통해 생태계의 구성 원리를 결정하고 활용방식을 창안해 나가는 협력형 거버넌스를 구성하고 있다. Gaia-X를 통해 데이터 생태계에서 인간 고유의 역할을 조명하고자 하는 이유는 Gaia-X가 점차 국제적 영향력을 확대해 나가고 있을 뿐 아니라, 코로나 및 전쟁 등으로 인한 공급망의 불안정성, 기후변화로 인해 커져가고 있는 지구환경의 위기 등 시대적 문제에 대응하는 역량을 갖추고 있기 때문이다. 그리고 Gaia-X의 이러한 역량은 무엇보다도 이 데이터 생태계의 방향성을 결정하는 논의와 판단이 시대의 요구에 부응하여 기민하게 이루어질 수 있도록 하는 협력형 거버넌스에 있기 때문이다. 데이터 생태계가 기술 아키텍처의 의미를 넘어 인간 문명이 처한 위기를 극복하는 '스마트함'을 갖추게 되는 힘은 바로 여기에 있다.

본문에서는 첫 번째로 Gaia-X의 진화를 이끄는 힘은 바로 이 거버넌스에 있다는 관점에서 Gaia-X를 구성하는 협력형 거버넌스의 구조를 살펴보고자 한다. 다음으로는 이를 통해 Gaia-X가 코로나 및 전쟁 등으로 인한 공급망의 불안정성, 기후변화로 인해 커져가고 있는 지구환경의 위기 등 시대적 문제에 대응하는 역량을 보여주고 있는 지점들을 조명해 보고자 한다. 이를 통해 우리나라 데이터 생태계 구축에 있어서 기술중심적 접근을 탈피하기 위한 담론을 마련하는 데 기여하고자 한다. 하이브리드 시대 과학기술의 산물은 더 이상 한 연구소 실험실에서 형성되는 것이 아니다. 데이터 생태계라는 IT기술의 산물은 '인간 행위자와 비인간 행위자의 하이브리드 네트워크로부터 나오는 관계적 효과'이자 '지식, 텍스트, 정부, 기술, 돈, 사람들 사이의 네트워크 속에서 형성되는 산물'이다. 이러한 관점에서 과학기술의 발전은 사람이 부여하는 가치, 사람이 형성하는 의사결정원리와도 동떨어질 수 없다. 협력형 거버넌스를 갖춘 Gaia-X의 사례를 살펴봄으로써 데이터 생태계가 그 성능과 더불어 그것을 활용하는 인간의 지혜가 성숙할 때 비로소 인간을 위한 모습을 갖추게 된다는 것을 확인할 수 있을 것이다.

2. Gaia-X의 협력형 거버넌스와 그 역량

1) Gaia-X의 부상

아마존, 마이크로소프트 등 클라우드 서비스에 막강한 영향력을 행사하는 미국 대기업 중심 데이터 생태계의 등장이 점쳐지고 있던 가운데, 유럽은 그리스 신화 속 대지의 여신의 이름으로 '데이터 주권'의 가치를 내세운 데이터 생태계 플랜을 제시했다. Gaia-X 프로젝트는 2019년 10월 독일 도르트문트에서 개최된 디지털 정상회담(Digital Gipfel)에서 처음으로 발표되었다. 프랑스와 독일은 프로젝트의 목표를 제시하는 입장문(position paper)에 동의하고, 2020년 6월 4일 피터 알트마이어 독일연방 에너지경제부장관과 브뤼노 르메르 프랑스 재정경제부 장관은 '유럽적 가치'를 표방하는 Gaia-X 프로젝트를 공동 발표하였다. 그리고 이 프로젝트는 EU의 데이터 전략에 따라 '산업 데이터와 클라우드를 위한 유럽 동맹'을 구축하기 위해 EU의 지원을 받으며 차츰 구체화되고 성장하게 된다.[2]

Gaia-X는 클라우드 및 엣지 시스템 등 인프라 구조의 에코시스템을 하부구조로 구성하고, 모빌리티·금융·제조·농업·에너지 등 산업영역 간 데이터가 교환 및 거래가 이루어질 수 있는 데이터 에코시스템을 상부구조로 설계하여 이 두 구조 내, 구조 간 연합 서비스를 제공하는 X형 모델을 제시하고 있다. 중요한 것은 데이터 에코시스템 및 인프라구조 에코시스템을 형성하는 방식이다. 데이터의 교환이 이루어질 수 있는 모든 연결망의 구축에 '데이터 주권'이라는 견고한 원칙을 제시한 것이 바로 Gaia-X 데이터 생태계이다.

이러한 가치를 내세운 데이터 생태계가 처음으로 소개될 때는 일

---

2) Autolitano, S. & Pawlowska, A. (2021), *Europe's Quest for Digital Sovereignty: GAIA-X as a Case Study*, Istituto Affari Internazionali. https://www.jstor.org/stable/resrep30940

I. 디지털 전환과 데이터 생태계

견 이상적인 계획으로 평가받았으나 현재 Gaia-X 프로젝트를 현실적이고 경쟁력 있는 국제 산업 데이터 생태계로 주목해야 하는 지표들이 명확해지고 있다. 먼저 2022년 11월 기준으로 대기업, 중소기업, 스타트업, 대학, 협회, 공공 분야 등을 포함하여 360여개 구성원들이 Gaia-X에 가입하였으며, 유럽 및 유럽 외 국가를 포함하여 17개의 Gaia-X 국가 허브가 개설되었다.[3] 우리나라 또한 비유럽국가 최초로 2021년 11월 한국 허브 설치 협약을 체결하여 중소벤처기업부 산하 스마트제조혁신추진단에 한국 Gaia-X 허브를 설치하였다. 괄목할만한 사실은 미국과 중국의 클라우드 기업들이 Gaia-X에 가입하는 한편, 최근에 Gaia-X 미국 허브가 개설되었다는 것이다. 미국의 디지털 경제 패권을 견제하기 위해 출범한 Gaia-X가 미국을 포괄하는 기구로 성장하였다는 점은 국제 산업 데이터 생태계 구성에 있어 Gaia-X가 하나의 패러다임을 형성하고 있다는 것을 보여주는 단적인 예가 될 것이다.

Gaia-X 프로젝트가 등장하고 나서 우리나라에서 추진 중인 데이터 댐과의 비교 등 국내 데이터 생태계 구축과 관련하여 시사하는 점들을 찾고자 Gaia-X가 제시하는 기술적 구조를 분석하는 관심이 존재했다. 물론 Gaia-X가 서서히 드러내고 있는 강력한 힘인 개방성과 신뢰구축은 기술적 구조에 반영되어 있지만, 이를 반영한 시스템의 진화를 이끄는 것은 바로 Gaia-X만이 지닌 거버넌스에 있

---

3) Bonfiglio, F. (2022), *L'actualité de Gaia-X*, 4esession plènière de Gaia-X France Hub. https://www.cigref.fr/wp/wp-content/uploads/2022/03/Master-pleniere-4.pdf

다. 거버넌스(governance)란 한 기관에 참여하는 다양한 행위자들이 자율성을 지니면서 운영원리를 세우는 데 참여하는 협력활동을 의미한다. Gaia-X는 기술적 프레임워크만을 의미하는 것이 아니라 참여자들의 다양한 협력활동, 즉 위원회, 워킹그룹 및 국가 허브 등 디지털 경제의 주체인 사람과 사람이 맺고 있는 협력체를 뜻하기도 한다. Gaia-X의 이러한 협력형 거버넌스는 다분야의 공공, 중소기업, 대기업의 데이터 교환 과정에서 자율성, 즉 종속되지 않을 권리를 보장하여 신뢰 환경을 구축할 수 있는 토대를 마련한다.

2022년 11월 17-18일 양일간 프랑스 파리에서 개최된 Gaia-X 정상회의는 최신 Gaia-X 프레임워크를 발표하였다. 이를 통해 Gaia-X가 실제 운용되는 실행단계로의 도약을 천명하고자 했다. Gaia-X 프레임워크는 처음부터 완성된 채 공개되지 않았다. 프로젝트가 발표된 이후 Gaia-X는 자신들의 비전과 기술적 설계를 공개하는 세미나를 지속적으로 개최하였고, 위원회와 워킹그룹 그리고 국가허브를 중심으로 한 공개적 논의의 장에서 Gaia-X의 진화를 모색해 온 것이다.

2) 유럽의 전략적 자율성 그리고 Gaia-X가 표방하는 데이터 주권

Gaia-X가 국제 산업 데이터 생태계를 선도하는 프로젝트가 될 수 있었던 강점은 바로 '신뢰'를 기반으로 한 네트워크의 형성이다. 한국사회가 지난 카카오 대란에서 피부로 느낄 수 있었듯이 디지털 경제는 데이터 연결망의 소유가 곧 막강한 권력을 형성하는 구조일 수밖에 없다. 한 경제주체가 산업 데이터의 거래 및 교환이 이루어지는 데이터 생태계에 참여할 때, 그로 인해 특정 국가 및 기업에 데이터의 활용과 관련한 권리가 종속된다면 그 주체는 데이터 생태계에 발을 들여놓을 동기를 잃어버리게 될 것이다. 지구에 존재하는 모든 생명체들에게 가이아는 드넓은 대지를 제공해 주지만, 디지털 경제의 '가이아'는 신뢰를 기반으로 다양한 경제 주체들이 생태계에 참여하고 데이터를 교환하는 '네트워크'가 존재할 때만 존재할 수 있다. 즉 Gaia-X가 프로젝트의 시작에서부터 내세웠던 '데이터 주권'은 산업 데이터 생태계 존재 자체의 필요조건인 것이다.

사실 Gaia-X가 '데이터 주권'을 표방한 데이터 생태계를 주창한 것은 유럽의 개인, 기업 공공기관 및 정부의 주요 데이터가 구글이나 마이크로소프트 등 미국의 정보기술 대기업에 저장되어, 데이터 활용에 대한 권리를 미국의 국가 데이터 전략에 따라 침해받을 위협을 느꼈기 때문이다. 미국 기업이 클라우드를 기반으로 데이터 생태계를 독점하는 문제를 심각하게 받아들이고 EU는 유럽의 '전략적 자율성'을 디지털 전략에로 확장한다. 유럽의 '전략적 자율성'이란 강력한 국제적 행위자에 의해 주권이 침해받지 않도록 "인권, 민주주의, 법치주의, 자유롭고 공정한 무역질서 등 유럽적 가치에 기초해 국제질서를 형성"하는 전략을 의미한다. 이를 통해 "유럽에 직접적인 영향을 미치는 규칙이나 전략적 결정에 대해 유럽이 단순 수용자의 위치로 전락하는 것"을 막고, "외부 행위자의 의지에 종속되거나 자신의 의지에 반해서 외부 행위자가 결정한 규범을 따르지 않는" 전략을 추구하는 것이다.[4] 스스로를 의미하는 'autos'와 규율, 법칙을 의미하는 'nomos'의 결합형인 그리스어 αὐτονομία에 기원을 두고 있는 자율성(autonomy) 개념은 고대 그리스의 정치철학에서 "한 도시국가가 다른 도시국가로부터 간섭이나 지배를 받지 않고 '스스로 다스림'을 의미"했다.[5] 미중의 패권 경쟁이 심화되는 국제 정세 가운데 유럽의 전략적 스탠스는 무엇보다도 이러한 어원적 의미에 충실한 '자율성'을 내세우는 것이다.

그런데 이러한 유럽의 전략적 자율성은 미국과 중국에 대항하는 또 다른 독점적 패권을 형성하는 전략이 아니라 유럽과 다른 국가들이 함께 협력하고 경쟁하는 개방성을 지닌다는 특징을 지닌다. 이러한 의미에서 "자율성을 강화한다는 것은 공격적인 경쟁 환경 속에서 상호 의존관계를 관리하면서 유럽의 이익과 가치를 확산시키는 것"을 의미한다.[6] 이러한 전략적 자율성 개념에 주목하는 이유는 바로 Gaia-X의 운영원리가 정확히 이를 목표로 하고 있기 때문이다. 유럽의회조사처(EPRS)가 정의내린 전략적 자율성, 즉 "언제, 어느 분야에서 그리고 같은 생각을 가진 파트너들과 함께 행위할 것인지의 여부를 자율적으로 선택하고 행위할 수 있는 능력"은 바로 Gaia-X가 지향하는 신뢰에 기반한 데이터 거래의 원칙이다. 이러

---

4) 국가안보전략연구원(2021), 『유럽의 '전략적 자율성' 논의와 시사점』.

5) 김석수(2010), 「자율성의 운명과 우리의 현실: 서구 자율성 이론과 연계하여」, 『사회와 철학』, 19:101-128.

6) 국가안보전략연구원(2021), 『유럽의 '전략적 자율성' 논의와 시사점』.

I. 디지털 전환과 데이터 생태계

한 신뢰를 바탕으로 개방적이고 포용적인 질서를 세워 국제적 산업 데이터 생태계를 유럽의 프레임 안에 두고자 하는 포부가 바로 Gaia-X인 것이다.

"유럽 기업이 산업 데이터 경제에서 이익을 얻을 수 있는 최선의 길은 무엇인가? 미국 대기업과 경쟁할 수 있는 유럽 서비스 제공업체를 만들 것인가? 이동성, 상호 운용성 및 데이터 주권 측면에서 규칙을 준수한다는 조건으로 클라우드 서비스 제공업체(비유럽 공급업체 포함)와의 연합을 이용해 자동차, 건강, 에너지, 제조와 같은 가장 중요한 부문에서 전략적 자율성을 구축해야 할 것인가? 플랫폼 경제에서 유럽이 가는 길은 일반적인 발전 경로와 대조된다는 점을 이해해야 한다. 우선, 단일 회사가 제어하는 플랫폼은 플랫폼 개발로 구성된 경로를 따라 다른 당사자(공급자, 사용자, 통합자)에 의해 채택되어 확장된다. 그러나 유럽의 연합 데이터 및 소프트웨어 인프라의 경우 플랫폼 개발보다 아이디어 채택이 우선이다. 또한 그 과정은 단일 행위자가 아니라 여러 이해 관계자로 구성된 전체 생태계에서 관리된다. 이것은 행위자가 어떤 데이터 생태계를 채택할 것인지와 관련해 엄청난 잠재력을 가지고 있다. 그러나 설계 및 개발에 관해서는 느리게 진행된다. 따라서 인프라 설계는 소프트웨어 서비스 개발에만 초점을 맞추는 것이 아니라 타사 개발자가 채택할 수 있는 인증 가능한 표준을 정의해야 한다. 따라서 통합 데이터 및 소프트웨어 인프라를 향한 유럽 여정의 산출물은 설계 사양, 오픈 소스 소프트웨어 구현 및 사양에 대한 서비스 준수를 테스트하고 인증하는 수단을 포함하는 세 가지로 구성되어야 한다."[7)]

Gaia-X 협회 이사회 전 의장이었던 위베르 타르디유(Hubert Tardieu) 그리고 보리스 오토(Boris Otto)는 명확하게 Gaia-X의 차별성을 제시한다. Gaia-X는 완전한 구조를 갖춘 플랫폼을 개발하고 이를 시급히 보급하는 것보다는 여러 이해관계자로 구성된 조직 구조를 통해 설계 및 개발을 위한 아이디어를 채택하는 것을 우선시 했다. 이러한 방식을 따르면 데이터 생태계의 설계 및 개발 속도가 더딜 수는 있으나, 사용자가 이 데이터 생태계를 채택하는 강력한 요인을 제공할 수 있다는 전략이다. 이러한 Gaia-X의 전략은 데이터 생태계의 설계 및 개발의 열 가지 핵심 가치 그리고 이를 바탕으로 Gaia-X의 진화를 이끌어 갈 조직구조를 통해 구체화된다.

3) Gaia-X의 열 가지 핵심 가치

Gaia-X가 표방하는 가치인 데이터 주권은 데이터 생태계의 존재 요건으로 작용하면서, 국제 정세 속 유럽의 포용적이고 개방적인 데이터 전략의 성공을 이끌고 있다. 디지털 경제의 근간인 '가이아'는 곧 데이터 주권을 보장하는 신뢰로 펼쳐지는 땅이기 때문이다.

---

7) Tardieu, B. & Otto, B. (2021), Souveraineté digitale : Puissance européenne pour les Données et le Cloud, Groupe d'études géopolitiques. https://geopolitique.eu/articles/souverainete-digitale-puissance-europeenne-pour-les-donnees-et-le-cloud-in-varietate-concordia-2/

2021년 Gaia-X CEO 프란체스코 본피글리오(Francesco Bonfiglio)는 'Gaia-X의 비전과 전략' 보고서에 Gaia-X의 열 가지 핵심 가치를 소개하고 있다. '개방성', '투명성', '주권', '공정성', '독립성', '포용성', '무료'(free), '연합'(federated), '혁신', '진화'라는 열 가지 가치는 Gaia-X의 전략적 원칙을 제시한다.[8]

Gaia-X는 높은 수준의 개방성과 투명성을 기반으로 개방형 클라우드 및 데이터 서비스의 새로운 패러다임을 제시하고자 한다. 이러한 원칙이 '개방성'과 '투명성'의 가치에 제시되고 있다. '개방성' 개념은 모든 사람이 사용할 수 있는 사양 공개 및 소스코드 공개를 통해 구현된다. Gaia-X의 오픈 소스 코드 및 사양은 '무료'로 제공되는데, 이는 시장이 Gaia-X를 선택하는 채택 장벽을 최소한으로 줄이고 Gaia-X 모델을 선택하고자 하는 의지에 따라 생태계를 개방하는 효과를 기대할 수 있다. Gaia-X는 데이터 및 소프트웨어 인프라와 관련하여 명확한 오픈 소스 소프트웨어(OSS) 전략을 따른다. OSS 소스 코드는 누구나 읽고 기여할 수 있도록 열려 있기 때문에 생태계 참여자들에게 이 시스템에 대한 신뢰를 제공할 수 있다. '투명성'을 통해 Gaia-X는 사용자가 신뢰할 수 있는 환경에서 원하는 서비스를 선택할 수 있도록 하며, 충분한 정보에 입각한 결정을 내릴 수 있게 한다.

사실 유럽은 미국의 대기업과 경쟁할 데이터 생태계를 형성하기

---

8) Bonfiglio, F. (2021). Vision and Strategy. https://gaia-x.eu/wp-content/uploads/2021/12/Vision-Strategy.pdf

위해 자본과 역량을 모두 갖춘 뚜렷한 하나의 기업이 존재하지 않기 때문에, 가장 많은 사람들의 협업을 통해 경쟁력 있는 대안을 구축하고자 하는 방법을 채택한 것이기도 하다. 인프라의 '모두를 위한'(pour tous) 특성은 유럽이 핵심 가치라 믿고 있는 공유의 힘을 기반으로 존재한다. 이러한 공유의 힘은 공유를 통해 얻은 이익을 몰수하려는 특정 국제 기업에 의해 조직되는 것이 아니라, 유럽이 지원하는 이 Gaia-X라는 기회를 활용하는 연합 단체들을 통해 조직될 것이다.[9]

이러한 개방성과 투명성을 기반으로 Gaia-X는 자기 결정권을 행사할 수 있는 권리를 보장하고자 한다. 즉 데이터 거래에서 언제, 어느 분야에서 같은 생각을 가진 파트너들과 함께 행위할 것인지의 여부를 자율적으로 선택하고 행위할 수 있는 권리를 보장하고자 하며, 디지털 및 기술관점에서 이러한 자기 결정권을 보장할 수 있는 프레임워크를 제공하고자 한다. 뿐만 아니라 외부 행위자의 의지에 종속되거나 자신의 의지에 반해서 외부 행위자가 결정한 규범을 따르지 않는 '독립성'을 가치로 제시한다. Gaia-X AISBL 협회를 대표하는 구성원들은 Gaia-X가 이해 관계자들의 목소리를 대변하는 창구의 역할을 하며, 지역(국가) 허브는 각 국가의 이니셔티브를 조정하며 AISBL과 협력한다. 또한 Gaia-X는 데이터의 투명한 제어를 중

---

9) Tardieu. B. & Otto. B. (2021), Souveraineté digitale : Puissance européenne pour les Données et le Cloud, Groupe d'études géopolitiques. https://geopolitique.eu/articles/souverainete-digitale-puissance-europeenne-pour-les-donnees-et-le-cloud-in-varietate-concordia-2/

심으로 차세대 클라우드 및 데이터 서비스를 가능하게 함으로써 '공정성'의 가치를 준수하여 공정한 경쟁의 장을 만들고자 한다. 이를 통해 독점적인 기술로부터 강력한 종속성을 생성하는 요소를 배제하고자 한다.

Gaia-X는 유럽 내외의 국가, 글로벌 수준에서 활동하는 모든 유형의 회원에게 열려 있는 '포용성'을 지닌다. 서비스 제공자와 서비스 사용자는 Gaia-X가 제공하는 공통 규칙과 프레임워크를 채택하여 Gaia-X 서비스를 구축하고 사용할 기회를 선택하게 된다. 물론 협회 이사회는 유럽에 본사를 둔 조직에서만 선출될 수 있다. Gaia-X는 '연합'(federated)을 촉진하고 구현하고자 하고자 한다. 서비스 공급자는 연합을 통해 신뢰할 수 있는 방식으로 인프라를 결합하여 분산 클라우드 모델을 제공할 수 있다. 또한 데이터 사용자는 일반적으로 합의된 규칙에 따라 데이터를 교환하고 활용할 수 있으며 누구에게 액세스 권한을 부여할지 제어할 수 있다. 연합을 통해 Gaia-X는 여러 비즈니스 행위자 간의 공동 작업인 공통 데이터 스페이스의 생성을 촉진할 수 있다.

Gaia-X는 분산 아키텍처, 분산 합의, 디지털 원장, 검증 가능한 자격 증명, 데이터 컴퓨터 분야에서 최첨단 '혁신' 기술을 지향한다. Gaia-X는 객관적 검증 및 피드백 반영을 통해 지속적인 개선과 '진화'를 추구한다. 이를 위해 협회, 위원회 및 워킹 그룹은 데이터 생태계의 촉진을 위해 해결해야 할 문제가 무엇인지를 정의하고, 개발자 및 전문가 팀이 솔루션을 검증하고 구현하는 프로젝트를 촉진한다. 문제와 솔루션 간의 지속적 상호작용을 통해 Gaia-X는 문제에 기민하게 대응하고 지속적으로 개선하는 시스템을 갖춘다. 이를 통해 Gaia-X는 제한된 소수 인원의 역량에 의존하는 구조를 피하고 집단 지성 프로세스를 기반으로 개방형 혁신의 힘을 발휘하려는 의도를 갖고 있다.

이러한 가치를 표방하는 Gaia-X 데이터 생태계는 순전히 기술적 프레임워크만을 의미하는 것이 아니다. Gaia-X는 이 데이터 생태계를 진화시킬 역량을 지닌 개방형 혁신 협력체이다. 이 협력체를 이루는 것이 위원회, 워킹그룹 및 국가 허브 등을 통한 거버넌스의 형태이다.

4) Gaia-X의 조직 구조 및 거버넌스 형태

2020년 6월 4일, 7개의 사용자 회사, 11개의 클라우드 서비스 공급자, 2개의 학술 기관 및 2개의 산업 협회로 구성된 22개 회사(프랑스 11개, 독일 11개)는 연합을 통해 Gaia-X 비영리 협회를 만들겠다는 계획을 발표했다. 계획을 실행하는 데 있어 걸림돌이 되었던 것은 비유럽 클라우드 서비스 제공업체의 참여 여부에 대한 합의였다. 결국 이들을 회원으로 환영하되 이사회는 유럽 기업 대표로 제한하는 방침을 세우고, 2021년 2월 Gaia-X 협회 AISBL이 창립된다. Gaia-X의 비전을 공유하는 커뮤니티를 하나로 모으기 위해 1회 Gaia-X 정상회의가 개최되었다. 이후 2021년 3월 초 이사회가 구성되고 CEO와 기술 이사가 영입된다. 이어 Gaia-X 유럽 국가들의 연대 확보 및 사용자의 지역 생태계를 구축하기 위해 국가 허브를 만들게 된다. 2021년 말 유럽 7개국 대표로 구성된 새로운 이사회와 국가 허브 및 정부 자문 위원회 참여를 통해 회원국이 승인한 명확한 5개년 전략으로 Gaia-X는 운영되게 된다.[10] 이후 유럽 외 최초의 국가 허브가 한국에 개설되었고, 현재는 한국, 일본, 미국을 포함 17개국의 허브를 갖추게 된다.

Gaia-X의 조직 구조는 Gaia-X 협회 위원회와 국가 Gaia-X 허브를 기반으로 한다. 각 조직별로 다양한 워킹그룹에서 디지털 경제의 참여 주체들이 공개 컨퍼런스를 주최하고 포지션 페이퍼를 통해 문제를 발굴하고, Gaia-X의 유스케이스를 기획하고 솔루션을 제안함으로써 Gaia-X의 개방형 혁신 협력체의 기본 조직을 구성한다. 이러한 조직을 바탕으로 한 새로운 거버넌스 구조가 디지털 전환을 이끄는 '나침반'의 역할을 수행한다.

(1) Gaia-X 위원회

각 위원회 산하 워킹 그룹은 Gaia-X 토론의 핵심 역할을 담당하며 데이터 생태계의 설계 및 개발에 있어 싱크탱크의 역할을 한다. Gaia-X 위원회에는 Gaia-X에 참여하는 단체의 한 명 이상의 대표가 참여할 수 있으나, 모든 플레이어에게 공정하고 균형 잡힌 목소리를 제공하고자 각 워킹 그룹에는 단체 별로 한 사람만 참여할 수 있다. 중소기업, 대기업, 기술 사용자 및 공급자는 모든 협력 테이

---

10) Tardieu. B. (2022), Role of Gaia-X in the European Data Space Ecosystem, Designing Data Spaces, Springer: 41-60.

블과 선거과정에 참여할 수 있다. Gaia-X 위원회에 참여하는 회원은 지식을 공유하며 모든 회원이 공유하는 협회의 활동이나 산출물로 회사의 이익을 얻을 수 없다. 이러한 구조를 통해 특정 집단이 협회를 주도하거나 기득권 충돌이 발생하는 상황을 사전에 차단하고 모든 참여자들의 권리를 보호한다.

Gaia-X 위원회와 산하 워킹그룹은 Gaia-X에 참여하는 모든 이해 관계자가 Gaia-X의 시스템에 기여할 수 있는 여러 진입점을 제공한다. 첫 번째로, 비즈니스 관점에서 데이터 스페이스 비즈니스 위원회에 참여할 수 있다. 두 번째로, 기술적 관점에서 기술위원회에 참여할 수 있다. 세 번째로는 규제의 관점에서 정책 규칙 위원회에 참여할 수 있다.[11]

데이터 스페이스 비즈니스 위원회는 시장에서 새로운 Gaia-X 서비스가 생성되고 가속화하는 것을 목적으로 한다. 재무 실무 그룹은 비즈니스 모델링에 중점을 두며, 기술 워킹 그룹은 비즈니스의 기술 요구 사항을 분석한다. 허브 워킹 그룹은 모든 Gaia-X 허브와 긴밀히 연락을 취하고 Gaia-X 사용 및 비즈니스 사례를 수집하고 사례생성을 지원한다. 이러한 워킹 그룹은 Gaia-X 의 모든 유스 케이스 및 데이터 스페이스의 국제 목록을 유지하고 허브를 조정한다.

기술위원회는 주요 아키텍처 요소와 그 진화에 관한 토론을 진행한다. 예를 들어 ID 및 액세스 관리, SSI 영역, 신원 연합 탈중앙화

---

11) Bonfiglio, F. (2021), Vision and Strategy. https://gaia-x.eu/wp-content/uploads/2021/12/Vision-Strategy.pdf

I. 디지털 전환과 데이터 생태계

네트워크 생성, 새로운 서비스를 만들기 위해 더 높은 부가가치로 서비스를 조합하는 방법, 측정 가능하고 비교할 수 있는 규모로 디지털 신뢰를 구축하는 방법 등이 있다. 논의의 주제는 이에 국한되지 않고 새로운 주제를 발굴하는 것 또한 이 워킹 그룹의 역할이다.

정책 및 규칙 위원회는 Gaia-X 프레임워크(규정 준수 요구 사항, 레이블 및 인증 프로세스, 자격 증명 매트릭스, 계약 동의 등)를 개발하는 데 필요한 사항들을 산출하는 역할을 한다. 레이블 및 인증 프로세스와 관련한 워킹 그룹은 라벨의 수준을 정의하고 발전시키는 것부터 새 레이블을 정의하고 기존 CABS를 식별 및 인증하는 방법을 논의한다. 자격증명 및 트러스트 앵커(Credentials and Trust Anchors) 워킹

Gaia-X Groups Structure 2022

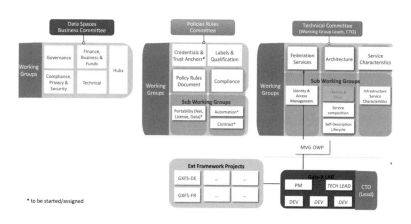

자료: Bonfiglio(2022), *L'actualité de Gaia-X*.

〈그림 1〉 2022년 Gaia-X 위원회 구조

그룹은 자격 증명 매트릭스 및 검증 방법을 개발한다. 규정 준수 작업 그룹은 모든 조직에서 규정과 관련한 요구 사항을 수집한다. 이를 통해 규정 요구 사항 풀을 구축한다.

아래 〈그림 2〉는 이러한 위원회의 활동이 어떻게 Gaia–X 프레임워크를 개발하고 발전시키는 거버넌스를 형성하는지를 보여준다. 세 위원회는 상호 간의 피드백을 통해 개념을 정의 내리고 수정하며 필요한 요구사항을 제시한다. 기술위원회의 활동은 실제 기술 설계를 담당하는 Gaia–X Lab에 반영되고, 기술위원회는 Lab의 결과물을 확인하는 역할을 한다. Gaia–X Lab의 결과물들은 Gaia–X MVP(Minimum Viable Product)로 발전되고, 발전된 내용은 OSS(Open Source Software)

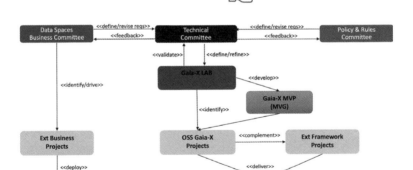

자료: Bonfiglio(2022), *L'actualité de Gaia-X.*

〈그림 2〉 2022년 Gaia-X 위원회와 프레임워크 관계도

Gaia-X 프로젝트에 전달된다. 이러한 결과물은 외부 프레임워크 프로젝트로 보완되어 Gaia-X 프레임워크를 형성한다. 데이터 스페이스 비즈니스 위원회의 활동은 외부 비즈니스 프로젝트로 연결되어 Gaia-X 시장 서비스를 형성하고 이는 Gaia-X 프레임워크의 적용을 통해 실현된다.

2022년부터 Gaia-X 연합서비스(GXFS, Gaia-X Federation Services)가 구체적인 모습을 드러내고 있다. GXFS-DE는 독일 경제에너지부로부터, GXFS-FR은 프랑스의 재정경제부로부터 자금을 지원받아 공동 커뮤니티 프로세스를 통해 Gaia-X 연합서비스의 개발을 추진했다. GXFS는 효율적이고 안전한 방식으로 Gaia-X를 시작하기 위한 요구 사항 및 서비스를 제공하는 것으로, 기술 사양, 오픈 소스코드, 인증 및 권한 부여, 개인 자격 증명 관리 등이 포함된다. 각 연합은 Gaia-X 연합 서비스 도구 상자의 참조 오픈 소스 코드를 사용하여 해당 연합의 요구 사항과 일치하는 앱 및 서비스를 구축할 수 있다. GXFS 소스 코드를 공유함으로써 각 생태계 간 상호 운용성을 달성할 수 있도록 한다. 아래 〈그림 3〉은 미네즈 텔레콤 연구소(Institut Mines-Telecom)를 중심의 컨소시엄으로 진행 중인 GXFS-FR의 개발과 Gaia-X 위원회 워킹그룹 간의 긴밀한 공동 커뮤니티 프로세스를 보여주고 있다.

Lien avec les comités de Gaia-x

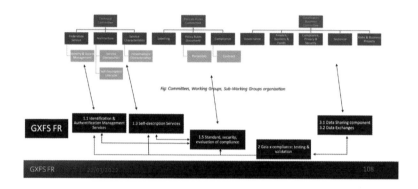

자료: Taillandier, A.-S. (2022), Gaia-X Federation Services, 4esession plènière de Gaia-X France Hub.

〈그림 3〉 2022년 Gaia-X 위원회와 GXFS-FR 개발 프로세스 관계도

(2) Gaia-X 국가별 허브[12]

Gaia-X 허브는 Gaia-X에 참여하는 각 국가의 기업, 이해 관계자, 협회 및 공공 부문 기관의 중앙 접점을 형성한다. 허브는 각 참여 국가에 사용자의 창구 역할을 하면서 동시에 국가 차원에서 이해 당사자에게 접촉하는 중앙 연락 지점이 된다. Gaia-X 허브는 해당 영역의 회원을 결집시키고 특정 요구 사항에 대한 피드백을 협회에

---

12) Gaia-X 홈페이지, https://gaia-x.eu/who-we-are/hubs/

제공하는 싱크 탱크 역할을 한다. Gaia-X 허브의 구성원은 Gaia-X 데이터 생태계 개발 및 발전을 위한 여러 워킹 그룹에 참여할 수 있다. 또한 관련 사용자 요구 사항을 식별하고 유스 케이스를 개념화하여 데이터 생태계의 추진력을 형성하는 역동적인 커뮤니티를 형성한다. Gaia-X 허브는 요구 사항 및 규제 장애물과 관련해 국가 간 합의를 도출하기 위해 긴밀히 협력한다. 이를 통해 Gaia-X Hubs 네트워크는 국내 수준에서 국제 수준으로 역동적인 생태계의 상향식 성장을 지원하는 것을 목표로 한다. GAB(Governmental Advisory Board)는 참여 국가의 정부 기관 대표를 그룹화하여 요구 사항을 수집 및 조정하고 같은 방향으로 허브의 활동을 추진하기 위해 구성된다.

Gaia-X 독일 허브는 Gaia-X의 여러 커뮤니티가 지금의 모습을 갖추는 데 있어서 일종의 '모체' 역할을 해 왔다.[13] Gaia-X 독일 허브는 유럽 데이터 전략을 기반으로 유럽 데이터 스페이스 및 데이터 생태계 개발에 기여하기 위해 연합 서비스 및 정책 규칙 및 표준을 기반으로 하는 주권 데이터 인프라 구축 및 개발을 지원한다. 독일 허브의 구성원들은 Gaia-X의 유스 케이스를 수집하고 분석 및 평가하여 Gaia-X에 대한 요구 사항을 통합한다. 지금까지 검증된 모든 유스 케이스는 독일 허브 사이트에 공개되어 있으며, 유스 케이스를 통해 데이터 주권을 보장하는 유럽 데이터 인프라의 필요성과 강점을 증명하고 있다. Gaia-X 생태계에 가입한 구성원은 독일 허

---

13) Gaia-X 독일 허브 홈페이지, https://www.data-infrastructure.eu/GAIAX/ Navigation/EN/Home/home.html#id2845524

브 내에 네트워크를 형성할 수 있으며 주권 데이터 인프라를 촉진하는 활동에 대해 지원을 받을 수 있다. 또한 독일 허브는 Gaia-X 유스 케이스 개발에서 사용자 측을 지원하여 Gaia-X 서비스의 확장을 도모한다. 이를 위해 많은 회사를 대표하는 전문가들은 농업·에너지·금융·지리정보·헬스·모빌리티·공공영역·스마트 시티/지역, 스마트 리빙 등의 영역에서 워킹 그룹을 구성하여 Gaia-X 사용자 관점에서 논의되어야 할 문제들을 발굴하고 유스 케이스를 개발한다. 그리고 데이터 생태계의 잠재력을 발굴하여 워킹 그룹의 영역을 확장하는 것 또한 목표로 삼고 있다.

이같이 Gaia-X를 구성하고 있는 위원회와 국가허브 그리고 워킹 그룹은 활동결과를 정기적으로 공개하고 열린 토론을 이끌고 있다. 이러한 Gaia-X의 개방형 진화과정을 살펴볼 수 있는 많은 자료들은 Gaia-X 홈페이지를 통해 공유되고 있다.

3. 위기의 시대, Gaia-X의 역할 : 회복탄력성 그리고 순환경제

1) 코로나 시대 공급망 위기에 대한 대응 : 데이터 생태계를 통한 회복탄력성 증진

유럽 제조업 분야에서 진행된 디지털 트랜스포메이션은 이전보다 더 많은 다종의 공급업체를 생산 네트워크에 통합시키는 효과를 낳았다. 자동차 분야에서 부품 공급업체 및 제조업체 등 자동차 생산의 가치사슬을 이루는 업체들은 Industrie 4.0의 프레임워크 내에서 AI 알고리즘을 활용하여 글로벌 물류 플랫폼을 형성하는 등 생산 과정의 디지털 트랜스포메이션을 진척시켜 왔다. 이 과정에서 제조업체는 데이터의 저장과 공유 및 거래와 관련해 개별 디지털 솔루션을 제공하는 아마존, 마이크로소프트와 같은 기존 클라우드 공급자에 의존할 수밖에 없는 상황에 처하게 되었다. 이에 따라 관련 공급업체가 일방적으로 제공하는 다양한 인터페이스에 일일이 적응할 수밖에 없는 폐쇄형 데이터 생태계를 받아들여야 했다. 이러한 문제에 대응하고자 자동차 제조업체, 공급업체, 딜러 협회 및 장비 제공업체뿐만 아니라 애플리케이션, 플랫폼 및 인프라 제공업체까지 현 자동차 생산 네트워크를 이루는 전 분야의 데이터의 흐름에 있어 서로 다른 인터페이스가 사용되지 않도록 상호운용성을 갖추고, 어떠한 분야의 어떠한 규모를 지닌 업체이든지 데이터 주권을 보장받을 수 있는 독립적인 데이터 생태계가 등장하게 된 것이다.

Gaia-X는 이러한 디지털 트랜스포메이션의 흐름이 결국 모빌리티 뿐만 아니라 금융, 제조, 농업, 에너지 등 산업영역 간 데이터 교류를 위한 데이터 스페이스로 이어질 것을 전망한 데이터 생태계의 청사진이다. 그런데 무엇보다 이러한 데이터 생태계의 필요성을 우선적으로 체감하는 것은 각 산업 분야별 가치사슬을 중심으로 한 생산 네트워크 내에서이다. 이러한 이유로 Gaia-X 허브는 분야별 워킹그룹을 통해 사용자 관점에서 Gaia-X를 활용한 유스 케이스를 발굴하고 이를 데이터 생태계에 반영하는 애자일한 피드백 구조를 형성한다. 뿐만 아니라 Gaia-X는 공통 프레임 워크를 활용하여 농업, 모빌리티 및 제조와 같은 여러 산업을 중심 단위로, 투명성, 신뢰 및 개방성을 기반으로 구축된 데이터 교환 플랫폼을 만드는 것을 목표로 하는 등대 프로젝트(light house project)를 추진하였다.[14]

그런데 이 Gaia-X의 실제 운용에 커다란 활력을 불어넣고 있는 등대 프로젝트가 가속화된 배경에는 바로 코로나19 대유행으로 인한 공급망의 위기가 존재한다. 그리고 이러한 위기를 타계하기 위해 공급망에 안정성을 갖추는 시스템으로 데이터 생태계의 역할이 부각되기 시작했다. 이러한 현상은 특히 자동차 산업 분야에서 추진된 Catena-X에서 분명히 드러나고 있다.

"코로나19 대유행이 갑자기 공급망을 혼란에 빠뜨리자 SAP와 같은 소프트웨어 회사부터 기술 그룹인 Siemens AG와 통신 대기업인 Deutsche Telekom에 이르기까지 자동차 분야의 업체들은 훨씬 더 긴밀한 협력의 필요성을 깨달았습니다. 다행히도 2021년 중반에는 이미 협력의 기반이 마련되었습니다. 현재 Catena-X라고 하는 자동차 동맹은 1년 이상 전에 시작되어 잠재적인 경쟁사 간의 긴밀한 협력에 핵심 요소인 신뢰를 제공하기 위해 노력했습니다."[15]

---

14) Gaia-X 홈페이지, https://gaia-x.eu/who-we-are/lighthouse-projects/

15) 독일 연방카르텔청 홈페이지, https://www.bundeskartellamt.de/SharedDocs/Meldung/EN/Pressemitteilungen/2022/24_05_2022_Catena.html

Catena-X는 2019년 독일 연방경제에너지부(현 연방경제기후행동부)가 착수한 프로젝트로, 현 Gaia-X의 진화에 중요한 이정표가 되고 있다. Catena-X는 기업에 별도로 존재했던 데이터를 가치사슬에서 최대한 효과적으로 사용할 수 있도록 연결하고자 하는 공동의 프로젝트이다. 회원사 간의 신뢰를 구축하기 위해 IDS 표준을 채택하고, 참가자가 데이터 액세스 권한을 세부적으로 제어할 수 있도록 하여 전체 가치사슬을 따라 데이터 교환 네트워크를 만들 수 있도록 하고 있다. 뿐만 아니라 Catena-X는 메타데이터 연결을 위해 오픈소스 EDC(Eclipse Data Space Connector)를 채택하는데, 이를 통해 데이터의 카탈로그 격인 메타데이터를 우선적으로 접근할 수 있게 하고 이후 계약을 통해 데이터를 거래할 수 있는 메커니즘을 형성하였다.[16]

산업계는 팬데믹, 국제 무역 분쟁, 기후 재난, 전쟁, 사이버 공격이나 기타 예측할 수 없는 상황이 증가하고 있는 새로운 위기의 시대를 맞이하고 있다. 소프트웨어 회사부터 통신 기업에 이르기까지 다분야의 협력으로 이루어지는 생산 공급망 한 곳에 차질이 생길 경우, Catena-X 회원사는 데이터 생태계에서 접속 가능한 데이터 카탈로그를 통해 다른 대체 공급망을 신속히 연결할 수 있는 위기 회복의 역량을 갖출 수 있다. 즉, Catena-X는 협력사의 공급이 일시적으로 중단되는 경우 Catena-X를 통해 원하는 모든 정보에 즉시 접근 가

---

16) 김인숙 · 남유선(2022), 「독일 산업데이터 생태계 설계기획과 그 시사점: Catena-X 자동차 네트워크를 중심으로」, 『경상논총』, 40(4): 27-44.

능한, Catena-X가 검증한 다른 회원사와 신속하게 협력을 맺어 공급망 위기에 대응할 수 있는 '회복탄력성'(resilience)의 역량을 제공하는 데이터 생태계로 진화하고 있다.

특히 Catena-X는 Industrie 4.0과 Gaia-X를 주도적으로 추진한 독일의 선도 산업인 자동차 업계의 대기업들, 즉 Mercedes, BMW, Volkswagen, Volvo가 주도적으로 참여하게 됨으로써 산업의 가치사슬 전반에 걸친 회원사를 갖게 되었을 뿐 아니라, 최근에는 미국의 Ford Motor Company까지 Catena-X 동맹에 함께 하게 되었다. 이로써 Catena-X는 자동차 분야의 '새로운 국제 가치사슬의 연결망'의 위상을 갖추기 시작했다. 이러한 관점에서 우리나라 자동차 산업에서도 Catena-X 그리고 Catena-X가 밑바탕에 두고 있는 Gaia-X에 대해 다시금 주목하는 계기가 마련되고 있다.

위기의 시대, Catena-X가 회복탄력성의 역량을 갖추게 된 것은 우연이 아니다. 레질리언스 엔지니어링에서는 어떤 상황에서도 시스템이 변화에 적응할 수 있기 위해서는 네 가지 기본적 능력을 갖춰야 한다고 말한다. 회복탄력성을 갖추는 시스템은 '시스템이 무엇을 할 것인지', '무엇을 살펴야 하는지', '무엇을 기대해야 하는지', '무엇이 일어났는지'를 아는 능력을 갖출 때 형성될 수 있다.[17] Catena-X 그리고 Gaia-X는 변화에 대한 기민한 상황 판단과 그것을 반영하는 데이터 생태계의 거버넌스 구조를 갖추고 있다. Gaia-X 프로젝트

---

17) 이용재(2018), 「복원(안전)공학(Resilient Engineering)」, 『월간교통』, 239: 58-59.

그리고 그 이전에 Industrie 4.0을 이끌어 온 독일 산업계 워킹그룹은 디지털 경제로의 전환에서 해결해야 할 문제가 무엇인지를 규정하고 그 해결방안을 기획하는 역할을 담당해 왔다. 뿐만 아니라 이 워킹그룹은 산업계에서는 서로 경쟁적 관계를 맺고 있으나, 디지털 경제에서 표준에 따라 전체 산업에서 데이터를 공유하는 엄청난 이점을 발휘할 데이터 생태계는 그 운용원리가 참여자 모두에게 투명하게 공개됨으로써 얻는 신뢰를 통해서 구축될 수 있다는 것을 명확히 인식하고 있다. 디지털 경제의 가이아는 신뢰를 바탕으로 펼쳐지는 네트워크이기 때문이다.

직접적인 경쟁자들이 힘을 합치는 것은 어떤 산업에서도 이례적인 일이다. 지속 가능한 공급망과 안전한 데이터 교환을 위한 Catena-X는 이 분야에서 협업을 위한 강력한 기반을 제공한다. Catena-X는 데이터 생태계 내 경쟁사 간 협력을 위해 다음과 같은 기본 원칙을 제시하고 있다. 1. 경쟁적으로 민감한 정보의 교환은 협력에 절대적으로 필요한 것으로 제한되어야 한다. 2. 표준은 공개 절차에서 투명하고 비차별적인 방식으로 개발되어야 한다. 이는 특히 제3자가 표준 설정 절차에 참여하도록 허용되어야 하고, 표준 준수는 자발적이어야 하며 표준에 대한 접근은 공정하고 합리적이며 비차별적인 조건으로 제공되어야 한다. 3. 프로젝트의 일부로 계획된 개별 개발 협력은 혁신 경쟁과 관련하여 시장 봉쇄 또는 기타 경쟁 왜곡으로 이어지지 않아야 한다.[18] 산업계 워킹그룹은 장기간의 열린 토론을 통해 모든 플레이어들에게 데이터 주권이 보장될 수 있는 합의안을 만들어 내면서 상호 운용성을 형성하는 데이터 생태계의 진화를 이끌어 온 것이다.

2) 기후 위기에 대한 대응 : 데이터 생태계를 통한 순환경제의 촉진

앞서 살펴본 바대로 Catena-X의 역량은 무엇보다 자동차 산업 전체의 가치사슬을 따라 데이터 네트워크를 형성할 수 있다는 데 있다. Catena-X는 데이터 전송을 위한 통일된 표준 개발을 촉진하고, 지금까지 기업에 별도로 존재했던 데이터를 가치사슬에서 최대한 효과적으로 사용할 수 있도록 연결하고자 하는 프로젝트이다. 이를 통해 리콜 조치의 경우 등에서 제품 구성요소의 추적을 용이하게 하거나, 구성 요소의 탄소 발자국을 확인할 수 있다. 이렇게 자동차 부문 기초 소재부터 자동차 생산자, 물류업체까지 가치사슬 간의 데이터 네트워크의 연결로 생산 배치, 공급망 추적, 결함 조기감지 등에 효율성을 높일 수 있다. 기업 간 데이터 교환 및 연결 생태계의 참여 및 협력을 위한 공통규정을 마련하는 프로젝트가 성공적으로 진행되면 데이터 네트워크에서 새로운 비즈니스 모델을 발굴하여

---

18) 독일 연방카르텔청 홈페이지, https://www.bundeskartellamt.de/SharedDocs/Meldung/EN/Pressemitteilungen/2022/24_05_2022_Catena.html

부가가치를 창출하는 디지털 경제가 지향하는 혁신을 창출할 수 있을 것이다.

그런데 Catena-X의 잠재력은 여기에 그치지 않는다. Catena-X가 자동차 산업 전체의 가치사슬을 따라 데이터 네트워크를 형성할 수 있는 가능성을 열어 보이면서, 그간 필요성으로 타진되었던 순환경제(Cycling Economy)를 촉진하는 드라이브를 걸게 된 것이다. 유럽은 신성장 전략으로 인간의 행위로 인해 지구환경시스템에 변화를 가져온 결과로 인간이 처하게 된 기후 위기에 대처하는 활동에 적극적으로 경제적인 투자를 지원하는 일명 그린딜(Green Deal)을 추진하고 있다. 그린딜은 온실 가스 배출, 환경 오염, 자원 고갈 및 폐기물을 줄이는 활동에서 경제적 가치를 생산하고자 한다. 그 가운데 순환경제의 촉진은 무엇보다 그린딜의 핵심을 이루는 중요한 가치를 지닌다.

현 경제를 형성하고 있는 〈자원-생산-소비-폐기〉 구조의 선형 경제는 빠른 소비를 통한 자본의 빠른 회전을 추구한다. 소비를 촉진하기 위해 매스미디어를 통해 인간의 여러 다양한 욕구들이 부추겨지고, 더 많은 자원을 빠르게 소비하는 과정을 통해 더 많은 폐기물을 양산하는 삶을 살고 있다. 이러한 경제적 구조에서 폐기된 상품은 무차별적으로 지구환경에 방치된 채 버려졌다. 선형경제에서 폐기 이후의 과정, 즉 폐기물이 지구환경에 미치는 영향은 경제적으로 계산되지 않아 경제의 영역에서는 보이지 않는 부분이었다. 그러나 버려진 엄청난 양의 폐기물은 지구를 떠나지 않는다. 그것들은 그대로 지구에 남아 무기물, 생명체, 대기 등 지구환경을 이루고 있는 모든 요소들과 더불어 끊임없는 물질의 순환을 이어간다. 그리고 그 결과 지구의 역사에서 마지막 빙하기가 끝나고 유럽 대륙을 덮고 있던 빙하가 사라진 후부터 펼쳐진 '홀로세'의 시기에 이어, 산업혁명 이후 인류 문명에 의해 대기의 화학적 조성 변화와 생물 대멸종이 진행 중인 '인류세(anthropocene)'의 시기가 등장하고 있는 것이다. '가이아'라는 이름이 현대에 새롭게 등장한 것은 '지구를 단순히 기체에 둘러싸인 암석 덩이가 아니라 생물과 무생물이 상호 작용을 하면서 스스로 진화하고 변화해 나가는 하나의 생명체이자 유기체'라고 본 이론의 이름에서였다.[19) 지구환경의 복잡한 상호작용 시스템 속에 인류 문명이 양산한 폐기물이 '가이아'에 영향을 미쳐 기존의 질서를 교란시키고 있다는 점은 분명하다.

이러한 기후위기의 근본적 원인에는 바로 폐기물을 양산하는 선형경제의 구조가 있다. 순환경제는 〈자원-생산-소비-폐기〉의 과정에서 〈폐기〉의 단계를 다시 〈자원〉으로 연결시켜 자원을 경제적 가치사슬의 과정에서 최대한으로 활용하는 경제적 구조를 의미한다. 이러한 관점에서 주목해야 할 점은 Catena-X는 자동차 산업의 가치사슬에서 폐기물을 자원으로 연결시키는 재활용(recycling)의 과정까지를 포괄한다는 점이다. 순환경제의 관점에서 이제 자동차 가치사슬에 따른 데이터의 흐름은 부품 생산, 화학업체, 운송업체, 자동차 생산자, 물류업체, 재활용업체에까지 연결된다. 이러한 연결은 순환경제

---

19) 송은주(2021), 「인류세에 부활한 가이아: 가이아의 이름을 재정의하기」, 『인문콘텐츠』, 62: 251-270.

의 전체 과정에서 온실 가스 배출, 오염물, 자원 고갈 및 폐기물을 줄이는 데 기여할 수 있다.[20] 제품과 서비스 디자인, 제조생산, 물류를 기획하는 단계에서는 원료 사용을 감소시켜 원료비용이 절감하는 효과를 기대할 수 있다. 소비자들의 사용 패턴과 사용방식을 전 과정에서 반영해 제품을 사용하는 단계를 고려해 제품의 생애주기를 최적화하는 새로운 사업 모델을 발굴할 수 있다. 재이용단계(reuse)에서 수리서비스 플랫폼 데이터에 액세스하여 대기시간을 줄이고, 비용을 절감하는 대안을 찾을 수 있다. 뿐만 아니라 재활용 단계에서 폐기물을 다시 자원화 하여 2차 자원을 생산할 수 있다.

Catena-X는 2,000개 이상의 파트너와 함께 2023년까지 가치사슬의 모든 수준을 통합하고 순환경제를 보다 지속 가능하고 내구성 있게 만드는 것을 목표로 하고 있다. 이렇게 순환경제를 산업계에 현실화하는 동력은 바로 가치사슬을 연결하는 데이터 네트워크에 있다. Catena-X가 자동차 업계에서 순환경제를 촉진시킬 수 있는 이유 또한 바로 여기에 있는 것이다.

유럽연합은 신성장의 동력으로 녹색 전환과 디지털 전환이라는 '트윈 전환'을 꾀하고 있다. 2020년에 유럽연합 집행위원회가 제안한 순환경제실행계획(CEAP, Circular Economy Action Plan)은 가치사슬을 따라 정보 전송을 강화하는 데 있어 디지털화의 역할을 '순환경제를 가능하게 만드는 자(enabler of circular economy)'로 정의한다. 물리적으

---

20) 김인숙·남유선(2022), 「독일 산업데이터 생태계 설계기획과 그 시사점: Catena-X 자동차 네트워크를 중심으로」, 『경상논총』, 40(4): 27-44.

We Create the First Data-Driven Value Chain
Incorporating all Participants and Steps

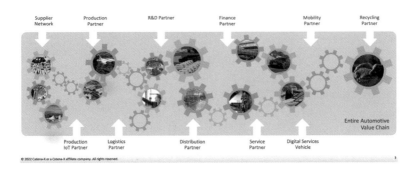

자료: Catena-X 홈페이지(2022)

〈그림 5〉 Catena-X 데이터 가치사슬도

로 동떨어져 있는 생산 라인의 정보들을 디지털화하여 가치사슬 간 정보 전달을 가능하게 할 때 순환경제의 다양한 비즈니스 모델이 형성될 수 있다. 이렇게 순환경제의 핵심 과제는 가치사슬 간 정보의 연결에 있다. 녹색 전환은 디지털 전환을 통해 순환경제를 실현하기 위해 필수적으로 극복해야 하는 장벽을 넘어설 수 있다.[21]

Catena-X의 부상, Gaia-X의 진화를 통해 유럽연합은 순환경제를 가능하게 하는 데이터 생태계의 모델을 구성하였고, 이제 전 세계적으로 순환경제 모델을 수립하고 촉진할 수 있는 유망한 위치에

---

21) European Policy Centre (2021), *Building a circular economy*: The role of information transfer.

I. 디지털 전환과 데이터 생태계

있다는 것을 인식하고 있다. 특히 자동차 분야에서 전기차가 배터리 성장의 주요 동력이기 때문에, Catena-X는 '순환형 배터리 경제'라는 더 큰 목표를 실현할 수 있다. 자동차 가치사슬은 곧 배터리 가치사슬을 연결하는 것을 의미하기 때문이다. 순환경제의 근간인 데이터 생태계를 갖춘 유럽연합은 이러한 경쟁력을 곧 경제적 무기로 활용하는 전략을 내놓기 시작했다. EU는 '배터리의 생산, 이용, 폐기, 재사용, 재활용' 등 전 생애주기 정보를 디지털화하여 배터리의 안전성을 극대화하고, 책임 있는 재활용을 보장하는 '배터리 여권(Battery Passport)' 제도를 2026년부터 시행할 예정이다. EU가 배터리 여권을 도입할 경우 EU 환경규제에 부합하는 배터리만 EU 역내에서 거래되는 효과를 창출하게 될 것이다.

또한 EU는 순환경제 전략의 또 다른 축인 '에코디자인(Ecodesign)' 규제를 통해 모든 물리적(physical) 상품에 대한 '디지털 상품 여권(Digital Product Passport)'을 도입할 움직임을 보이고 있다. [22] 뿐만 아니라 유럽 시장에 진입하는 제품에 대해 '최소 순환 요구사항'을 도입하는 것 또한 고려하고 있다. [23] Catena-X에서는 의무적으로 재활용 업체와의 협업을 맺는 등 순환경제 가치사슬을 이어나가는 전략을 추진하고 있다. 또한 앞으로는 순환경제 촉진을 위해 디지털 기술을 통해 제품의 재료, 사용, 재제조, 재활용을 가능하게 하는 정

---

22) 국제무역통상연구원(2022), 『EU 배터리 여권으로 살펴본 이력 추적 플랫폼의 필요성』.

23) European Policy Centre (2021), *Building a circular economy: The role of information transfer.*

보를 공개하도록 요구할 수도 있다. 이러한 요구사항을 준수하지 않으면 유럽연합이 외국제품 수입을 거부하거나 추가 부담금을 도입할 수 있다.

유럽연합은 투명성, 개방성, 상호운용성, 데이터주권을 보장하는 개방형 데이터 생태계를 형성함으로써 데이터의 교환, 거래에 있어 글로벌 규칙과 표준을 제정한다. 이러한 디지털 전환을 통해 녹색 전환을 현실화하고, 이러한 트윈 전환을 선도함으로써 순환경제로의 글로벌 전환의 이점을 얻으려 한다.

4. 결론 : 살아있는 데이터 생태계를 위한 인간의 지혜

위기에 대처하고 회복하는 역량은 변화 속에서 항상성을 유지하고자 하는 생명체 개체 단위에서도, 생명체들로 이루어진 생물학적 생태계에 있어서도, 또한 산업 데이터 생태계에 있어서도 생존력 및 환경에 대한 적응 역량을 의미할 것이다. 프랑스의 철학자 앙리 베르그손(Henri Bergson)은 동물의 진화 과정 가운데 본능보다는 지성의 발달이 뚜렷하게 돋보이는 인간을 향한 진화과정을 고찰하며, 지성을 '인공적 도구를 제작하는 능력'으로 정의내렸다.

"본능은 사물에 대한 선천적 인식이다. 그러나 지성은 무기적인, 즉 인공적인 도구를 제작하는 능력이다. 자연이 생명체에 소용되는 자연적 도구를 지성에 의해 거부한 것은 생명체가 상황에 따라 자신의 제작을 변화시킬 수 있도록 하기 위해서이다. 따라서 지성의 본질적 기능은 임의의 상황에서 곤경으로부터 벗어나는 수단을 분별하는 것이다."[24]

이러한 설명에 따르면 회복탄력성은 인간 지성이 갖춘 본질적 역량에 해당할 것이다. 전 세계적인 코로나 대유행으로 인한 물리적 제약과 단절을 극복하는 데 있어, 인류는 다방면으로 디지털 환경에서 위기를 극복하는 방식을 찾고자 했다. 디지털 환경은 무엇보다 상황에 따라 제작을 변화시켜 곤경으로부터 벗어날 수 있게 하는, 이전에는 없는 수단을 제공하고 있다. 그리고 산업계의 공급망의 위기, 인류 문명이 처한 기후재앙의 위기 앞에 Catena-X, 그리고 그 기반에 있는 Gaia-X라는 데이터 생태계는 신뢰를 바탕으로 한 데이터의 연결을 통해 이러한 위기를 극복하는 새로운 대안을 제시하고 있다. 우리나라 산업계는 이런 위기에 대응하는 역량을 갖춘 살아있는 데이터 생태계를 어떻게 조성할 것인가?

디지털 기술이 지닌 회복탄력성은 자동차 분야뿐 아니라 에너지, 헬스 분야 등 인간 삶의 기본조건을 이루는 공공적 차원의 영역에서도 특별히 강화되어야 하는 역량일 것이다. 2020년 1월 대통령직속 정책기획위원회 주관으로 스마트 헬스분야 '산업계 주도 정책플랫폼 구축 및 시범운영'이 진행되었다. 이 시범사업을 통해 협회, 전자기술연구원, 스타트업 기업, 통신분야 등 스마트헬스 생태계를 구

---

24) 앙리 베르그손(2008), 『창조적 진화』, 황수영 옮김, 아카넷.

성하는 산업계 대표들로 구성된 워킹그룹이 두 차례 진행되었다. 워킹그룹에 참여한 운영위원들은 우리나라 스마트 헬스케어 산업의 강점을 IT기술력, 통신 인프라뿐 아니라 엄청난 양의 누적된 의료 데이터, 스타트업 벤처기업의 증가 등 스마트 헬스케어 생태계를 구성하는 각 요소별 우수성을 들었다. 그러나 데이터 생태계를 형성하는 데 있어 원격 의료는 의사의 반대에 의해, 원격 제조는 약사의 반대에 의해 무산되는 등 의료서비스 이해 당사자들의 기득권 유지 요구에 따른 강력한 반발을 넘어서기가 쉽지 않다는 의견을 제시했다. 뿐만 아니라 데이터의 오픈을 가로막는 신뢰 문제가 데이터 생태계의 현실화를 가로막는 커다란 장애물이며, 스마트헬스케어 데이터 생태계를 미래사회를 위해 공동으로 필요한 것이라는 인식의 재고가 필요하다는 의견을 제출하였다.[25] 우리 사회에서도 코로나 대유행으로 인해 원격 의료 및 제조 등 스마트 헬스 서비스에 대한 필요성이 대두되었다. 그러나 데이터 생태계의 공유가치를 인식하고 생태계 구성에 있어서 협력형 거버넌스를 통한 신뢰 구축이 이루어지지 않는다면 회복탄력성 역량을 포함한 데이터 생태계의 잠재성을 현실화하기는 어려울 것이다.

신뢰 구축은 빠른 속도의 통신망 기술로는 이루어지지 않는다. 유럽 Gaia-X, Catena-X가 안전한 데이터 교환을 보장하고 협업을 위한 강력한 기반을 만든 공동창조형(sympoietic) 데이터 생태계 진화의

---

25) 성균관대 하이브리드미래문화연구소(2020), 『산업계 주도 정책 플랫폼 구축 및 시범 운영 : 고령사회와 스마트 헬스케어』.

I. 디지털 전환과 데이터 생태계

방식은 우리 나라의 데이터 생태계 조성에 시사하는 바가 크다. 협력형 거버넌스로 신뢰를 구축하고 표준을 형성하는 데는 인내의 시간이 필요할 것이다. 그러나 이러한 신뢰를 바탕으로 산업 생태계를 이루는 다양 다종의 참여자들을 포용하여 전 가치사슬을 연결하는 데이터 생태계를 구축하게 될 때부터, 이 데이터 생태계의 강력한 힘이 발휘될 수 있을 것이다. 문제를 발굴하고 솔루션을 찾아가는 기민한 거버넌스를 갖춘 체계는 예측 불가능한 위기의 상황에서 데이터 생태계의 잠재력을 통해 위기에 대응하는 새로운 역량을 발굴하게 될 것이다. 기민한 의사결정구조를 갖추기 위한 인간의 지혜가 필요한 부분이 바로 여기에 있다.

Gaia-X로 본 데이터 생태계는 디지털 기술의 잠재력과 더불어 이 잠재력을 실현시키기 위한 문제들을 설정하고 해결하는 데 참여자 간 상호 신뢰를 바탕으로 진화하는 협력형 거버넌스의 결합으로 이루어진다. 디지털 경제에서 경제주체의 역량은 이제 어떠한 네트워크를 형성해서, 어떠한 네트워크에 접속할 것인가에 달려 있다. 이 네트워크는 산업의 영역에서 인프라를 집결하고 배치하는 역량을 갖추고 있기 때문이다.

"야생으로 돌아가고 있는 지구에 적응하기 위한 고군분투는 모든 지역 사회가 회복력 있는 사회 인프라를 집결하고 배치할 수 있는지에 따라 그

승패가 결정될 것이다."[26]

팬데믹 및 기후재앙 등 전대미문의 위기들에 직면하는 시기, 데이터 생태계는 야생으로 돌아가고 있는 지구에 적응하기 위한 강력한 도구를 제공해 줄 수 있다. 그러나 디지털 경제의 '가이아'가 제 모습을 갖추기 위해서는 문제가 무엇인지를 결정하는 창의적이고 기민한 능력, 누구도 종속되지 않을 권리를 보장하는 신뢰를 필요로 한다. 데이터 생태계의 잠재적 역량은 인간이 그에 부여하는 사회적 책임과 가치의 문제에 달려 있다. Gaia-X가 디지털 전환이 녹색전환을 가능하게 하는 기술임을 보여줄 때, 즉 데이터 생태계가 인간이 지구상의 다른 존재와 관계 맺는 존재방식에 관심을 기울이면서 순환경제로의 전환을 이끌 때, Gaia-X는 비로소 자연의 모든 존재를 창조하고 부양하는 대지의 신, 가이아를 위한 모습 또한 갖추게 될 것이다. 여기에 '보다 나은 가치를 향해 결단할 수 있는 자유'를 지닌 인간의 일이 있다.[27] 이 데이터 생태계라는 거대한 도구는 그것을 형성하고 활용하는 인간의 지혜가 성숙할 때 비로소 인간을 위한 모습을 갖추게 될 것이다.

---

26) 제러미 리프킨(2022), 『회복력 시대: 재야생화되는 지구에서 생존을 다시 상상하다』, 안진환 옮김, 민음사.
27) 이종관(2021), 「4차 산업혁명, 인간의 일, 포스트코로나」, 『미래도시와 기술혁명의 공공성』, 산과글, 15-51.

지속가능한 '기술문화 커먼즈'를 위한 메타 데이터 플랫폼

김화자

1. 코로나 19 팬데믹과 인포스피어(Infosphere)

슈밥(K. Schwab)은 다보스 포럼(2016)에서 디지털 기술에 의한 모든 물질적 세계와 비물질적인 정보의 자동 연결을 4차 산업혁명의 핵심개념으로 제시했다. 그 이후 세계는 자원 고갈과 황폐화, 인간 일자리의 상실과 불평등 문제를 혁신적으로 해결하기 위해 초지능 플랫폼에 기반한 '공유사회'를 목표로 달려왔다. 예상치 못했던 코로나 19 팬데믹은 원격교육과 재택근무를 하이테크로 연결한 메타버스(Metaverse)라는 3D 디지털 가상현실(3D Digital Virtual Reality)을 확장현실(XR)로 만들고 디지털 대전환을 가속화시켰다. 과잉의 고도 연결로 데이터는 급증하고 사회 전 분야에서 데이터가 주요한 에너지가 된 동시대는 데이터 기반 정보사회다. 여기서 우리는 안면, 지문, 홍체로 스마트폰과 접속하고 디지털 시계, 안경, 장갑으로 정보 세계와 연결한 후 배달, 쇼핑, 모빌리티 등의 다양한 앱을 사용하면서 데이터를 먹고 배설하는 데이터 사피엔스로 살아가고 있다. 데이터 기반 정보사회는 온·오프라인을 횡단하며 정보활동한다는 의미에서 정보철학자 플로리디(L. Floridi)가 정의한 "인포스피어"[1]로 명명될 수 있다. 인포스피어는 정보를 효율적으로 생성, 전송하는 환경만을 의미하지 않고 디지털 기술이 정보 생성과 관련된 모든 존재자들을 포용하며 인간 삶의 기초가 된 정보환경을 의미한다.

구글, 아마존, 메타, 네이버, 카카오 같은 소수의 빅테크 기업들은 사용자들의 기록 데이터들을 디지털로 모델화하는 인공지능 알고리즘으로 데이터를 수집, 분석, 분류, 재생산해서 최대 수익으로 전환시키는 데이터 경제의 중심을 이룬다. 플랫폼 기업들이 사용자들의 경험 데이터로 만든 소통 알고리즘은 자유롭고 탈중앙화된 것처럼 보여도 암암리에 개인들의 관심을 상품화, 중앙집권화로 포획하는 '관심경제'[2]의 모델을 구축할 수 있었다. 나아가 소셜 네트워킹은 사용자들의 자아도취적 관심(주의)을 유혹해서 중독되게 만들어 데이터 경제는 중독경제로 넘어간다는 것이다. 그 결과 사용자가 인터넷에 접속하면 할수록 과잉의 데이터 생산은 인폴루션(infollution, 정보공해)를 야기하고 디지털 중독을 이익으로 창출해서 마침

1) 루치아노 플로리디, 『정보철학 입문』, 석기용 옮김, 필로소픽, 2022, 28쪽. 인포스피어는 정보활동과 관계된 모든 과정을 포함한 정보환경 전체를 의미하고, 인류는 ICT 혁명에 근거해 일상적인 거주지에서 인포스피어로 이주하기 때문에 인포스피어는 더는 '거기'가 아닌 이미 '여기'에 정착해 있다는 것이다.

2) 박유현, 『DQ 디지털 지능』, 한성희 옮김, 김영사, 2022, 130쪽.

내 사용자들의 취향과 생각을 길들이는 디지털 감시, 통제와 같은 심각한 문제를 초래하게 되었다.

　게다가 비대면의 일상을 보완할 수 있는 메타버스의 디지털 세계가 몸에 웨어러블 기기까지 장착하고 일상으로 확장되자 실시간 생생하고 막대한 신체 데이터와 정서 데이터들이 생성되고 있다. 이로 인해 거대한 플랫폼 회사와 정부는 인공지능 알고리즘 장치로 엄청난 빅데이터와 정보를 수집하고 독점해서 강력한 데이터 권력을 지니게 되었다. 데이터 자본과 관련된 사람들만 부를 축적해서 양극화가 극대화되고 있을 뿐만 아니라 데이터 알고리즘은 사람들의 '신체, 정서, 담론의 전 정보 층위'를 통제하는 플랫폼 자본주의의 핵심 장치가 되었다. 여기서 프랑스의 기술철학자 스티글러(Bernard Stiegler)가 『파이드로스』의 테우트신화(274b-278e)에 근거해 강조했듯이, 우리도 문자(매체)의 이중성(사유를 기록하는 치료약인 동시에 망각을 초래한 독이라는 파르마콘)이 빅데이터 기반의 디지털 자동장치에도 존재한다는 사실에 주목해야 한다. 왜냐하면 기억을 외부에 기록한 3차 파지[3](retention, 과거지향)로서 기술기억(기록매체)에도 파르마콘의 특징이 있기 때문이다. 특히 보조 기억기술장치인 스마트

---

[3]　스티글러 기술철학의 핵심개념으로 후설 현상학에 입각해 정의된 제3차 파지는 "기억소적 요소와 시간적 요소를 물질적·공간적으로 복제하는 것에 의해 무엇인가를 인공적으로 파지하는 것"(베르나르 스티글러, 『자동화 사회 1: 알고리즘 인문학과 노동의 미래』, 김지현·박성우·조형준 옮김, 새물결, 2019, 134쪽)으로서 1차 파지와 2차 파지를 횡단하며 매개하는 '기억의 인공적 외부 기록'인 '기술 기억'을 의미 한다.

폰 사용은 데이터 축적으로 인한 네트워크 효과로서 모방효과를 낳았다는 것이다. 그 결과 급진적인 디지털 자동화가 취향의 편향에 의한 경제적, 정치적 편향을 초래했기 때문에 스티글러는 기술사용 주체의 자율적인 검증이 필요하다고 강조한다. 현대사회의 기술문화 전문가인 이광석도, 빅데이터 기반의 현대 플랫폼 사회는 '비물질계의 신자유주의의 확장인 동시에 협력공감적 사회체'라는 양가적 상황에 직면해 있지만 단순히 공동 소유권을 주장하는 공유보다 칸트의 공통감에 입각한 '공통적인 것'(the common)이 그 대안이라고 본다.

> "'커먼즈(commons)'의 기획은, 자본주의의 지배적 소유 논리인 사유와 공유의 한계를 넘어서고자 한다. 커먼즈는 배타적 경쟁과 불로소득의 승자 게임이 아닌 시민 협력과 공생 가치를 확대시킬 수 있는 실천적 상상력을 도모한다."[4]

탄소 기반의 오프라인과 실리콘 기반의 온라인 사이에서 생성되는 빅데이터가 글로벌 테크 회사들에게 독점되지 않고 사용자들 사이의 연대, 정보기술의 공생이란 사회적 가치(협업, 불평등 줄이기)와 환경적 가치(환경오염 방지, 비용절감)[5]에 활용될 수 있기 위해 디지털

---

4) 이광석, 『피지털 커먼즈−플랫폼 인클로저에 맞서는 기술생태 공통장』, 갈무리, 2021, 106쪽.
5) 메타버스 플랫폼의 일종(거울세계)으로 현실의 물리적인 공장, 도시와 똑같이 구축된

자동성에 은폐된 데이터 알고리즘의 특징이 무엇인지 살펴보는 것이 필요하다. 나아가 디지털 대전환 시대 인간-사물, 물질-정보, 자연-기술, 이 모든 것을 연결하는 초(메타) 데이터 플랫폼이 소비와 경쟁의 전자역이 아닌 협력과 공생의 놀이터, 즉 기술문화 커먼즈의 플랫폼이 되기 위해서 데이터 없이 살아갈 수 없게 된 데이터 사피엔스에게 요구되는 자질은 무엇일까?

2. 리믹스(rimix) 문화와 데이터의 순환성

소셜 네트워킹에 의한 영상의 자유로운 유통과 다운로드, 재편집, 재구성에 의해 조작가능한 포스트프로덕션은 기술문화 커먼즈에 나타난 디지털 전환의 대표적 양상이다. 인터넷에서 공유가능한 이미지들은 포스트프로덕션에 의한 재활용, 재편집 전략(몽타주, 리믹스, 파운드 푸티지found footage, 매시업, 부틀렉.. 등)을 통해 차용과 도용, 표절과 패러디의 경계에서 무수히 복제되고 있다.

"포스트프로덕션은 텔레비전·영화·비디오에서 사용되는 시청각 어휘에서 나온 기술적인 용어이다. 그것은 녹음 작업에 적용되는 일련의 과정

디지털 트윈은 재난에 대비한 모의실험이 가능해 실제 재난 발생 시 신속하고 정확한 조처로 비용절감과 함께 환경오염을 줄이는 효과를 지녀 최근 디지털 기술을 활용한 ESG 경영을 위해 많이 활용되고 있다.

들을 지칭한다. 예를 들면, 몽타주, 다른 시청각 자료의 삽입, 자막편집, 보이스오버, 특수효과 등이 있다. 포스트프로덕션은 서비스 산업 및 재활용과 연관된 일련의 행위들로서, 원재료들을 생산하는 산업영역이나 농업 영역과는 대조적인 제3차 산업에 속한다."[6]

일찍이 뒤샹의 〈샘〉이 보여주었듯이, 창작은 더 이상 새롭거나 독창적인 것의 생산이 아닌 사물에 새로운 관념을 부여하거나 새 시나리오에 삽입하는 문화가 되었다. 제작은 도구적 용품에 새로운 정보를 부여하면서 데이터를 생산하는 것이다. 따라서 하나의 사물이 새로운 시나리오에 배치된다는 것은 이성적인 말이라는 원본과 감각적인 모사인 문자(이미지) 사이의 위계는 깨지고 반복할수록 새로운 것이 생산된다는 포스트모던적 리믹스가 미적 가치를 얻게 되었다. 손 안의 컴퓨터인 스마트폰에 연결되지 않고는 잠시도 살아가기 힘든 동시대의 정보환경이 바로 기존 영상들(미디어 콘텐츠들)을 재배치, 재조합해서 새로운 작품을 만들어내는 리믹스 문화의 생산지이다. 특히 샘플링된 원본은 복제됨에 따라 사용자들의 비물질적인 정동 데이터들을 생산한다.

"오리지널 라이브 공연을 숭배하는 대신, 리믹스는 특히 빅데이터의 시대에 와서 더욱 기하급수적으로 급증하고 있는 파생된 레코딩들에 사

---

6) 니꼴라 부리요, 『포스트프로덕션: 시나리오로서의 문화, 예술은 세상을 어떻게 재프로그램 하는가』, 정연심·손부경 옮김, 그레파이트온핑크, 2011, 7쪽.

I. 디지털 전환과 데이터 생태계

로잡혀서 그것들을 특권화한다. 단 하나의 동일한 것만을 이야기할 수 있는 레코딩 된 정보의 반복성을 애도하는 대신, 리믹스는 새로우면서도 다른 무언가를 생산하기 위해 의도적으로 반복을 반복한다. 나아가 항상 저자의 의도를 떠오르는 대신, 리믹스는 아버지의 권위를 위반하거나 출판된 텍스트를 재사용하거나 심지어 오용하면서 그 과정에서 표절의-이 단어는 유괴 행위에서 유래했으며 그 의미를 가진다-혐의를 무릅쓰기까지 한다."[7]

본래 디스크 자키들이 레코드 2장을 시간 차를 두고 섞어 재생한다는 의미의 리믹스는 원곡을 재활용하는 반복을 통해 새로운 스타일의 곡으로 다시 만드는 것을 의미했으나 최근에는 음악 외에 다양한 콘텐츠를 만드는 데 활용되고 있다. 이런 리믹스는 정보환경이 디지털 자동화됨에 따라 이미지는 물론 음악, 텍스트 재료는 모두 샘플링(sampling), 분절화, 수량화를 거쳐 0과 1의 데이터로 동일하게 환원되어 원본과 복제 간의 구별이 사라졌다. 그 결과 동시대 리믹스는 모더니즘 미학의 주요 가치였던 저자의 부계성, 원본의 유일성, 독창성의 아우라를 해체하고 지적 편협성을 풍자하는 전략인 동시에 새로운 콘텐츠 창작과 유통을 위한 비즈니스 전략이기도 하

---

7) 데이비드 건켈, 『리믹솔로지에대하여: 디지털 시대의 새로운 사유와 미학』, 문순표 · 박수동 · 최봉실 옮김, 포스트카드, 2018, 11쪽. "샘플링과 이전에 녹음된 것들을 배치하는 리믹스는 이미 존재하는 레코딩들을 다시 레코딩한다는 점에서 과도하게, 그리고 당당할 정도로 잉여적이다. 사실 'remix'의 're'는 이 점을 나타낸다."(앞의 책, 170쪽). 리믹스의 잉여성은 바로 데이터의 개방된 과도한 생산성을 의미한다.

다. 원본을 탈맥락화, 재맥락화하면서 유사성과 중복성으로 환원되는 것에 저항하고 새로운 반복 개념을 재구성하는 리믹스는 이질적인 이미지와 정보들을 병치 합성하면서 부단히 다른 가능성을 열어 준다는 점에서 무한히 새로운 정보와 데이터를 생산하는 디지털-인터넷의 대표적 문화 현상이다.

일반적으로 반복된 것은 반복되기 전의 것과 동일한 것으로 보지만 들뢰즈(Gilles Deleuze)[8]는 반복을 동일성이 아닌 차이로 설명하는데, 반복이 시간상의 차이와 내재적인 힘의 강도 차이에서 발생하기 때문이다. 반성을 통한 양적인 일반성에 근거한 반복 개념은 재현에 종속되어 하나의 도식을 그린다. 그렇지만 "내적 발생의 요소는 도식에 있다기보다는 오히려 강도량에 있고, 지성의 개념들보다 오히려 이념들에 관계하는 것"[9]이라고 한다.

복제를 통해 재활용이 가능한 디지털 리믹스 문화는 최근 쉽고 빠르게 영상을 제작하고 시청할 수 있는 틱톡(Tik Tok)이나 릴스(Reels)에 의한 모바일의 숏폼(Short form) 콘텐츠들을 양산할 수 있게 되면서 인터넷 대중문화로 더욱 확장되었다. 세로 형태의 스마트폰에 맞게 15초 이내의 짧은 패러디나 챌린지 동영상들을 반복해 업로드하면서 소통하는 숏폼은 청소년뿐만 아니라 모든 세대의 놀이터가 되

---

8) 들뢰즈는 반복이 재현에 대립되는 것이 아닌 "똑같은 개념 아래 재현된 대상들 사이의 차이"(질 들뢰즈, 『차이와 반복』, 김상환 옮김, 민음사, 2004, 74쪽)이므로, 들뢰즈에게 있어서 재현은 반복 그 자체를 의미한다.

9) 앞의 책, 80-81쪽.

I. 디지털 전환과 데이터 생태계

었다. 비유전적인 문화적인 것도 유전자처럼 저장되어 복제될 수 있다는 인터넷 밈(meme)이 숏폼에 의해 자발적으로 빠르게 전달, 확산, 유통될 수 있었던 것은 숏폼은 데이터 알고리즘이 인맥 중심이 아닌 사용자의 관심이 유사한 사람들에게 맞춰졌기 때문이다. 숏폼은 데이터 알고리즘에 의해 취향이 비슷한 사람들과 관련된 데이터들의 생산지가 되었다. 이렇게 아이디어 하나만으로도 언어, 문화의 장벽 넘어 사회적인 이슈들을 공유할 수 있는 틱톡 열풍은 성향이 같은 사람들의 정서적인 데이터들을 많이 생산한다는 점에서 플랫폼 기업들이 수익을 올릴 수 있는 마케팅의 장이기도 하다.

밈-SNS 영상들은 다양한 개인들의 성향과 생각을 드러내는 가장 강력한 빅데이터들의 생산장치이다. 소셜 네트워킹의 영상들이 의미 없이 무한히 다운로드, 업로드 재편집되면서 저화질, 저해상도로 양산하는 복제 파일은 역설적이게도 데이터의 잉여성과 순환성을 지닌다. 여기서 리믹스 파일은 개인 또는 집단 데이터의 노출과 해킹 같은 불법 복제의 윤리적, 법적 문제에도 불구하고, 고화질 원본의 아우라와 TV나 영화관의 자본과 권력으로부터의 이탈, 정보의 수동적 수용에서 벗어나 힘없는 네트즌들의 풀뿌리의 저항적 가치 또한 실현할 수 있다. 말하자면 리믹스의 전유방식은 시민들이 작가와 원본이란 신화에 저항하면서 협력적인 창작과 공감에 의한 연대를 가능하게 해준다. 이런 탈자본적, 탈권력적인 리믹스 이미지들을 현대 가장 영향력 있는 독일 미디어 아티스트 히토 슈타이얼

(Hito Steyerl)[10]은 '빈곤한 이미지'라고 정의한다.

"빈곤한 이미지는 움직이는 사본이다. 화질은 낮고, 해상도는 평균 이하, 그것은 가속될수록 저하된다. 빈곤한 이미지는 이미지의 유령, 미리보기, 섬네일, 엇나간 관념이다. 그것은 떠도는 이미지로서 무료로 배포되고, 저속 인터넷 연결로 겨우 전송되고, 압축되고, 복제되고, 리핑되고(ripped), 리믹스되고 다른 배포 경로로 복사되어 붙여넣기 된다."[11]

슈타이얼은 〈11월〉이란 작업에서 친구 안드레아 볼프를 '3종류의 이미지(어린 시절 친구, 좌파 페미니즘 운동가, 살해된 쿠르드족 해방운동가)'로 구성한 리믹스에 의해 빈곤한 이미지의 특징과 가치를 보여준다. 복제를 위해 작은 파일로 줄이거나, 빠른 전송을 위해 압축하기는 고해상도의 이미지를 저해상도의 흐릿한 이미지, 즉 빈곤한 이미지로 만든다. 그러나 반복하는 행위는 유사한 정보만을 복제하는 것이 아니라 질적으로 다른 가치를 생성한다. 여기서 정보를 기술문화의 관점, 즉 정보를 개념과 형상에 의해 정제된 데이터가 아닌 '긴장 관계에서 불안정한 포텐셜을 지녀 새로운 의미작용의 열린 가

---

10) 동시대 미디어 아티스트로 가장 주목받고 있는 슈타이얼은 디지털 기술과 글로벌 자본주의가 초래한 문제들, 즉 감시와 통제의 기술장치와 빅데이터의 알고리즘으로 재편된 현대 사회의 문화, 정치, 경제적인 문제들을 치밀하게 성찰해서 다양한 영상매체들로 융합해 낸 작품활동 외에도 교육, 저술 등 다방면에 걸쳐 왕성하게 활동하고 있다. 최근 그녀의 전시가 국립현대미술관 서울에서 〈히토 슈타이얼 – 데이터의 바다〉(2022-04-29 ~ 2022-09-18)란 대규모의 기획전으로 열렸다.

11) 히토 슈타이얼, 『스크린의 추방자들』, 김실비 옮김, Workroom, 2016, 41쪽

능성'으로 해석한 시몽동(Gilbert Simondon)의 맥락에서 정보의 생성적인 질적 가치를 이해할 수 있다. 즉 정보란 완성된 실체가 아니라 '어울리지 않는 두 실재들 사이의 긴장'으로서 작용의 차원에서 생성되는 것이다.

> "그것은[정보는] 불일치한 두 실재들 사이의 긴장이다. 그것은 개체화 작용이, 불일치한 두 실재들이 시스템을 생성할 수 있는 차원을 발견하게 될 때, 솟아날 의미작용이다. 따라서 정보는 개체화를 시작하는 것이고, 개체화를 요구하는 것이며, 결코 주어진 어떤 것이 아니다. 정보의 단일성과 동일성은 없는데, 왜냐하면 정보는 하나의 항이 아니기 때문이다. 정보는 존재 시스템의 긴장을 상정한다."[12]

익명의 누리꾼들에 의해 몰래 압축, 복제, 리믹스되는 방식으로 떠도는 이미지로서 빈곤한 이미지의 불완전성(저화질, 저해상도)은 전 지구적 자본주의에 저항하며 정보를 급속히 생산하고 순환시키는 디지털 네트워킹의 특징을 드러낸다. 이런 점에서 리믹스 이미지는 본래 그것이 담지 하고 있는 시각 정보 이상을 전달하는 잉여성과 순환성을 지닌다.

게다가 코로나 팬데믹으로 대면 생활이 제한되면서, 우리는 인공지능 기반의 3D 가상표현기술, 5G, 웨어러블 기기들(HMD, 햅틱 글

---

12) Gilbert Simondon, *L'individuation à la lumière des notions de forme et d'information*, Grenoble, Millon, 2005, p. 31.

러브)이 구축한 메타버스 환경에서 실시간 다양한 협업, 교류를 할 수 있게 되었다. 일상을 기록하는 라이프 로깅(Life logging), 엔터테인먼트와 일터로서 가상현실(VR), 증강현실(AR), 쌍둥이 도시와 건물로서 거울세계(Mirror World)와 같은 메타버스는 더 이상 가상의 사이버스페이스가 아닌 생활공간이 되었다. 게임원리로 구축되어 사용자가 아바타를 매개로 현실과 메타버스를 오가며 게임에서 확장된 소통, 생활, 업무와 같이 총체적인 생활이 가능하다는 점에서 메타버스는 생활공감플랫폼(E-coplatform, ECOP)[13]으로 정의될 수 있다. 이제 메타버스의 게임 범주에서 독립된 유형의 메타버스가 산업과 엔터테인먼트는 물론 교육, 의료 분야로도 확장되고 있다. 실감장치로 인해 다른 콘텐츠들보다 참가자들의 데이터 유출 위험도 커진 상황에서 메타버스는 놀이 행위가 비물질적 노동이 될 수 있는 창작플랫폼이라는 긍정적인 효과만 지닐 수 있을까? 아니면 현대 데이터 경제에서 신자유주의 이데올로기를 위해 은폐된 '긱(gig) 노동자'[14]들의 그림자 노동을 다른 형태로 착취하고 있는 것은 아닐까?

---

13) 김화자, 「새로운 플랫폼공동체를 위한 메타버스 트랜스포메이션: 생활공감플랫폼(ECOP)」 (in 이종관 외, 『미래, 메타버스와 함께?』, 성균관대학교출판부, 106쪽, 각주 1 참조.

14) 소규모 공연을 의미하는 긱(gig)과 이런 공연에 단기계약으로 참여한 것에서 유래한 긱 경제(gig economy)는 직원을 정규직보다 비정규직으로 고용하는 경제 형태를 가리킨다. 최근에 긱경제는 '디지털 일터에서의 기간제 근로'를 의미하면서 독립 계약직이나 임시직으로 일하는 긱 노동자들의 노동 환경은 질적으로 저하되고 불안한 요소가 많게 되었다.(https://m.post.naver.com/viewer/postView.naver?volumeNo=20274265&memberNo= 11919328. 참조)

3. 놀이-중독 사이의 데이터와 알고리즘 장치

SNS의 밈이나 숏폼 콘텐츠와 메타버스처럼 현실과 영상을 횡단하며 소통하는 디지털 메타컬쳐의 세계에서 사람들은 일과 놀이의 경계를 구별할 수 없을 정도로 몰입하게 된다. 더욱 심각한 것은 메타버스 내의 아바타들과 감성적인 소통을 극대화시켜주는 고사양의 VR 실감 장치들(헤드 마운틴 디스플레이 세트(HMD, 렌즈, 손목밴드, 햅틱장갑) 같은 웨어러블 기기들의 진화는 보다 공감각적이고 생생한 체험을 가능하게 해주는 순기능 너머 몰입감으로 인해 플랫폼의 알고리즘 중독[15]에 빠지게 할 수 있다. 그 결과 더 많은 사용자들의 생체 데이터들이 해킹당할 수 있게 되었다.

"이제 기계는 우리 안에 있다. 우리는 더 이상 우리 바깥의 기계에 사로잡히지 않는다. 그 대신 이제 '정보기계'는 사회의 신경체계와 교차하고, '생체기계'는 인체기관의 유전적 생성과 상호작용한다. 디지털 기술과 생명공학 기술은 강철로 된 외부의 기계를 생명정보 시대의 내부화된 재조합 기계로 바꿔놓았다. 생명정보기계는 더 이상 우리의 몸과 마음으로부

---

15) 인터넷 사이버 중독은 컴퓨터 사용자가 과도하게 인터넷에 접속하고 탐닉하기 때문에 인터넷을 하지 않을 때 초조, 불안, 강박 등의 심각한 정신, 신체적, 사회적 어려움을 겪고 있으나 의료계에서는 아직 이런 증상을 질병으로 결론 내리지 않고 그 장애의 원인, 과정 치료방법을 연구 중에 있다. (https://hangang.hallym.or.kr/hallymuniv_sub.asp?left_menu=left_health&screen=ptm802&Health_No=345. 참조)

터 분리되어 있지 않다."[16)

인공지능 프로그램으로 자연스럽게 수집한 데이터들은 소수 플랫폼 기업들의 먹잇감이 되어 세계는 양적인 팽창과 데이터 권력을 지닌 거대 데이터 기업들이 주도하는 플랫폼 자본주의 시대가 되었다. 사람들은 코로나 19 팬데믹에 의해 가중된 인터넷의 알고리즘 중독으로 더 많은 주의력을 상실하고 디지털 시스템에 종속되는 현상이 가속화되었다. 우리의 몸과 마음은 기계와 동등하게 상호작용하기보다 디지털 접속을 위해 최적화되어 왔다. 특히 스티글러가 보기에, 스마트폰 앱에 은폐되어 사용자들의 취향을 자연스럽게 조절하면서 데이터를 수탈하는 플랫폼 기업의 '기관–논리적'인 인공지능 알고리즘 장치는 소비자본주의를 추구하는 초–산업의 알고리즘 자동화를 통해 '감수성의 프롤레타리아화(박탈)'를 초래했다. 그 결과 '상징의 빈곤'이 인간의 모든 욕동을 소비와 투자로 묶어 둠으로써 '주의(attention, 관심)를 상실'[17)하게 만들어 마침내 리비도 경제의 폐기로 나아갔다는 것이다. 그렇다면, 빅테크 기업들의 알고리즘 자동화 장치가 무엇인지 살펴보자.

정교한 인공지능의 자동화 장치는 놀이하는 인간을 보상회로에 수시로 접속하게 만들고, 욕망을 자극하는 강력한 디지털 중독을 통

---

16) 프랑코 베라르디 비포, 『미래 이후』, 강서진 역, 난장, 2013, 41쪽.

17) 베르나르 스티글러, 『자동화 사회 1: 알고리즘 인문학과 노동의 미래』, 112–113쪽 참조.

I. 디지털 전환과 데이터 생태계

제하면서 경제적 이익으로 전환되도록 "호모아딕투스(Homo addictus, 중독되는 인간)"[18]를 만드는 것이 그 특징이다. 전통적인 기업과 달리 테크 기업은 소비와 마케팅이 중간 지대 없이도 가능한 스마트폰의 사용자 수가 수익이 되므로 '사용자의 앱 사용 시간을 연장시키는 앱의 몰입도'가 중요하게 되었다. 요컨대 동시대 기업들의 비즈니스는 앱에서 사용자들의 관심(주의)을 중독으로 변화시키는 중독경제가 핵심이라는 것이다.

"중독경제의 시대를 간단히 정리하자면 다음과 같습니다. 광고가 수단이 아니라 목적이 되고, 소비의 성격이 일회적인 것에서 연속적인 것으로 변화하며, 기업의 마케팅 활동에서 구매 이후가 중요해지고, 마켓의 개념이 시장에서 소비자로 변화합니다. 기업의 가치를 평가하는 기준 또한 매출에서 사용자 수와 사용 시간으로 바뀝니다. 이런 변화 속에서 기업이 이익을 내기 위해서는 보다 많은 사람을 자신의 앱에 중독시켜야 합니다. 이것이 바로 중독경제의 핵심입니다."[19]

---

18) 김병규, 『호모 아딕투스: 알고리즘을 설계한 신인류의 탄생』, 다산북스, 2022, 10쪽. 저자는 20세기초를 소비에 필요한 상품들을 생산하는 '제품경제'로, 20세기 중반을 TV 광고로 소비자들의 욕망을 야기하는 '관심경제'로, 20세기 후반 스마트폰에 의한 디지털 중독을 경제적 이익으로 창출되는 '중독경제'의 시대로 정의한다. 따라서 동시대 디지털 사회경제의 특징은 스마트폰과 연결된 중독 알고리즘이 설계한 호모 아딕투스의 '중독'에 있다는 것이다. (앞의 책, 21-22쪽 참조)

19) 앞의 책, 82쪽. 심리학과 뇌과학에 따르면, 사람의 뇌에는 획득에 대한 욕구를 만드는 보상회로가 있고, 이 보상회로가 자극받으면 대상에 대한 욕구를 만드는 도파민이 분비되어 보상이 주는 쾌감이 클수록 욕구도 강렬해진다. 실제 보상에 대해 쾌감을 느낄 수 있는 것은 마약 성분의 일종인 '엔도카나비노이(endocannabinoid)'라는 물질이 보

시공간의 제한 없이 접근할 수 있는 스마트폰 앱과 소셜미디어 서비스는 뇌의 보상회로를 수시로 자극해서 몰입하게 만드는 디지털 알고리즘, 즉 '좋아요', '댓글 창', '엄지 손가락'과 같은 디지털 마약들이 사용자들에게 '정신적 만족, 삶의 편리'를 제공하면서 마치 그들 스스로 선택한 결과로 믿게 한다. 거대 닷컴 기업들의 중독경제는 디지털 알고리즘을 연료로 사람들의 돈과 시간은 물론 욕망까지 중독시켜 이익을 창출한다는 점에서 심각한 문제들을 발생시킨다. 소셜 네트워크 알고리즘은 "연속 재생 시스템과 추천 시스템"[20) 장치들을 활용해 사용자의 주의에 노출되는 빈도수를 높여 욕망을 지속적으로 몰입하게 만드는 중독 효과에 맞춰져 있다. 인터넷 중독의 원인은 '네트워크에 계속 머무르게 만드는 알고리즘'에 있다는 것이다.

요컨대 알고리즘 장치는 들뢰즈가 언급했던 기계의 분자적 무의식을 재생산에 유도하는 네트워크와 연결된 집단적 배치로 만든다는 점에서 이미 주어진 구조가 아닌 역동적이고 개방적인 생산의 가능성이다. 알고리즘 정보장치는 생활정보 세계에서 생산되는 온갖 종류의 데이터를 알고리즘의 언어로 자동 전산처리 과정을 거쳐 플랫폼 회사의 관리자가 욕망하는 가치와 부를 획득할 수 있게 해준다. 이런 알고리즘의 장치적 특징은 각 시대마다 지식-권력 담론이 당대 사람들의 몸과 사유를 길들이는 장치를 형성한다고 밝힌 푸코

상회로에서 방출되기 때문이라는 것이다.(앞의 책, 34-35쪽 참조).

20) 앞의 책, 110쪽. 그 실례로 소셜 미디어의 쇼핑, 뉴스, 게임 콘텐츠 주변의 배너 광고의 알고리즘은 노출되는 빈도수를 높여 사용자의 성향과 선호를 파악하고 있다.

I. 디지털 전환과 데이터 생태계

의 사유에 의해 이해될 수 있다.

"푸코: 성 장치라는 용어를 쓰면서 내가 집어내려고 한 것은, 첫째, 담화[론]나 제도, 건축의 형태, 규칙적인 결정들, 법칙, 행정적인 조치, 과학적 언술[표], 철학적이고 도덕적이며 박애주의적인 명제라는, 전혀 이질적인 것들로 구성된 복합체의 언술구조를 밝히려고 했습니다. 즉 말해진 것뿐만 아니라 말해지지 않은 것까지 살펴보려고 했던 것이지요. 왜냐하면 이것이 바로 성 장치를 구성하는 요인들이기 때문입니다. 즉 장치는 이러한 요소들 사이에서 이루어지는 관계의 체계[네트워크]라고 말할 수 있습니다. 둘째로 장치라는 용어를 쓰면서 내가 밝히보려고 했던 것은 이렇게 이지적인 요소들 사이에 존재하는 연결고리들의 성격이었습니다. […] 한마디로 요약하자면, […] 그 기능이 항상 변화하고 있다는 사실입니다. 셋째로, 역사적으로 주어진 일정한 시점에는 사회적으로 하나의 구조가 형성되어 이것이 그 시대에 가장 필요한 요구에 부응하게 된다는 의미로 나는 장치라는 용어를 썼습니다. 그러므로 장치는 전략적 기능으로 존재합니다."[21]

아감벤(Giorgio Agamben)이 보기에, 푸코에게서 장치는 단순히 기술적인 메커니즘만을 의미하는 것이 아니다. 그것은 '이질적 집합체의 네트워크로서 인간을 감시할 수 있는 구체적 전략 기능을 지닌

---

21) 콜린 고든 편,『권력과 지식: 미셸 푸코와의 대담』, 홍성민 옮김, 나남, 1991, 235-236쪽.

메커니즘 실천 전체'[22]로서 당대의 지식-관력의 관계가 기입되어 있음을 폭로한다. 파놉티콘이란 건축적 일망감시 장치는 현대사회의 CCTV 광학장치로 확장되어 사람들을 자발적으로 순응하게 만드는 감시와 훈육의 통치 모델이 되었다. 이런 푸코의 장치 개념은 동시대 디지털 알고리즘의 장치와 그 통치성을 이해하는 토대가 된다. 산업사회에서는 TV 매체가 정교한 훈육 장치였다면, 초산업인 정보사회에서는 디지털이 '통제사회'[23]의 장치가 되었기 때문이다.

4. 중독 데이터와 지능 알고리즘 장치의 통치성

현대사회의 탈중앙화된 알고리즘 장치는 네트워크에 남긴 다양한 데이터들에서 분석해 낸 정보에 의해 시민들의 감정과 생각을 길들인다는 점에서 중독 사회와 중독 경제를 만들 수 있다. 최근 소수의 빅테크 기업들은 인간의 사유와 정서를 변화시킬 수 있다고 밝힌 뇌신경과학에 근거해서 SNS의 정동 데이터들로 만든 알고리즘 서비스와 뇌파를 기계언어로 분석해 낸 뉴로마케팅에 의해 중독경제의

---

22) 조르조 아감벤, 『장치란 무엇인가?: 장치학을 위한 서론』, 양창렬 옮김, 난장, 2010, 17–18쪽. 아감벤이 보기엔 푸코의 장치 개념은 사전에서 구별해 놓은 '규정하는 판결문 일부로서 법적 의미, 기계의 부품이 배치되는 방식으로서 기술적 의미, 작전계획에 따라 배치된 것들의 집합으로서 군사적 의미'(같은 책, 23쪽) 모두를 지니고 있다.

23) 질 들뢰즈, 「추신: 통제사회에 대하여」(in 『대담 1972–1990』, 김종호 옮김, 솔출판사, 1994, 참조.

I. 디지털 전환과 데이터 생태계

수익을 창출하고 있다. 푸코식 훈육 사회는 데이터 알고리즘 장치에 의해 통제 사회가 되었다. 그렇다면 중독에 의해 생성되는 데이터들이 어떻게 욕망과 정신을 왜곡시키는 알고리즘의 통치성을 지니게 되는지 살펴보자.

김병규에 따르면, 추천 알고리즘 장치는 사용자가 자신의 취향에 적합한 것을 선택할 수 있게 돕기보다 '유사한 관련 동영상'에 주의(관심)를 지속적으로 노출시키는 중독에 의해 수익을 올린다. 즉 사용자 취향을 길들여 콘텐츠에 중독시키는 것이 아니라 '유사한 관련 동영상의 연속 보기'를 통해 유사한 다수의 콘텐츠에 중독되게 하는 통치 논리가 은폐되어 있다는 것이다.

사용자들을 '과도한 노출과 몰입'에 중독시키게 설계된 데이터 알고리즘 장치의 특징은 '진실의 판단'보다 '사용자의 주의를 끄는 시간중독'에 있기 때문이다. '쇼핑, 게임, 뉴스 등의 콘텐츠'를 원스톱으로 구매하게 만든 알고리즘은 접속된 시간을 망각하는 몰입 중독을 초래한다. 특히 진입장벽이 사라진 확률형 게임에서 스토리 연장하기와 불규칙한 보상, 뉴스에서 편향성으로 유도하는 알고리즘은 뇌의 보상회로를 지속적으로 자극해 접속 시간을 망각하게 만든다. 요컨대 시간중독 알고리즘이 사용자의 성향을 위한 장치라기보다 사용자를 인터넷 플랫폼에 붙잡아 두는 것을 목표로 설계된 것임을 확인할 수 있다.[24]

---

24) 김병규, 『호모 아딕투스: 알고리즘을 설계한 신인류의 탄생』, 141-161쪽 참조. 사용자 경험의 인터페이스(UI)로서 사용자를 은밀하게 물건을 소비하게 만들거나 서비스

결국 플랫폼 알고리즘의 통치성은 사용자의 손과 네트워크 지능을 자연스럽게 연결해서 네트워크에 남겨진 데이터들을 분석하고 다시 사용자를 중독시키는 새로운 알고리즘의 질서에 편입시킨다. 데이터 사회에서 대중매체의 파르마콘적 이중성에 주목했던 스티글러도 디지털 지능이 몰입을 통해 상호주체적인 수행성을 가능하게 해주는 반면 정신을 지속적으로 통제하는 특징을 지닌다고 진단한다. SNS에서 인터넷 알고리즘은 사람들의 주의를 소비주의 모델로 왜곡시켜 소통의 다양성과 역사성을 파괴하고, 정신의 총제적 프롤레타리아화와 해체를 초래하기 때문에 '정신'의 비판적인 해독능력을 복원하기 위해 '주의' 능력을 개선해야 한다는 것이다. 플랫폼이 공통체 문화에서 수익 창출의 시장이 된 가장 큰 원인은 바로 '정신의 총체적 박탈'에 있다. 디지털 알고리즘에 분석 능력을 위임해버린 인간은 기억의 외주화 이후 다시 내적으로 사유할 수 없는 노에시스(noesis, 의식작용)의 박탈로 인해 디지털 사이버네틱스에 착취당하고 있기 때문이다.

"그와 마찬가지로 디지털, 아날로그 그리고 기계에 의한 기록은 제3차 파지이다. 여기서 지식은 오직 외부화를 통해서만 구성될 수 있다는 명백한 역설이 나타난다. 초-통제의 자동화 사회는 디지털에 의한 제3차 파

에 가입하게 유도하는 다크패턴(Dark Pattern)도 '행동 편향과 속임수'에 중독되게 만드는 전략 장치로 볼 수 있다.

I. 디지털 전환과 데이터 생태계

지의 산업적, 체계적 그리고 계통적 착취에 기반한 사회이다."[25]

인간은 몸이 지닌 존재론적 결여를 보완하기 위해 보철로 자연을 내부화(인지)하거나 자신의 사유를 외부화(제3차 파지로서 정보화)해서 타인들과 관계 맺는 사회적 존재가 되었다. 제3차 파지의 기록 매체에 자동화된 초−통제 알고리즘은 사용자들의 주의를 특정한 방향으로 몰입, 중독시키는 표준화된 계산에 종속시키면서 소비시장을 개인 맞춤형으로 만든다. 이렇게 디지털 자동장치에 중독된 사람들은 분별력이 제거되고 결국 초−통제의 자동화 사회에 이르게 된다. 말하자면 디지털 자동장치는 사용자들의 관심과 충동을 특정한 방향으로 몰고 가 정신적 성찰의 가치를 상실하게 만들었다. 정동 데이터를 통제하는 알고리즘은 몸과 의식을 개조하는 감시 권력과 달리 대중의 정서와 감동에 교묘하게 개입해서 이성적 판단을 하지 못하게 변조시키는 정동권력이 된다.

요컨대 플랫폼 회사들의 고도로 자동화된 데이터 통치성에는 겉에서 보면 해당 프로그램에 적합한 시맨틱(semantic)방식으로 설계된 알고리즘이지만 '자발적인' 놀이에서 '자동적'으로 잉여가치를 수탈하는 과정이 은폐되어 있다. 오픈소스 플랫폼에도 보이지 않게 데이터를 포획하는 장치가 여전히 존재한다는 점에서 오픈 소스의 데이터는 개방된 공유 데이터라기보다 플랫폼 회사의 이윤을 극대화

25) 베르나르 스티글러, 『자동화 사회 1: 알고리즘 인문학과 노동의 미래』, 127쪽.

하기 위해 짜여진 데이터이다. 따라서 사용자들에게 가려진 알고리즘 장치의 투명한 공개가 요구 된다.

5. 지속가능한 '기술문화 커먼즈'를 위한 메타 데이터 플랫폼

스마트폰과 하나가 되어 생활하고 있는 우리는 자신이 생산한 데이터들로부터 그 가치의 보상을 제대로 누리지 못하고 있다. 반면, 플랫폼 기업들과 정부는 고도의 치밀한 알고리즘으로 수집한 데이터들에서 새로운 인지 자본과 권력 질서를 구축할 수 있게 되었다. 그렇다면 데이터 사용자이면서 생산자인 우리 각자의 데이터 주권을 지키기 위해 필요한 것은 무엇일까? 아울러 사용자를 소비자로 만들면서 독점한 데이터들로 디지털 공유경제를 만들었다고 주장하는 빅테크 기업들의 플랫폼 경제는 진정 '공유'라는 사회적 가치를 실현하고 있는가?

물리적인 노동과 빅데이터를 자동 연결하는 인공지능 알고리즘에 의해 디지털 초-산업사회는 공유경제, 협력사회가 되기보다 디지털 중독, 신부족주의적 편향성, 질 낮은 노동환경의 긱 노동자, 데이터 착취를 양산하는 초-통제사회가 되었다. 최근 데이터의 주권과 사용권의 보상 방안에 대한 구체적인 해결 방안들이 만들어지고 있다. 데이터 권리와 소유에서 배제된 평범한 사람들의 데이터 주권을 위한 정책이 최초 유럽(2018년 유럽연합의 개인정보 보호법)에서 마련된 이후 한국에서도 〈마이데이터〉(2019)란 법 제정을 통해 '데이터 이동권'을 구현하고 있다. 〈마이데이터〉는 수동적인 사용자로 머물렀던 개인들이 능동적인 정보 주체가 되어 정보의 이동과 활용을 자율적으로 결정해서 개인과 기업 간의 데이터 사용 권한의 균형을 찾을 수 있게 한 법안이다. 이와 같은 법 제정에도 불구하고 소셜미디어에서 사용자들이 시공간의 제약 없이 데이터를 공유한다고 하지만, '벌꿀이 양봉치는 플랫폼 업자의 소유이듯'[26] 개인의 사적 자산도 시민들의 공동 자산도 되지 못하고 빅테크 기업들의 것이 되었다.

인간과 사물, 인간과 인간, 사물과 사물은 물론, 모든 물리적 세계와 비물리적 세계를 초연결하는 플랫폼이 소수 빅테크 회사들과 정부만의 데이터 독점 및 디지털 중독에서 벗어나 진정한 의미의 메타 데이터 플랫폼이 될 수 있을까? 특히 현대 기술문화의 핵심 원동력인 플랫폼이 상호 협력적인 커먼즈가 되기 위해 데이터 사피엔스에게 어떤 노력이 필요할까? 스티글러의 사유에 근거해 살펴볼 수 있다.

디지털 대전환은 성장만을 목표로 일상의 은밀한 곳까지 침투해서 자동적으로 사적, 질적 데이터를 양적 효율성으로 변환시키는 데이터 알고리즘의 통치성에서 벗어나야 한다. 그렇다면 기술집단의 자동화는 새로운 가치를 창출할 수 있는 문화를 위해 사용되어야 한다: "즉 노동의 종말에 의해 해방된 시간은 자동화된 문화, 하지만 새로

---

26) 이광석, 『데이터 사회 비판』, 책읽는 수요일, 2017, 48쪽.

운 가치를 창출하고 노동을 재발명할 수 있는 문화를 위해 사용되어
야 한다. 자동화에 의해 가능해지는 탈자동화 문화는 부엔트로피적
가치를 생산할 수 있고 또 생산해야만 한다."[27] 여기서 탈자동화의
방향은 사용자인 인간만이 중심이 되어야 한다는 것은 아니다. 하지
만 과거 기술중심주의적 시각이나, 최근 행위자 네트워크 이론(actor-
network theory)이 주장하듯, 사물들의 존재에 행위자 능력을 부여하
고 사물과 인간에게 동등하게 그 권한과 책임을 돌릴 수 없다. 탈자
동화 방향에 대해 성찰할 수 있는 사용자의 '태도 변경'이 필요하다.
즉 일과 노동으로 잃어버린 여가와 주인도 노예도 아닌 '개인의 발견
과 부엔트로피(파괴적인 엔트로피 증가를 감소시키는 엔트로피)로 이행'
이 의미하는 것은 중독으로 상실한 개인에게서 다시 '주의'의 중요
성을 복원하자는 것이다.

"현재의 그램화 단계는 완전 자동화의 전면화를 구성 중이다. 이 단계
는 글로벌한 차원에서 그러한 흡수, 단락, 그리고 그로부터 유래하는 개
체를 체계화하고 있다. 그것이 알고리즘적 통치성을 구성하고 있다. 디지
털에 의한 제3차 파지는 오늘날 생리학적 자동장치 - 신경경제학이 강요
하려는 것이 그것이다 - 로 이루어진 생물학적 파지와 결합되고 있다. 그
러한 파지에 고유한 합리적 기준을 고안하는 것에 전례 없는 비판적 노
력이 기울여져야 한다. 이처럼 새로운 기준에 기반해 새로운 사회적 규칙

---

27) 베르나르 스티글러, 『자동화 사회 1: 알고리즘 인문학과 노동의 미래』, 78쪽.

은 심리적 개체, 기술적 개체 그리고 집단적 개체화 사이의 노에시스적,

즉 부엔트로피적 배치를 재형성할 수 있을 것이다."[28]

우리는 '충동에 기반한 자본주의와 산업적 포퓰리즘'에서 벗어나야 한다. 그러기 위해서 비판적 성찰을 통해 탈프롤레타리아적인 자동화 사회로 변신할 수 있는 새로운 초-산업시대를 구축해야 한다. 이런 초-산업시대를 위한 메타 데이터 플랫폼은 개개인의 테이터를 수탈해서 이익으로 환원시키려는 기업들의 성장 알고리즘에 잠재된 중독 시스템을 해체해야 한다. 따라서 메타 데이터 플랫폼은 사이버 세계와 현실 세계를 횡단할 수 있는 기술문화 커먼즈가 되어 알고리즘과 플랫폼, 물질적 노동-비물질 노동, 수직-수평의 관계를 유지하게 할 수 있도록 두 세계 사이를 부단히 놀이의 자율성과 노동의 타율성을 조정할 수 있어야 한다. 여기서 '알고리즘 자동장치와 단절할 수 있는 '기술-논리적 에포케'에 근거해 '새로운 포월개체화(transindividuation) 회로의 생성', 즉 각각의 개체(개인)들을 포용하면서도 넘어서는 새로운 사회 집단을 만드는 자동장치가 필요하다는 스티글러의 주장에 주목해보자.

"우리가 '에포케의 이중적 되풀이'라는 개념을 발전시켜온 것은 쇼크가

어떻게 기존의 포월개체화 회로(이것 자체는 이전의 쇼크에서 비롯되었

다)를 파괴하는 것부터 시작해 새로운 포월개체화 회로(이것은 바로 앞

---

28) 앞의 책, 131-132쪽.

의 쇼크에서 비롯된 새로운 지식을 구성한다)의 생성을 불러오는지를 묘사해보기 위해서였다. 기술-논리적 에포케란 구성되어 있는 자동장치와 단절하는 것을 말한다. 즉 사회화되어 있으며, 전유된 지식을 통해 자체에 고유한 탈자동화를 창출할 수 있는 자동장치 말이다.[29]

현실의 본질을 직관하기 위해 자연스러운 경험에서 우연적이고 임의적인 것들을 괄호치는 현상학적 에포케(epoche, 판단중지)[30]를 수행한다면 표준화되어 사회화된 자동장치에서 벗어나 새로운 사회조직을 위한 '비사회적 자동장치'를 수립할 수 있다는 것이다. 즉 에포케에 의한 기존 알고리즘적 자동장치에서 탈자동화하는 능력이 디지털 자본주의 논리에 따라 형성된 집단에서 벗어나 새로운 사회조직을 구축할 수 있기 때문이다. 그 결과 데이터 플랫폼의 사용자들은 '주의'를 수익 증대에 조율된 중독에서 이탈시켜 연대와 돌봄에 관심을 두고 의미를 생산할 수 있는 포월개체적인 기술문화 커먼즈에 대한 주의로 바꿀 수 있다: "하지만 심리적·집단적 파지는 오직 공-개체화co-individuation 관계에 기초해 사회적인 포월개체화 과정을 형성하고, 사회 체계가 (세대 간에 걸쳐) 지속 가능한 것이 되도록 해주는 토대인 연대 관계를 창조하는 심리적 개체화 과정에

---

29) 앞의 책, 90-91쪽.

30) 에드문트 후설, 『순수현상학과 현상학적 철학의 이념들 1』, 이종훈 옮김, 한길사, 2021, 122쪽. '현상학적 판단중지'는 자연적 태도에서 주어진 검증되지 않은 것의 타당성을 배제하기 위해 의식작용을 중지하고 괄호에 집어넣어 모든 판단을 '경험적인 나'로부터 차단하는 것이다.

기반해 모두에 의해 개체화되고, 그리하여 모두에 의해 공유되는 한에서만 의미작용화와 의미(즉 욕망과 희망)를 생산할 수 있다."[31]

디지털 대전환은 디지털 자동화 신화를 급진적으로 완수하기보다 자율적 주체와 자동기술 간의 협력은 물론 비대칭적인 인간의 성찰과 반성의 여지에 주목해야 한다. 따라서 스티글러는 정치경제적 편향과 오독에서 벗어나기 위해 기술적 기억의 에포케에 대한 성찰의 중요성을 강조한 것이다. 이런 입장은 인간-기술의 앙상블을 주장한 시몽동이 기술에서 자동화의 완성에는 반드시 '비결정의 여지"[32]가 존재하고, 비결정의 틈에 개입한 인간의 협력만큼이나 성찰의 중요성을 주장한 것과 같다.

디지털에 의해 가속화된 글로벌 자본주의와 네트워크화된 공간은 데이터 사회와 중독경제를 만들었다. 데이터 사피엔스로 살아갈 운명에 처한 우리는 중독에 의한 정신의 프롤레타리아화를 방지하기 위해 '할 줄 앎(savoir-faire)', '살 줄 앎(savoir-vivre)'의 '주의', 즉 정신의 가치를 회복해야 한다. 이때 디지털 커먼즈는 '심리적 몰입-집단-기술적인 것'이 자율적으로 협력하면서 정념감동적인 가치와 정

31) 베르나르 스티글러, 『자동화 사회 1: 알고리즘 인문학과 노동의 미래』, 138쪽. 이런 기술문화 컨먼즈의 회로를 생성하기 위한 시도 중 하나로서, 지속가능성에 초점을 두고 주민, 시민, 기업, 지역사회와 함께 소통하며 구축한 디지털트윈을 통해 새로운 디지털 서비스를 창출하려는 프랑스 파리의 〈일드프랑스 스마트 서비스 디지털플랫폼〉을 그 실례로 들 수 있다.(https://www.youtube.com/watch?app=desktop&v=Dc_ADst9bts, 〈2021 데이터 주권국제포럼〉)

32) Gilbert Simondon, *Du mode d'existencedes objeststechniques*, op.cit., p. 11.

신적 가치를 순환시킬 수 있는 메타 데이터 플랫폼이 될 수 있다. 그 결과 통제된 중독에서 벗어난 메타 데이터 플랫폼은 지속가능한 기술문화 커먼즈의 놀이터이자 일터가 될 수 있지 않을까?

순환경제와
도시 리빙랩

순환경제와 도시 리빙랩-
데이터 및 모델 리사이클이 가능한 AI 기술

김재광

요약

최근 인공지능 기술의 발전으로 매우 많은 분야에서 인공지능 기술을 활용한 서비스가 다양하게 나타나고 있다. 그러나 인공지능 모델의 학습을 위한 데이터 수집, 데이터 가공, 인공지능 모델의 학습 및 재학습에 인력, 전력 등 많은 비용이 요구되고 있다. 특히 인공지능 기술을 활용한 서비스가 고도화될수록 더욱 많은 데이터 수집/가공, 모델의 학습/재학습이 요구되고 있다. 또한 인공지능 모델에 사용되는 개인/집단으로부터 유래한 데이터에 대하여 권리가 강화됨에 따라 모델의 재학습으로 인한 비용의 증가가 예상된다.

최근에는 이러한 비용 증가를 극복하기 위한 기술 개발이 다양하게 시도되고 있다. IBM의 AI Fairness 360, Google의 What-if tool, Microsoft의 Fair learn 등 주요 글로벌 빅테크 기업을 중심으로 인공지능 모델에 사용된 데이터의 개인 권리 등을 점검하는 도구가 개발되고 있으나 국내에서는 아직 이런 연구가 전무한 실정이며, 엄청난 양으로 생성되는 데이터에서 개별/집단의 인권 및 안전성 검증이 모델 학습에 중요한 요소가 되므로 유연한 인공지능 모델 학습을 하기 위한 Machine unlearning 기술 개발이 필요하다.

따라서 Machine Unlearning 기반의 System forgetting 정의 및 검증 방법 개발, 인공지능 모델 Unlearning을 위한 정의, 장단점 분석, 데이터 편향성 및 특징점 파악, System forgetting을 증가시키는 time-based Unlearning 방법 개발, 다양한 pre-trained 모델 기반의 Transfer Unlearning 알고리즘 개발 방법 등을 기술하고자 한다. 또한 분류 회귀 모델의 효율적인 Machine Unlearning을 위한 방법론 개발을 시도하는데, 정책 요구를 유연하게 반영하는 시계열 데이터 기반의 인공지능 모델 Unlearning 분류/회귀 모델 개발 및 국내외 한계점 파악, 인공지능 모델 Unlearning 분류/회귀 모델의 효율적 학습을 위한 방법론 개발, 비유클리디안 공간에서 Shadow-based 거리를 통한 모델 Unlearning 방법 개발 등을 기술한다. 여기에 덧붙여, 생성모델 및 연합학습 방법을 통한 Machine Unlearning 방법 연구 고도화를 추구하며, 다양한 데이터에서 플래그 기반 Machine Unlearning 생성 모델 학습을 위한 데이터 전처리 방법론 개발, 분산 환경에서의 효율적인 학습을 지원하는 생성 모델 Machine Unlearning 방법 연구, 플래그 기반 Machine Unlearning 생성 모델 학습을 위한 연합학습 방법 개발 등을 설명하고자 한다.

1. 인공지능 연구/개발에 드는 비용

최근 인공지능 기술의 발전과 교육 및 기술의 확산으로 다양한 분야에 인공지능 기술이 사용되고 있으며, 이에 따라 인공지능 연구/개발이 활발하게 이루어지고 있다[1]. 관련하여 막대한 연구/개발 비용이 인공지능 연구/개발에 사용되고 있다. 개발된 초거대 자연어 모델 중 하나인 GPT-3는 한번 학습을 하는데 최소 1,000만 달러가 필요할 것으로 추정된다[2]. 인공지능 연구/개발에 드는 비용은 첫째로 데이터 수집에 드는 비용, 둘째로 데이터 레이블링에 드는 비용, 그리고 셋째로 모델 연구/개발에 드는 비용으로 나누어 생각해볼 수 있다.

1) 데이터 수집에 드는 비용

데이터를 수집하기 위하여 어떤 데이터를 수집해야 하는가를 확인하는 작업이 필요하다. 수집하고자 하는 데이터에 따라 데이터 수집 계획을 수립하고 단계별 필수 작업을 파악하여야 한다. 데이터 수집을 위한 세부 절차는 〈그림 1〉이 보이는 바와 같이 세 단계로 구분할 수 있다.

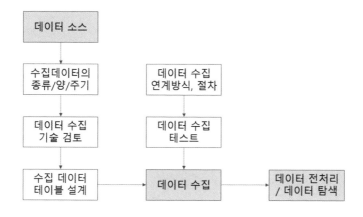

<그림 1> 데이터 수집의 세부 절차

(1) 데이터 소스(수집 대상 데이터 선정 단계):

분석에 필요한 수집 대상 데이터를 선정하되 수집 가능성 여부 등을 파악하고 세부 목록 및 항목을 작성하는 단계.

(2) 데이터 수집(수집 세부 계획 작성 단계):

수집 데이터 유형을 분류하고 관련 수집 기술 및 수집 주기, 주요 업무 등을 담은 세부 계획을 작성하는 단계. 수집 계획서에 따라 사전 테스트를 진행하여 관련 시스템을 점검한 후 수집 활동을 진행하는 단계.

(3) 데이터 활용(데이터 전처리 / 탐색 단계):

데이터를 전처리하고 탐색을 수행하며 본격적으로 데이터를 활용하는 단계.

그러므로 데이터 수집에 드는 비용은 각 세부 절차와 단계에 소요
된다. 수집 데이터의 지속성, 데이터의 총량 등에 따라 소요되는 비
용이 다르게 나타난다.

2) 데이터 레이블링에 드는 비용

오늘날 인공지능 연구/개발에 사용되는 데이터에서 수집과 전처
리 못지않게 중요한 과정이 바로 데이터 레이블링이다. 데이터 레
이블링은 전문가나 사람의 손으로 레이블링을 하는 수동 레이블링
과 또 다른 기계학습 방법을 사용하여 레이블링 하는 자동 레이블링
이 있다.

(1) 수동 레이블링

레이블을 지정하는 전문가(사람)가 필요하고 이에 따른 비용이 소
요됨. 필요한 인공지능 모델에 따라 알맞은 정보에 대해 data anno-
tation을 수행함. 수동 레이블링은 일반적으로 많은 시간과 비용이
소모됨.

(2) 자동 레이블링

하루에도 수천만 건 이상의 데이터가 수집되는 환경에서는 수동
레이블링을 하는 것이 불가능함. 따라서 최근의 인공지능 모델 학

습을 위한 방법으로는 데이터의 구조를 분석하고 이에 따라 자동 레이블링을 하는 방법이 많이 사용됨. 처음에는 대충 레이블링을 하였다가 점점 레이블링의 정확도를 높여가는 pseudo labeling 기반의 self−supervised learning이 높은 성능과 효율을 보이고 있음.

〈그림 2〉는 기본적인 self−supervised learning의 개념을 보인다.

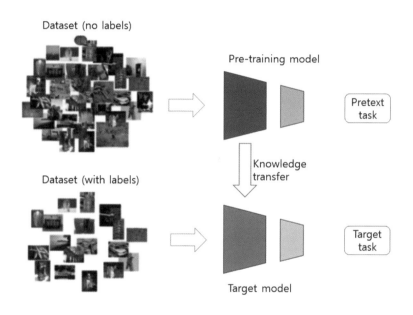

〈그림 2〉 기본적인 self-supervised learning의 개념

따라서 수동 레이블링에는 전문가 및 사람을 통해 많은 시간을 사용하여 레이블링 하는 비용이 발생하며 자동 레이블링은 목표로 하

는 레이블링을 하기 위한 지능적 방법 개발 및 적용, 최적화에 비용이 들어간다.

3) 모델 연구/개발에 드는 비용

인공지능 모델에 따라 연구/개발에 드는 비용이 달라지는 것은 당연한 이야기이다. 다만 최근 특정 플랫폼에서 인공지능 모델 개발의 예상 견적서들을 바탕으로 산출한 평균 값은 '100만원/월'로 나타났다[3].

인공지능 모델의 연구/개발 비용은 크게 연구 비용과 개발 비용으로 나눌 수 있다. 연구는 말 그대로 문제를 해결하기 위한 인공지능 모델을 연구하는 과정으로 이전에 공개되지 않은 기술이나 공개된 기술보다도 더 높은 효율과 성능을 내는 모델을 연구하는 과정이다. 또한 개발은 기 개발된 인공지능 모델을 적용하고 최적화하여 문제 해결을 하는 과정이다. 인공지능 모델 연구/개발에 많이 소모되는 비용은 인건비와 컴퓨팅 자원을 사용하는 비용이다. 최근에는 막대한 연산량을 이용하여 모델 학습을 하기 때문에 컴퓨팅 자원에도 막대한 비용이 소요된다.

이 중에서도 초거대 AI라고 표현되는 인공지능 모델들은 인간의 뇌 구조를 모방하여 대용량 연산이 가능하도록 학습하고 그 학습 모델 내에서 사고와 연산이 가능하도록 목표로 한다. 2020년에는 오픈 AI에서 총 1,750억 개의 파라미터를 가진 GPT-3를 선보였는데, 이는 GPT-1보다 1,000배 많은 파라미터를 사용하기 때문에 학습 비용 자체가 굉장히 많이 드는 모델이다. LG AI연구원에서 선보인 엑사원이란 초거대 AI는 약 3,000억 개의 파라미터를 가지고 있고, 네이버의 하이퍼클로바는 2,040억 개의 파라미터를 가지고 있다. 일반적으로 인공지능 모델의 성능은 학습 파라미터 수에 비례하지만 반드시 그러한 것은 아니다. 카카오에서 개발한 ko-GPT 모델은 300억 개의 파라미터를 사용하여 선보였음에도 준수한 성능을 나타내고 있다. 학계에서는 실용적인 규모의 언어모델은 약 60억~800억 개의 파라미터를 가지고 있다고 알려져 있다[4].

다만 거대한 파라미터를 가진 모델을 학습하려면 막대한 컴퓨팅 자원이 필요하고 학습하는데 필요한 전력의 비용과 이로인한 환경 문제 등의 심각성이 대두되고 있다.

2. 리사이클 for 데이터

하나의 인공지능 모델을 개발하기 위하여 데이터 수집/데이터 레이블링/모델 연구, 개발 등 많은 단계에서 큰 비용이 필요하다. 먼저 데이터를 재활용하는 방향으로 이 비용을 줄이고 순환경제를 이룰 수 있다. 데이터의 재활용 측면에서는 공공 주도의 데이터 수집 및 관리, 데이터 생성 기술, 데이터 증강 기술의 세 가지 방법을 생각해볼 수 있다.

1) 공공 주도 데이터 수집 및 관리

근본적으로는 공공 주도의 데이터 수집과 관리가 필요하다. 인공지능 시대에 데이터는 에너지와 같다. 고품질 대용량의 데이터를 공공 주도로 확보하고 제공한다면 중복된 데이터 수집, 가공 등에 소요되는 비용을 획기적으로 줄일 수 있다. 또한 데이터의 불균형으로 인한 인공지능 기술의 소외 등을 어느 정도 막을 수 있다.

대표적인 공공데이터로는 Kaggle, UCI Machine learning repository, VisualData, CMU Libraires, 그리고 The Big Bad NLP Database 등이 있고 이 외에도 더 많은 공공 데이터가 존재한다[5]. 우리나라에는 AI Hub가 대표적인 공공데이터를 제공하고 있다.

AI Hub는 한국지능정보사회진흥원이 운영하는 AI 통합 플랫폼으로 2017년부터 진행한 인공지능 학습용 데이터 구축/확산 사업의 일환으로 시작되었다. 202년 7월 현재 AI Hub에는 - 한국어, 영상 이미지, 헬스케어, 재난안전환경, 농축수산, 교통물류인 6개 분야에서 총 384종의 인공지능 학습용 데이터를 공개하고 있다.

또한 각종 인공지능 연구 결과를 공개하는 관련 학술대회에서 많은 연구자들이 자신들이 수집한 데이터를 공개하고 있다.

2) 데이터 생성 기술

실데이터를 사용하지 않고 실데이터를 기반으로 그럴듯한 데이터를 생성해서 학습에 사용한다면 실데이터의 수집, 가공에 따른 비용을 줄일 수 있다. 데이터 생성 기술은 이런면에서 데이터 재활용을 할 수 있도록 한다. 이런 데이터를 합성 데이터라고도 하는데 합성 데이터는 실제 데이터를 대체하기 위해 컴퓨터 시뮬레이션이나 알고리즘에 의해 생성된 주석이 달린 데이터를 의미한다. 이와 같은 데이터 생성 기술을 사용하면 무한에 가까운 방대한 양의 합성 데이터를 생성할 수 있다. 이를 통해 인공지능 학습에 필요한 방대한 양의 데이터를 합리적인 비용으로 확보할 수 있다. 대표적인 데이터 생성 기술은 분포 기반의 생성방법과 딥러닝 기반인 VAE(Variational Autoencoder), GAN(Generative Adversarial Network) 등이 있다.

3) 데이터 증강 기술

근본적으로 적은 학습 데이터는 인공지능 모델의 성능을 떨어뜨린다. 그렇기 때문에 수집된 데이터가 제한적인 경우 데이터 증강 기술을 사용하여 인공지능 모델을 효율적으로 학습할 수 있다. 데이터 증강 기술은 수집된 제한된 데이터에 다양성(variation)을 주어 모델의 일반화 특성을 높이는 것이다. 이를 통해 특정 데이터에만 과적합된 모델이 아니라 아직 보지 않은 데이터에 대하여도 높은 성능의 task를 수행하도록 한다. 〈그림 3〉은 데이터 증강 기술의 개요를 보인다.

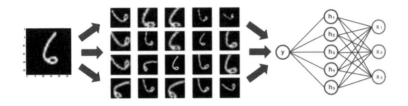

<그림 3> 데이터 증강 기술의 개요

3. 리사이클 for AI 모델 학습

인공지능 모델을 학습한 후, 모델의 성능 유지 및 향상을 위한 업데이트가 필요하며 이는 모델의 재학습을 통해 가능하다. 특히 학습된 모델에서 개인/집단의 데이터 중 일부를 사용하지 말아달라고 요구하는 것이 2018년 유럽 연합의 개인정보보호법(GDPR)에서 채택되었으며, 이러한 요구가 발생할 경우 학습된 모델에서 요청된 데이터의 기여 부분을 Unlearning 하는 것이 필요하다. 이러한 Machine Unlearning은 AI 모델 재학습을 통한 Machine Unlearning, 데이터셋 flag 기반의 Machine Unlearning, 노이즈 추가 기반의 Machine Unlearning을 생각해볼 수 있다.

1) AI 모델 재학습을 통한 Machine Unlearning

AI 모델의 재학습은 말 그대로 처음부터 AI 모델을 재학습하는 것이다. 이 때문에 요청된 데이터를 제외하고 나머지 모든 데이터로 AI 모델을 재학습 하는 방법으로 가장 근본적인 Unlearning 방법이지만 학습을 다시 하는 만큼 전력을 비롯하여 많은 자원이 소모된다.

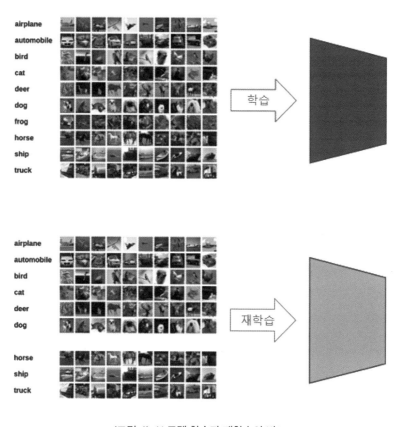

〈그림 4〉 AI 모델 학습과 재학습의 비교

〈그림 4〉가 보이는 바와 같이 AI 모델의 학습과 재학습은 비용 면에서 큰 차이가 발생하지 않는다. 그러므로 AI 모델의 재학습이

Machine Unlearning의 근본적인 방법이지만 필연적으로 많은 비용을 소모하게 된다.

2) 데이터셋 flag 기반의 Machine Unlearning

Machine Unlearning을 위하여 AI 모델을 처음부터 재학습하지 않

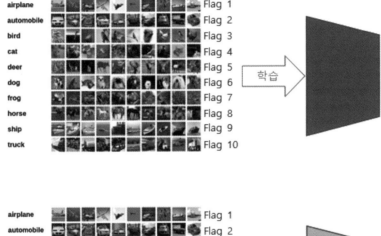

〈그림 5〉 데이터셋 flag 기반의 Machine Unlearning

고, 수정이 필요한 데이터셋의 부분만 재학습을 할 수 있다. 이를 위하여 데이터셋에 대하여 학습 시 flag를 두고 이 부분을 사용하여 재학습을 하면 학습의 효율을 더 높일 수 있다.

〈그림 5〉가 보이는 바와 같이 모델을 재학습하고자 할 때, 수정된 데이터셋으로 학습된 flag를 이용하여 부분 재학습을 하면 재학습에 드는 비용을 상당량 줄일 수 있다.

3) 노이즈 추가 기반의 Machine Unlearning

데이터셋 flag 기반의 Machine Unlearning이 AI 모델을 완전히 재학습하는 것에 비하여 높은 효율을 가지지만 이 역시 빈번하게 일어나는 경우 상당한 Machine Unlearning 비용이 발생한다. 따라서 최근에는 적절한 노이즈를 입력으로 주어 모델을 재학습(업데이트)하여 Machine Unlearning을 하는 연구가 활발하게 일어나고 있다. 이 중에서 생성 모델을 사용하여 모델의 retrain을 하고 이를 통해 Machine Unlearning을 할 수 있다. 〈그림 6〉은 노이즈 기반 Machine Unlearning의 예를 보인다.

〈그림 6〉이 보이는 바와 같이 생성모델 데이터셋(Generative model datasets)과 강화학습 데이터셋(Reinforcement learning datasets)을 기반으로 오리지널 모델(OM)과 중립 모델(NM)을 만들고 이를 통해 Retrained 모델을 완성할 수 있다.

결론적으로 GPT와 같은 거대 AI 모델이 각 분야에서 효용성을 보이고 있는 이 시대에 인공지능 모델을 개발하고 학습하는 데 드는 사회/경제/환경적 비용을 고려할 필요가 있고 이를 해결하기 위하여 데이터, 모델 학습 측면에서의 리사이클을 고려하여 적용하는 것이 필요하며, 이를 위한 Machine Unlearning과 같은 기술적인 도전역시 필요하다.

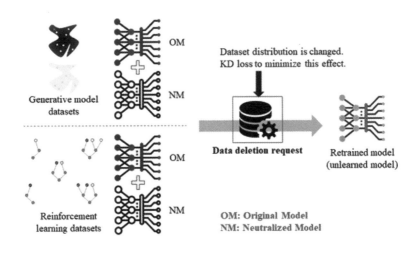

〈그림 6〉 노이즈 기반 Machine Unlearning의 예

심포이에시스적 스마트시티 디자인[1]
리빙랩-시민 인스파이어 플랫폼

오민정

1. 도시의 시대 새로운 도시 디자인 '스마트시티'

　미국 덴버시의 시장이었던 웰링턴 웹(Wellington Webb)은 "19세기
는 제국의 시대였고, 20세기는 민족국가의 시대였다. 21세기는 도
시의 시대이다."라고 했다.[2] 매일 15만 명의 사람들이 도시로 삶의
공간을 옮기거나 도시에서 태어날 정도로 21세기에 들어선 지구촌은
급격한 도시화를 겪고 있다. 100년 전만 하더라도 지구촌에서 인구
100만 명이 넘는 도시는 불과 20여 개에 지나지 않았다.[3] 그러나 지

---

1) 본 글은 브레히트와 현대연극 48권에 게재된 논문을 편집 사용하였음.
2) 미국 덴버시의 시장이었던 웰링턴 웹이 2000년 미국 시장 회의에서 도시의 시대를 강
　조하기 위해 언급했다. "The 19th century was a century of empires, the 20th century
　was a century of nation states. The 21st century will be a century of cities."
3) Palmisano, samuel J. (2009): Shining Cities on a Smarter Planet, The Huffington

난 40여 년 동안 전 세계 대도시 인구수는 두 배 이상 증가하였고, 현재 세계 인구의 절반 이상이 도시에 사는 도시의 시대로 진입했다. 그리고 2050년이 되면 전 세계의 도시화율은 68.4퍼센트로 65억 명 이상이 도시에서 생활할 것으로 전망한다.[4] 이러한 도시 인구 증가는 단순히 도시의 공간적 밀도만을 높이는 것은 아니다. 이는 도시 내의 환경과 도시 거주민의 생활공간의 변화에도 영향을 미친다. 그리고 이 공간의 변화 과정에서 교통문제, 주택문제, 환경문제, 도시의 노후화 및 인프라 부족으로 인한 여러 도시 문제들이 대두되고 있다. 이에 도시화와 도시 문제 해결을 위해서 도시는 개발과 도시문제 해결이라는 과제에 직면했고, 이 과제의 해결을 위해서 도시를 이끄는 행정기관, 기업, 학계 등 도시의 여러 이해관계자들은 혁신을 위한 '기술'을 도구로 꺼내들었다. 즉, 정치적, 경제적, 사회적 문제를 기술의 힘으로 해결하고자 한 것이다. 이에 도시는 기술을 매개로 도시의 한정된 자원을 효율적으로 사용하여 도시의 지속가능성을 모색하는 스마트 시스템으로의 전환을 시도했다.

스마트 시스템 구축에 앞장선 자들은 거대 기업들이었다. 2008년 금융위기를 겪은 기업들은 새로운 시장으로 '스마트시티'를 내세웠다.[5] 스마트시티를 기반으로 한 기술 시장으로의 진입을 시도한 것이

Post. http://www.huffingtonpost.com/sam-palmisano/shining-cities-on-asmart_b_206702

4) 이종관(외): 미래도시와 기술혁명의 공공성, 산과글, 2021, 102쪽.

5) 고주현(외): EU 스마트도시(Smart City) 모델과 발전전략 연구, 유럽연구 37-2, 2019, 201쪽.

다. 대표적으로 2008년 IBM이 발표한 「A Smarter Planet:The Next Leadership Agenda」는 전 세계에 스마트시티라는 광풍을 일으켰다. IBM 회장인 사무엘 팔미사노 Samuel J. Palmisano는 2008년 11월 이스탄불에서 열린 〈IBM Business Leadership Forum〉에서 "기술활용기반 instrumented", "상호연결 interconnected", "지능화 intelligent"를 언급하고, 실시간으로 데이터를 계측 및 통합하고, 수집된 데이터 정보를 도시 서비스 간에 상호 연결하여 더욱 지능화된 시스템을 구축하는 도시인 '스마트시티'의 개념을 설명하였다. 도시의 핵심 시스템 간의 상호 관계를 고려해서 에너지시스템의 효율성을 높이며 지속가능한 도시 구축의 필요성을 강조한 것이다.[6] 당시 IBM이 선보인 스마트시티의 정의는 정보통신기술을 중심으로 도시를 운용하는 시스템을 구축한 도시이다.

> 도시를 운용하기 위해서 핵심적인 시스템의 열쇠가 되는 정보를 ICT를 이용하여 수집하고 분석하며, 통합할 수 있는 도시이다.[7]

그러나 IBM에서 내세운 이 스마트시티의 정의에는 도시 개발의 목적이 기술을 적용하기 위한 도시 건설의 방향으로 나아갈 위험성을 안고 있었다. 도시의 문제를 해결하기 위해 기술을 효과적으로

---

6) Susanne Dirks et al.: A vision of smarter cities: How cities can lead the way into a prosperous and sustainable future, IBM Global Business Services, 2009, p. 10.

7) 이민화(외): 자기조직화 하는 스마트시티 4.0, 창조경제연구회, 2018, 26쪽.

사용하는 것이 아니라 기술을 적용하기 위해 도시의 문제를 발굴하거나, 기술을 위한 도시를 건설하는 것으로, 그 도시의 주체인 시민을 위한 도시 공간 디자인이 아니라 사용자(시민)를 배제한 기술의 사용을 극대화하는 공급자 중심의 도시를 건설하는 오류를 범할 위험성을 갖고 있었다.

클라우드 구축 기업인 시스코 시스템즈 Cisco Systems도 역시 2010년대 초반부터 스마트시티의 중요성을 강조했다. 그리고 2015년 이 기업은 IBM이 내세우는 ICT 기술 중심 도시에서 보다 진화한 단계의 스마트시티 개념을 소개했다.

> 스마트시티는 세 개 이상의 기능 영역에 걸쳐 기술을 통합하는 도시를 말한다. 더 간단하게 말하면 스마트시티는 전통적인 인프라(도로, 건물 등)를 시민의 삶을 풍요롭게 하는 기술과 결합한 것이다. 창의적인 플랫폼과 킬러 앱이 교통량과 주차 혼잡, 공해와 에너지 소비, 그리고 범죄를 줄이는데 이바지하고 있다. 또한, 수입을 창출하고 도시 거주자들과 방문자들의 비용을 줄이고 있다.[8]

시스코사에서 제시한 "시민의 삶을 풍요롭게 하는"이라는 스마트시티의 개념에는 기술로서 도시의 주권을 가진 시민의 문제를 해결하고, 이로서 시민의 삶의 질을 향상시킨다는 의미가 담겨 있다. 이

---

8) 슈밥, 클라우스(외): 4차 산업혁명의 충격, 김진희(역), 흐름출판, 2016, 182쪽.

II. 순환경제와 도시 리빙랩

는 시민의 이익을 위한 기술 전략을 내세웠다는 점에서 초기 IBM 사가 제시한 스마트시티 설계보다는 한 단계 진화한 스마트시티의 모습을 제시한다고 할 수 있다. 하지만 이 개념 역시 도시 발전에 있어 '기술 중심'을 내세우고 있다는 점을 벗어나지는 못한다. 기술과 결합한 도시에서 킬러앱은 기업의 입장에서는 또 하나의 마케팅 시장이다. 여기에서는 실질적인 시민의 이익보다는 기업의 이익이 우선될 수밖에 없다. 따라서 비록 시민 중심의 스마트시티 단계를 언급하기는 하지만, 사실상 기업 중심의 디자인이라는 점에서 모든 도시의 구성원이 동등한 권리를 갖고 문제해결을 시도하기에는 한계를 갖는다. 시민 사회의 문제를 기술이라는 도구를 사용하여 해결하고 시민의 삶의 질 향상을 위해 노력하지만, 그 문제 해결의 과정에 있어서 시민참여 기회의 장이 미비하기에 당사자인 시민은 적극적인 참여를 통한 의사결정권을 갖기 힘들기 때문이다. 따라서 이 개념도 도시의 주인인 시민중심의 도시 디자인과는 거리가 있다.

물론 기술을 통해 사회 문제를 해결하고 이로 인해 생활의 편리함을 찾을 수는 있다. 하지만 기술로 인해 소외되는 시민이 발생하고, 개발의 단계에서 기술을 가진 자와 갖지 못한 자 사이의 격차로 또 다른 양극화의 문제가 발생할 수 있다. 이에 오늘날 세계 여러 도시들은 과거의 스마트시티 개념 정의에서 나타난 한계를 극복하고자 그린시티, 탄소중립도시, 15분도시 등 다양한 형태의 스마트시티를 시도하고 있다. 또한 스마트시티 건설에 있어서 모든 도시에 적용시킬 수 있는 하나의 표준이 되는 스마트시티 건설의 한계를 발견하고, 지역적인 특성에 맞는 도시의 주권을 가진 시민 중심의 도시 디자인의 중요성을 강조하기 시작했다. 과도한 기술 중심에 대한 비판적 성찰을 통해서 새로운 철학적 가치를 담은 도시 디자인을 시도하는 것이다.

독일의 수도 베를린 역시 예외는 아니다. 베를린시도 경제적 성장과 지속가능한 발전을 위한 도시를 디자인하기 위한 시도를 계속하고 있다. 물론 이러한 시도는 아직 완성된 것이 아닌 현재진행형이다. 그러나 베를린의 시민참여를 중심으로 하는 공동창조적 도시 건설의 계획과 시도는 도시화 문제를 해결하는 스마트시티의 선례가 될 가능성을 안고 있다. 이 사례를 통해 여러 도시들은 스마트시티 전략 수립에 있어서 철학적인 가치를 살펴볼 수 있기에, 베를린시의 협력 네트워크를 통한 공동창조형 "심포이에시스"적 도시 디자인 연구는 중요하다. 따라서 다음에서는 베를린시의 스마트시티 진화 과정과 시민참여형 "심포이에시스"적 스마트시티 창조를 위한 도시 디자인으로서 시티랩 베를린 사례를 살펴보고 이를 통해 자유의지를 가진 인간이 살아가는 미래 도시인 스마트시티가 추구해야 할 방향을 인문학적 사유를 통해 고찰해보겠다.

2. 독일 베를린시의 스마트시티 변천 과정

2021년 조사에 따르면 독일 인구의 77.5퍼센트가 도시에 살고 있다.[9] 독일 역시 전 세계적인 도시화의 흐름에 있는 것이다. 그리고 도시화로 인해 발생하는 사회적 문제를 기술을 활용해 해결하고자 하는 스마트시티형 도시 진화 역시 독일 내 여러 도시에서 진행 중이다. 그 중 독일의 수도인 베를린시도 앞서 언급한 기업들이 제시한 스마트시티 개념을 바탕으로 ICT 기반 지능형 도시를 건설하고자 시도했었다.

사실 베를린시의 스마트시티 초석은 19세기로 거슬러 올가간다. 일찍이 산업혁명을 시작한 다른 유럽 도시들과는 달리 베를린에서는 19세기 말이 돼서야 전기산업을 토대로 하는 본격적인 산업혁명 시대가 도래했다. 당시 가우스 Gaus, 옴 Ohm, 헤르츠 Hertz 등 여러 물리학자들의 전기 분야 연구를 바탕으로 독일은 전기의 표준과 단위를 선점했고, 〈베를린 산업 박람회 Berliner Gewerbeausstellung〉를 통해서 정부와 산업계가 시민의 건강과 복지를 위한 도시 공공계획과 시민의 행복을 위한 도시 진보에 대한 논의를 시작했다. 이를 통해 밤의 어두운 거리에 전기를 사용해 빛을 밝히고 고층건물에는 승강기를 설치했으며, 집에서 펌프를 통한 온수 사용을 가능하게 하는 등 전기의 대중화를 통한 일상생활의 혁신을 선사했다. 또한 전기 트램을 건설하고, 자동차 보급을 실시하여 교통의 혁신을 가져오는 기술 산업을 기초로 하는 도시 발전을 꾀했다.[10] 그리고 이러

---

9) https://de.statista.com/statistik/daten/studie/662560/umfrage/urbanisierung-in-deutschland/ 〈검색일 2023. 01. 07〉

10) 김도년: 19세기 베를린이 '스마트시티에 주는 교훈, 서울경제, https://sedaily.com/

한 산업 주도의 기술 중심적 발전은 21세기 초 베를린 스마트시티의 발전 양상에서도 나타났다.

앞서 언급했듯, 1조 5천억 달러 스마트시티 글로벌 시장 잠재력을 바라본 IBM이 「A Smarter Planet」이라는 디지털 도시 개념을 제시하며, 시스코, 지멘스 Siemens 등의 기업들도 스마트시티로의 도시 개발 계획을 발표했다.[11] 그리고 독일도 역시 경제성장과 환경친화적 도시 디자인이라는 도시 발전의 새로운 모델을 도시 설계에 도입했다. 2009년에 발표된 「스마트도시 선언」에서 지적했듯이, 2000년대 중반 이후, 세계는 20세기 초 세계 대공항 이후의 최대 경제 위기를 맞았고, 경제를 회복하기 위한 어려움을 겪고 있었다. 따라서 많은 도시들은 그로 인해 발생한 지역 사회 문제에 대해 새로운 접근 방식이 필요했고,[12] 유럽 대부분의 도시들은 'Smart City'라는 ICT 기술을 중심으로 한 문제해결 방식을 채택했다.[13] 이에 2013년 독일 베를린시는 도시의 지속가능한 발전과 기술산업 의제를 설정하는 국가 도시 개발 정책 플랫폼 NPZ Nationale Plattform Zukunftsstadt를 조직했다. 이는 연구 프로젝트와 혁신기술 및 프로세스 개발, 연방

NewsVIew/1OOZRJ0TJI#_enliple

11) 4)https://www.forbes.com/sites/sarwantsingh/2014/06/19/smart-cities-a-1-5-trillion-market-opportunity/?sh=5aec2a146053 〈검색일 2023. 01. 07〉

12) Kanter, Rosabeth Moss et al.: Informed and Interconnected: A Manifesto for Smarter Cities, Harvard Business School Working Paper 09-141, 2009, p. 3.

13) Mannville, Catriona et al.: Mapping Smart Cities in the EU", Policy Department A: Economic and Sciencetific Policy, European Parliament, 2014, p. 1.

교육연구부 BMBF, 연방경제에너지부 BMWi, 독일연방환경자연보존건설원자력안전부 BMUB, 연방교통부 BMVI 등 부처 간의 네트워킹, 그리고 지자체와 학계, 기업 및 시민이 함께하는 미래 도시를 위한 연구를 목적으로 만들어졌다. 이를 통해 탄소중립적이고 에너지 자원을 효율적으로 사용하며, 기후에 적응하는 살기 좋고 포용적인 미래 도시 건설을 추진했다.[14] 그러나 지자체와 학계, 기업 및 시민이 함께하는 미래 도시를 위한 연구 과정에서 그 주체 모두가 참여하여 공동으로 프로젝트를 진행하는 것에는 한계가 있었고, 당시 도시 공간의 지능형 네트워킹은 일부 시범 프로젝트에 국한되었다. 또한 도시 내 디지털 혁명의 조짐도 확실히 드러나지는 않았다.[15]

이후 2015년 베를린시는 「스마트시티 전략 베를린 Smart City Strategie Berlin」을 공포한다. 이는 기술을 사용해 베를린시가 직면하고 있는 생태적, 사회적, 경제적, 문화적 문제에 대한 해결책을 찾는 것을 목표로 베를린의 미래 지속가능성을 확보하고 공동선을 추구하는 혁신적 도시 운용 전략이다.[16] 이 도시 운용 전략은 2015년 시스코사가 제시한 '전통적 인프라를 시민의 삶을 풍요롭게 하는 기술과 결합한' 스마트시티 개념과 맞닿아 있다. ICT 기술 시스템을

---

14) BMBF: Zukunftsstadt, 2015.

15) Haan, Gerherd et al.:Die Berliner Smart City Vision, iF-Schriftenreihe Sozialwissenschaftliche Zukunftsforschung, 2017, p. 8.

16) 5)https://www.stadtentwicklung.berlin.de/planen/foren_initiativen/smart-city/download/Strategie_Smart_City_Berlin_en.pdf 〈검색일 2023. 01. 07〉

통한 도시 데이터 수집, 분석을 기반으로 도시 내에서 효율적으로 에너지를 생산하고 공급함과 동시에 도시의 안전을 확보하여 도시의 문제를 해결하는 것이다. 그러나 이 역시 기술이 도시 문제 해결의 열쇠라고 주장하기에 기술을 가진 기업과 개발 자금을 다루는 정부 사이에서 시민은 그 주도권을 주체적으로 확보하는 것에 한계가 있었다.

도시학자 루이스 멈퍼드 Lewis Mumford는 "우리 시대의 궁극적인 종교인 기계의 신화를 보라! 점점 더 크고, 점점 더 멀리, 점점 더 빠른 신과 같은 권력의 표현으로서 그 자체로 목적이 됐다. 제국, 국가, 신탁(信託), 기업, 기관 그리고 권력에 굶주린 개인들 모두 텅 빈 목적지를 향한다."[17]고 했다. ICT 중심의 스마트시티에서 기술은 곧 종교이다. 인간은 도구로서 기술을 손에 들었지만, 기술을 향한 욕망의 중력은 기술이 '신과 같은 권력'을 갖게 했다. 그리고 목적지가 되어버린 기술은 기술사용의 무분별한 극대화를 가져왔다. 따라서 시민의 삶의 질 향상을 위한 기술이라는 당시의 전략 역시 기술이 사회 문제 해결의 열쇠라는 중심 역할을 행하고 있기에 시민의 행복을 위한 도시 구상에서 정작 시민은 그 의사결정 구조에서 소외될 수밖에 없었다.

멈퍼드에 따르면 "기술은 인간 문화의 한 요소이고 중립성을 띤다. 기술의 옳고 그름은 다름 아닌 그것을 사용하는 사회적 집단이 판가름한다. 기계 자체는 요청을 하지도 약속을 이행하지도 않는

---

17) Mumford, Lewis: Findings and Keepings, Harcourt Brace Jovanovich, 1975, p. 375.

다. 요청을 하고 약속을 지키는 것은 바로 인간의 정신이다.[18]" 가치 중립적인 기술의 사용에 있어 그것의 사용 주체인 인간의 필요를 우선순위에 놓기보다는 기술의 사용 자체에 그 의미를 부여하고 기술의 맹목적 개발과 그 개발로 인한 이익에 몰두한 인간은 스스로의 오류에 빠진다. "지금까지 우리는 두 가지 오류를 범해왔다. 우리는 기계를 완벽하게 이해하지 않은 채 수용해왔고, 허약한 낭만주의자처럼 지적으로 우리가 얼마나 많이 기계에 동화됐는가를 살피지도 않은 채 거부해왔다.[19]"

따라서 이제 기술을 활용하는 사회를 이해하고 도시의 주권을 가진 시민이 살아가는 자율적 도시 공간을 파악하여 새로운 도시를 디자인해야 한다. 이에 독일은 2019년부터 국가적 차원에서 73개의 스마트시티 모델 프로젝트를 실시하여 지자체와 시민 주도의 스마트시티 전략 수립을 시도하였다. 이는 각각의 지자체가 하위 구단위의 의견을 수집하고 이에 맞는 스마트시티 전략과 도전과제를 계획하여 정부에 승인을 요청하는 방식이다. 베를린은 2020년 스마트시티 모델 프로젝트에 선정되었고, '다시 시작하는 스마트시티 베를린'을 디자인 중이다. 여기에서 중심이 되는 것은 이전과는 달리 '기술'이 아닌 '사람'이다. 이 새롭게 시작한 스마트시티 구상에서는 도시 공간 조성의 개념단계, 실험단계, 적용단계 모든 단계에서 시민의 참여는 그 핵심이 된다.

---

18) 멈퍼드, 루이스: 기술과 문명, 문종만(역), 책세상, 2013, 173쪽.
19) 앞의 책, 173쪽.

3. 파우스트적 세계관에서 바라본 베를린 스마트시티

베를린 스마트시티의 철학은 "Hier entsteht Zukunft"[20]이다. 이
말은 여기에서 미래가 시작하고 미래는 현재에 만들어진다는 것을
뜻한다. 미래 도시가 지금 현재 여기에서 인간이 어떠한 활동을 하
느냐에 따라서 달라질 수 있음을 말하는 것이다. 첨단 도시를 일컫
는 ICT형 스마트시티에서 중심은 기술자와 건설회사 그리고 허가
를 내주는 정부였다. 인문철학의 자리는 찾기가 힘들다. 그러나 베
를린시의 도시 디자인의 바탕에는 철학이 있다. 철학은 '인간이 어
떻게 살아야하는가?'라는 질문을 던지는 학문이다. 욕망에 이끌리
는 인간이 어떻게 행위 해야 올바른 길을 찾을 수 있는지 숙고하게
하는 학문이다. 인간의 모든 행위에 있어서 '철학'적인 가치와 질문
은 빠질 수 없고 빠져서도 안 된다. 하지만 우리는 가장 근본이 되
는 철학을 잊을 때가 많다. 그렇기에 스마트시티라는 도시의 건설
에 있어서 많은 도시들이 가장 먼저 던져야 하는 철학적 질문을 놓
친 채, 자본주의적 이익과 기술을 향한 욕망을 먼저 떠올리고 좇아
가는 오류를 범하곤 한다. 여기에서 우리는 인간의 전형이라고 하
는 '파우스트'를 떠올릴 수 있다. 기술을 향한 욕망의 중력에 이끌리
는 인간의 모습이 괴테의 『파우스트』 주인공 '파우스트'와 맞닿는다.
주님과 악마 메피스토펠레스의 내기가 시작되는 '천상의 서곡'에서

---

20) https://projektzukunft.berlin.de/themen.html 〈검색일 2023. 01. 07〉

악마는 파우스트를 이렇게 묘사한다.

내면의 들끓음이 그를 먼 곳으로 몰아가는데,

그자도 자신의 미친 짓을 반쯤은 의식하고 있습니다.

하늘로부터는 가장 아름다운 별을,

땅으로부터는 모든 최상의 향락을 요구합니다.

그래서 가까운 것이나 먼 것 모두 깊숙이 격동하는 그의 가슴을 만족시

키지 못하지요.[21)]

그는 파우스트 자신도 미친 짓임을 알면서도 "내면의 들끓음"에 이끌려 자신을 "먼 곳으로" 몰아간다고 말한다. 스마트시티를 건설하는 현실에서의 인간 역시 기술 지상주의를 추구하며, 기술을 향한 욕망의 중력에 몸을 싣고 기술과 자본을 향해 내몰아간다. 파우스트는 "하늘로부터는 가장 아름다운 별을, 땅으로부터는 모든 최상의 향락을 요구"하는 인물이다. 그의 이상이 너무나 높기에 지상의 어떤 것도 인간의 내면을 오롯이 채워주지 못한다. 그렇기에 그는 현실의 삶에서는 만족할 수가 없다. 파우스트도 이러한 욕망의 들끓음을 미친 짓으로 인식하지만 그 힘의 세기를 조절하지 못하고 정처 없이 전진한다.

---

21) 괴테, 요한 볼프강 폰: 파우스트. 한 편의 비극1, 김수용(역), 책세상, 2012, 24-25쪽.

인간은 노력하는 한 방황하기 마련이다. 착한 인간은 비록 어두운 충동 속에서도 무엇이 올바른 길인지 잘 안다.[22]

그는 "한계 없는 욕망 추구와 무한대의 목적 실현을 본질로 하는 존재[23]"인 것이다. 그러나 주님의 말씀대로 "착한 인간은 어둠의 충동 속에서도" 자아의 깊은 본성 안에서 "무엇이 올바른 길인지" 성찰하며, "어둠" 안에서 밝은 빛을 찾아 나아간다. 그리고 이 일련의 과정이 바로 인간의 "방황"이며, "방황"의 동요 과정 안에서 인간은 또한 "노력"한다. 이 파우스트적인 현대인의 모습이 '스마트시티'를 건설하고자 하는 목적에 이르는 과정 속에서도 나타난다.

기술만능을 통한 기업의 이익과 자본가의 권력을 헤게모니로 움직이는 초기의 스마트시티의 부작용은 여러 스마트시티의 건설 과정에서도 나타났다.[24] 기술의 이용 범위를 넓히고, 기술의 완성도에 몰두한다고 하였지만 기술은 사회를 통합시키지는 못했다. 기술은 공동체의 필요에 맞게 만들어지고 적용되었을 때 비로소 그 가치를 갖는 것이다. 하지만 기술이 자본의 권력에 따라 움직였기에, 기술은 시민공동체에 스며들어 시민의 삶의 질을 향상시키기보다는

---

22) 앞의 책, 24쪽.

23) 신종락: 『파우스트』에 나타난 대립구도를 통한 인간 욕망 비판, 인문과학 76, 2020, 52쪽.

24) 앤서니 타운센드 Anthony Townsend, 로버트 홀랜즈 Robert Hollands 등은 기술 중심의 스마트시티에 대해 비판적으로 본다(Hollands 2008, 303). 특히 타운센드는 한국의 송도를 '빛바랜 기술적 성취'라며 비판적 예로 들고 있다. (타운센드 2019, 61)

일종의 수익형 모델로 전락했다.

베를린의 스마트시티 디자인은 파우스트적인 "노력"과 "방황"의 과정을 거치며 스마트시티의 열쇠를 '기술'이 아닌 '시민참여'로 전환했다. 2020년 시작한 '다시 시작하는 스마트시티'의 프로젝트명은 "베를린 살기 좋은 스마트[25]"이다. 시민들의 적극적인 참여를 바탕으로 시민이 직접 살기 좋은 현명한 도시를 건설하는 것이다. 이는 현재 전략적인 프레임워크를 형성하는 개념단계를 거쳐 시민들의 의견을 반영한 프로젝트 개발을 진행 중이다. 여기에서 핵심은 시민참여이다. 따라서 베를린은 시민참여를 활성화하기 위해 다양한 인종과 연령, 서로 다른 교육 수준, 이주경험의 유무 등 다양한 배경을 가진 시민들을 무작위로 뽑아서 디지털 베를린 시의회를 구성하였다. 그리고 일반 시민들이 직접 각각의 프로젝트에 아이디어를 제공할 수 있도록 온라인 플랫폼 "mein.berlin"을 구축하고 시민들이 자율적으로 의견을 나눌 수 있는 공간을 구성하였다. 베를린 스마트시티의 모토는 프로젝트명에서 말해주듯, "지능적이고 인도적인 디지털화를 통한 살기 좋은 스마트 도시[26]"를 만드는 것이다. 이때의 "스마트"는 '창의적'이고, '개방적'이며, '참여적'인 의미를 갖는다. 도시 개발과 디지털화에서 새로운 기술의 사용은 도시의 사회적 가치와 민주적 공동체를 강화하는 것에 기여한다.[27] 이제 '스마트'는 공동

---

25) BMI (2020): Modellprojekte Smart Cities 2020. p. 7.

26) 같은 곳.

27) https://mein.berlin.de/text/chapters/14715/?initialSlide=15 〈검색일 2023. 01. 07〉

의 이익과 공동체의 가치를 위해서 모두가 협력적으로 작업하면서 지속가능한 방식으로 도전 과제를 해결하는 동시에 탄력적인 방식으로 디지털 전환을 꾀하는 의미를 담고 있다. 따라서 도시 디지털화의 과정에는 '참여'와 '협력'이 중요하다. 그래서 시는 "함께하는 디지털: 베를린 Gemeinsam Digital: Berlin"이라는 이름을 내걸고 시민의 참여를 통한 도시의 디지털화를 실천한다.

"함께하는 디지털: 베를린"의 중심 무대에는 참여가 있다. 이는 도시 사회의 모든 그룹이 처음부터 전략 개발에 참여했음을 의미한다. 이들은 아이디어를 제공하고, 행정 기관과 함께 미래의 스마트 베를린을 향한 "전환 프로그램"을 마련했다. 도시의 시민들은 "함께하는 디지털: 베를린"의 구현에 적극적으로 참여한다. 이는 모든 사람의 참여가 있어야만 작동하는 오픈 러닝 프로세스이다. 그 결과 베를린 디지털 전략과 베를린 스마트 시티 전략의 합병으로 형성된 "함께하는 디지털: 베를린"이 탄생했다.[28]

베를린 스마트시티는 이제 시민 참여가 없이는 그 구동이 어려운 도시 운용 방법론을 도입했다. 도시를 구성하는 모든 주체가 도시 디자인에 참여하고 더 이상 "기술이 도시 개발을 주도"하지 않는 방향을 지향한다. 이로써 과거의 기술 중심적 스마트시티에서 벗어나

---

28) https://smart-city-berlin.de/smart-city-berlin/strategieprozess 〈검색일 2023. 01. 07〉

Ⅱ. 순환경제와 도시 리빙랩

새로운 개념의 시민참여형 공동 창조적 스마트시티를 위한 도전을 하며, 욕망이 들끓는 파우스트적 거래를 끝내기 위해 노력 중이다.

기술이 도시 개발을 주도해서는 안 되며, 디지털화는 공동선을 지향하는 방식으로 도시를 형성하는 데 도움이 되어야 한다.[29]

4. 시민참여형 "심포이에시스"적 도시디자인: 시티랩 베를린

공동선을 지향하는 디지털화를 통한 시민참여형 스마트시티 창조를 위해 베를린시는 2019년부터 시티랩 베를린을 운영하고 있다.[30] 시티랩은 시민참여의 구체적인 실현을 위한 방안으로 도시를 하나의 실험실로 본다. 이는 미래 도시를 위한 살아있는 '공공실험실'로 디지털 워크숍, 공동 작업, 토론회 등을 주최하여 여러 프로젝트에 다양한 사람들을 참여시키며 혁신을 일으키는 공간이다. 시티랩은 독일 연방정부, 시민사회, 스타트업 기업, 학계와 함께 보다 살기 좋은 도시를 만들기 위한 새로운 아이디어를 창출하기 위해 작업한다. 그리고 시티랩은 스마트시티 관련 주제에 대해 다양한 시민참가자들이 공공행정 및 전문가와 함께 논의하고 아이디어를 교환하며 문

---

29) 같은 곳.

30) 시티랩 베를린은 공공 행정기관은 아니지만 공공기금의 자금으로 운영되고 있다.

제의 해결책을 제안하는 중심장소가 된다.

시티랩 베를린의 원칙은 다음과 같다.

1. 시티랩은 공동선을 위해 일한다: 모든 프로젝트는 베를린시와 시민을 위한 공공의 이익이 중요하다.

2. 결코 기술 그 자체가 목적이 아니다. 기술은 삶의 가치가 있는 지속 가능한 도시를 만드는 수단이다.

3. 디지털 혁신을 사용하여 장벽을 허물고 새로운 방식으로 시민과 함께 일하는 것을 목표로 한다.

4. 혁신 프로세스의 개방성이 커뮤니티에 이로울 뿐만 아니라 더 나은 미래를 가져올 것이다.

5. 도시는 효율적이고 책임감 있게 디지털 혁신을 이루어야한다.

6. 디지털 혁신을 이루는 과정에서 최대한 다양한 사람들의 의견을 포함하며, 공동팀으로서 우리의 다양성에 자부심을 갖는다. [31]

---

31) https://citylab-berlin.org/de/about-us/ 〈검색일 2023. 01. 07〉

시민 중심의 스마트시티[32)]

　시티랩은 다양한 사회의 구성원이 살아가는 사회 안에서 베를린 시민을 위한 공공의 가치를 찾고, 공동선을 위해 일한다. 그리고 기술주도형 스마트시티를 지양하여, 기술을 중립적 가치를 지닌 수단으로 사용하고자 한다. 또한, 시티랩은 우리가 살아가는 도시의 디자인에 있어, '우리'인 시민 스스로가 자발적으로 참여할 수 있는 토대를 마련한다. 그리고 자발적인 참여를 위해 베를린 시민 누구나 언제든지 베를린 시에서 이루어지고 있는 리빙랩 프로젝트에 참여할 수 있도록 디지털 플랫폼을 구축하였다. 그리고 이로써 '함께 만들어가는', '함께 조성하는' 도시 공간 구상을 시도하고, 더 살기 좋

---

32) (좌) 시티랩 베를린에서 소통하는 시민들 https://gemeinsamdigital.berlin.de/de/ (우): 그림에는 사회적 약자인 아이, 노인, 이동이 자유롭지 않은 사람 등 사회적 약자가 저마다의 활동을 하고 있다. 이는 모든 시민을 위한 그리고 모든 시민에 의한 포용력 있는 스마트시티를 꿈꾸는 베를린의 모습을 상징적으로 보여준다. https://citylab-berlin.org/de/about-us/ 〈검색일 2023. 01. 07〉

은 사회를 만들기 위한 장을 열었다.

이점에서 시티랩 베를린은 "심포이에시스"적이다. 시티랩은 다양한 구성원 모두의 의견을 존중하며, 공동팀을 이루고 민주적 공동선을 추구하기 때문이다. "심포이에시스"라는 용어는 환경 연구를 하는 베스 뎀스터 Beth Dempster가 자신의 학위논문에서 "공간적, 시간적 경계가 없는 집단적으로 생산하는 시스템[33]"을 지칭한 말로 사용한 것이다. 그리고 이것을 페미니스트이자 과학연구자인 도나 해러웨이 Donna Haraway가 "메이킹-위드 making-with"라는 "함께-만들기"의 뜻으로 언급하며 알려졌다. 해러웨이는 저서『트러블과 함께하기 *Staying with the Trouble*』에서 세상에 그 자체만으로 홀로 자기조직화된 것은 없다고 주장하며 "심포이에시스"를 자세히 설명하고 있다. 그녀에 따르면 "심포이에시스"는 개체의 자기조직화를 부정한다. 모든 세상의 존재는 나와 타자-이분법적으로 구분하지도 구분되지도 않으며, 서로가 서로에 얽혀서 공생하고, 함께 세계를 만들어가기 때문이다. "심포이에시스"는 체계적 복잡성을 다양한 측면에서 보여준다. 그리고 자기조직화와 "심포이에시스"는 대립이 아닌 생성적 상호작용의 관계로 얽혀있는 것을 뜻한다. 또한, "심포이에시스"는 "홀로바이온트 Holobiont"로 "전체 존재", "안전하고 건전한 존재"이다. 이는 개체와는 달리 시간과 공간의 제약 없이 "심포이에시스"적 집합체를 이루고 모든 참여자가 다양한 종류의 관계에

---

[33] Haraway, Donna: Staying with the Trouble. Making Kin in the Chthulucene, Duke University Press, 2016, p. 33.

Ⅱ. 순환경제와 도시 리빙랩

서, 서로 다른 "홀로바이온트"와의 개방적인 조합을 통해서 서로에 대한 공생체가 된다. 그러나 이때 "심포이에시스"는 "상호 이익"을 의미하는 것은 아니다. 서로 다른 개체가 경쟁의 관계에서 서로 협상을 통해 서로의 이익을 찾아가는 것이 아니라는 것이다. 해러웨이는 이를 생물학자 린 마굴리스 Lynn Margulis의 이론을 통해 설명한다. 마굴리스는 새로운 종류의 세포, 조직, 기관 및 종(種)은 "낯선 자의 지속되는 친밀감 the intimacy of strangers"을 통해 진화한다고 한다. 세균과 박테리아가 지속적인 방식으로 서로 융합하여 현대의 복잡한 세포로 진화하였듯이, "생물체들이 서로 끊임없이 마찰하고 반응하고 함께 만들며 복잡한 시스템"을 형성한다. 그리고 이 "심포이에시스"적 활동은 세계를 복잡하게 엮고, 확장시킨다. [34] 『트러블과 함께 하기』 제3장에서 해러웨이는 "심포이에시스" 활동으로 마다가스카르의 "아코 Ako 프로젝트[35]"를 소개했다. 이 프로젝트는 마다가스카르의 특별한 생물 다양성에 대한 내용을 책으로 엮어서 열악한 교육 환경에 있는 지역 주민들에게 멸종위기에 놓인 여우원숭이와 숲의 보존 문제를 알리고 교사 지원 프로그램을 진행하여 교사 가이드라인을 만들어냈다. 그리고 그 결과 마다가스카르 출신의 차세대 영장류 연구자들까지 양성하는 결과를 가져왔다. 서로 다른 "낯선 자들의 지속되는 친밀감"이, 다시 말하면 다양한 분야의 다양한 배경을 가진 사람들이 서로 지속적으로 협력하면, 지

---

34) 앞의 책, pp. 58-61.

35) 앞의 책, pp. 81-86.

역 사회의 문제 해결을 위한 대안을 마련할 수 있고, "보다 살기 좋은 세계를 위한 심포이에시스에서 생각하고 만들도록 서로를 유인"한다.[36]

이처럼 해러웨이가 주장하는 "심포이에시스"는 "아코 프로젝트"에서처럼 시티랩 베를린의 운영 과정에서도 중요한 열쇠이다. 시티랩에서 실행하는 프로젝트들은 행정가, 연구자, 기업, 정부 조직 같은 프로젝트 전문가와 더불어 베를린 시의 시민 모두가 함께 협력하는 형태로, 각각의 톱니바퀴가 모두 맞아 돌아가야만 진행이 가능하다. "함께하기"를 실천함으로서 새로운 것을 창조하는 것이다. 그리고 이 창조의 과정에서 "낯선 자들의 친밀감"이라는 다양한 도시 이해관계자들의 만남과 소통의 얽힘이 진화의 원동력이 된다. 톱니바퀴 전체에서 톱니 하나가 빠진다면 태엽이 돌아가지 못하듯, 프로젝트에서 다양한 낯선 존재들이 함께 문제를 마주하며, "트러블과 함께하기"를 했을 때, 프로젝트는 단계별로 진화할 수 있다.

시티랩의 대표적인 "심포이에시스"적 시민참여 프로젝트는 가로수 물주기 프로젝트인 "기스 덴 키쯔 Gieß den Kiez"이다. 이 프로젝트로 베를린 거리의 가로수에 시민들이 직접 효율적으로 물을 주는 플랫폼이 등장했다. 이는 오픈 소스 데이터를 활용해 베를린 시의 801,195 그루 나무의 종류, 나이, 관개수량 등 정보를 제시하는 지도를 만들고 가뭄으로 고사하는 나무에 시민들이 직접 물을 주고

---

36) 앞의 책, p. 98.

공급한 물의 양을 표기하는 시스템이다.

이 플랫폼에 접속하면, 누구나 어떤 나무에 얼마만큼의 물이 필요한지 살펴볼 수 있다. 그리고 한 나무에 정기적으로 물을 주고 싶다면, 그 나무를 입양할 수도 있다. [37] 이를 통해 멸종 위기의 나무와 고사하는 나무를 살리고 보호하며 시민들 스스로 도시의 자연을 가꾸는 결과를 가져왔다.

가로수 물주기 프로젝트[38]

또 다른 사례는 "픽스마이베를린 FixMyBerlin" 사업이다. 이는 베를린시, 기업 및 시민이 함께 자전거 도로 설계 및 건설을 위한 디지털툴을 개발하는 사업으로, 이 프로젝트의 목표는 베를린시와 시민이 대화와 소통을 통해서 데이터를 수집하여 자전거 관련 인프라

37) https://citylab-berlin.org/de/projects/giess-den-kiez ⟨검색일 2023. 01. 07⟩

38) (좌) 필자 촬영본, (우) https://citylab-berlin.org/de/projects/giess-den-kiez ⟨검색일 2023. 01. 07⟩

를 건설하는 것이다. 현재 시의 자전거 교통 계획을 디지털 지도에 표시하고 시민에게 공개하여 자전거를 직접 이용하는 시민들의 의견을 모은다. 그리고 시민이 제시한 의견은 시의 담당부처에서 그 타당성을 검토하고, 전문가들과 함께 협력하여 자전거 인프라 건설을 위한 계획과 안전성을 논의한다. 또한, 픽스마이베를린이 주관하는 모임인 '데이타 사이클 미트업 Data Cycle MeetUp'이 시티랩에서 정기적으로 개최된다. 이를 통해 시민을 중심으로 하는 모든 사업의 이해관계자들은 프로젝트에 참여하여 아이디어를 제공하고, 함께 설계 및 적용하는 기회를 얻는다.[39) 이는 시민들이 건설적으로 그리고 주체적으로 도시 디자인에 참여하는 것이다. 예를 들면, 자전거를 이용하는 시민이 한 지역에 자전거 거치대가 부족하다고 생각하면 앱을 통해서 어느 지역에 몇 개의 자전거 거치대가 설치되면 좋을지 의견을 제시한다. 그리고 이 의견을 바탕으로 시는 타당성을 검토하여 필요한 수의 거치대를 설치한다. 이렇게 현재 베를린 시 전역에 100,000개 이상의 자전거 거치대가 설치되었다.

또한, 이 사업으로 기존 자동차도로에 폭 2m의 자전거 도로 약 100km가 추가로 건설되었고, 자전거 도로를 주변도로와 연결하는 작업을 진행 중이다. 그리고 현재까지 약 99퍼센트의 자전거 도로 이용자가 자전거 이동시, 도로 건설 이전보다 안전하다고 느끼고 있고, 자동차 운전자 역시 97퍼센트가 도로 운행시 과거보다 더욱 안

---

39) https://citylab-berlin.org/de/projects/digitale-tools-fuer-radwegeplanung/ 〈검색일 2023. 01. 07〉

어디에 자전거 거치대가 필요합니까? → 지도 위에 위치 표시 →
대략 몇 개의 거치대가 필요합니까? → 지도 위에 위치와 필요 거치대 수량 표기

전해졌다고 인식했다.[40] 이 작업에서도 시민들의 아이디어와 의견
은 중요한 설계 자료가 됐다. 시민 기획자들이 디지털 플랫폼인 오
픈소스 지도에 지역 사회의 자전거 인프라 현황을 직접 제시하고 이
를 통해서 행정이 실사를 진행하여 타당성을 검토하며 실제 사업 실
현 가능성을 건설업체 및 관련 전문가들과 상의하여 실행에 옮기는
프로세스는 행정 비용을 절감하는 효과까지 가져왔다. 게다가 탄소
중립을 선언하고 기후보호라는 전지구적 도시 문제 해결에 있어서
자전거는 친환경 교통수단으로 중요한 역할을 한다. 이에 시티랩에
서는 시민과의 디지털 협업을 통해 기후보호에 앞장서고 더욱 민주
적인 시민사회를 선도하고 있다.[41]

---

40) https://radwege-check.de/auswertung/〈검색일 2023. 01. 07〉

41) 픽스마이베를린 관련 내용과 아래 앱사진: 2022년 5월 31일 시티랩베를린에서 진행
된 하이코 린텔렌 Heiko Rintelen의 발표「자전거 타기 좋은 베를린 만들기 Making

픽스마이베를린과 가로수 물주기 프로젝트에서 시민들의 창의적
인 아이디어와 비판적인 의견은 시의 오픈소스데이터 기반 플랫폼
구축으로 이어졌다. 이는 실제 도시 문제의 해결에 있어서 기본 토
대가 되었고, 프로젝트의 실행에 있어서 기업의 기술 또한 사회 문
제를 효율적으로 해결하는 수단이 되었다. "심포이에시스"적 공생
이 베를린을 "살기 좋은 스마트"한 도시로 한층 더 진화시킨 것이
다. 이렇듯 다양한 종으로 대변되는 참가자들이 "공생적 얽힘, 생태
적, 진화적, 발달적, 세속적 세계화[42]" 안에서 함께 연결되어 함께
창작하는 "함께-만들기"를 할 때, 도시의 문제는 민주적으로 해결
되고, 도시는 위기를 극복할 회복탄력성을 획득할 수 있다.

5. 공동창조적 스마트시티를 향하여

루이스 멈퍼드는 1961년 집필한 『역사 속의 도시』에서 "오늘날은
갈수록 자동화되는 생산 과정과 도시 팽창이 인간의 목적을 뒤바꾸
고 있는 시대다.[43]"라고 했다. 그는 "지역, 문화, 인격의 다양성과
개별성을 최고 수준으로 발달시키는" 것은 "인간 개성의 기계적 파

Berlin a more bikeable』와 현장 면담 조사 자료.

42) 앞의 책, p. 98.

43) 멈퍼드, 루이스: 역사 속의 도시 II, 김영기(역), 지식을만드는지식, 2016, 1210쪽.

II. 순환경제와 도시 리빙랩

멸로 나아가"는 힘에 밀려 "2차적인 목적"이 되었다고 지적했다.[44] 60여 년이 지난 오늘날에도 당시의 오늘날과 크게 달라지진 않았다. 인간의 정신적 가치보다는 물질적으로 눈에 보이는 기술적 발전이 더욱 앞서 나아가려는 점에서 말이다.

기술로 도시를 팽창시키고자하는 인간의 욕망은 앞서 언급한 200여 년 전에 쓰여진 괴테의 『파우스트』에서도 나타난다. 파우스트는 '근심'의 저주로 눈이 먼 상태에서도 인류에게 "자유롭게 살 수 있는 땅"을 선사하는, 자신이 마지막으로 "이룰 수 있는 최고의 업적"을 완결하기 위해 수단과 방법을 가리지 않고 땅을 개간한다.[45]

> 인부를 더 많이 긁어모아라.
>
> 쾌락으로 달래고 엄하게 벌을 주며,
>
> 돈을 뿌리고, 달래고, 쥐어짜기도 해라!
>
> 지금 공사 중인 수로가 얼마나 길어졌는지
>
> 나는 날마다 보고를 듣고 싶다.
>
> ……
>
> 내가 받은 보고에 의하면
>
> 수로가 아니라 무덤을 판답디다.
>
> ……

---

44) 같은 곳.

45) 괴테, 요한 볼프강 폰: 파우스트. 한 편의 비극2, 김수용 (역), 책세상, 2012, 740-741쪽.

나는 수백만의 사람들에게 살 곳을 마련해주는 것이니,

비록 안전치는 않으나 행동하며-자유롭게 살 수 있는 땅을.

들은 푸르고 비옥하니, 사람과 가축이

곧 안락하게 이 새로운 땅에,

……

자유로운 땅에서 자유로운 사람들과 함께 있고 싶도다.[46]

"쾌락으로 달래고 엄하게 벌을 주며, 돈을 뿌리고, 달래고, 쥐어 짜기도 해"서 "인부를 더 많이 긁어모"으지만, 사실 이 "땅"의 미래 는 그가 알고 있는 것과는 다르다. 이곳은 "수백만의 사람들에게 살 곳을 마련해주는" 곳도 아니고, "자유로운 땅"도 아니며, "푸르고 비 옥한" "안락"한 땅이 아니다. 악마 메피스토펠레스에 의하면 그 땅 은 "수로"가 아니라 파우스트의 "무덤"이다. 천국의 땅이 될 것이라 고 여겼던 파우스트의 이상은 사실상 허상이었고, 자신의 무덤인지 도 모르고 파고 있는 어리석은 인간은 오로지 목적에만 눈이 먼 장 님이다.

"수로가 얼마나 길어졌는지" "날마다 보고를 듣고 싶"은 파우스트 적 인간은 오늘날 기술 중심의 스마트시티 건설에서 보이는 전형적 인 인간상이다. 스마트시티 건설에서 기술을 중시하는 많은 이들은 수량적으로 계측하는 것에 익숙하고, 그 계측을 증가시키고자 한

---

46) 같은 곳.

II. 순환경제와 도시 리빙랩

다. 그리고 첨단의 기술로 도시의 기반을 마련하고 운용하려는 모습을 보인다. 욕망을 좇으며 악마에게 영혼을 팔아버리는 파우스트의 거래 양상은 현재에도 우리의 스마트시티 건설에 도사리고 있다. 그러나 세상에는 기술의 힘의 뒤편에서 기술의 반작용으로 "의사소통과 협동을 통해 자극되고 발생한 공동 목적[47]"을 향해 당기는 새로운 힘 또한 존재한다. 이 새로운 힘은 시민의 협력적, 공동창조적 참여의 힘이다. 이 힘은 기업과 정부가 주도하는 기술 중심의 도시 개발에서 벗어나 기술의 진보보다는 자연과 인간의 지속가능한 공존을 위한 "심포이에시스"적 도시 진화를 일으킬 것이다. 그리고 이 힘은 우리의 도시를 문화적 인간 존재의 본성을 되찾고 인간의 정신과 육체를 자유롭게 살아갈 수 있게 하는 도시, 다양한 연령과 계층이 함께 어울어져 살아가는 공간으로 사회적 약자, 소외된 계층을 모두 포용하여 다채로운 삶의 방식을 인정하는 도시로 나아가게 할 것이다. 이는 해러웨이의 "함께하기", "함께–만들기"와도 통한다. 모든 다양한 참여자들(특히 시민참여)과 "트러블과 함께하기"를 실천하며, 서로 소통하고 협력하여 도시의 문제를 발굴하고 "심포이에시스"적 공동창조적인 시민참여 문화화를 이루는 일은 스마트시티 진화에 있어서 새로운 르네상스를 일으킬 것이다.

---

47) 멈퍼드, 루이스: 역사 속의 도시 Ⅱ, 김영기(역), 지식을만드는지식, 2016, 1207쪽.

에너지 전환 시대
도시의 미래

순환경제를 위한 에너지와 디지털의 결합

이호근

1. 서론

미래학자 제러미 리프킨은 그의 저서 『3차 산업혁명』[1]에서 21세기는 재생에너지와 디지털의 시대가 될 것으로 전망했다. 역사상 위대한 경제적 변혁은 새로운 커뮤니케이션 기술이 신(新)에너지 체계와 만날 때 일어났다. 이때 커뮤니케이션 기술은 경제적 유기체를 감독하고 조정하는 중추신경계 역할을 하였고, 새로운 에너지는 경제가 살아서 성장하도록 자연의 산물을 재화와 용역으로 전환하는 데 필요한 자양분을 공급하는 혈액역할을 했다. 18세기 제1차 산업혁명기에는 인쇄물이라는 매개체가 석탄이라는 화석연료를 사용하

---

1) 『3차 산업혁명 (The Third Industrial Revolution)』, 제러미 리프킨 (안진환 역), 민음사, 2012.

는 증기기관을 관리하는 주요 커뮤니케이션 도구의 역할을 담당했다. 20세기 초반 전기를 사용하는 새로운 커뮤니케이션 기술(전화, TV, 라디오)의 등장은 석유라는 화석연료를 사용하는 내연기관과 만나 제2차 산업혁명을 일으켰다. 그리고 21세기에 들어와 인터넷으로 대표되는 디지털 커뮤니케이션 기술이 신재생에너지들과 결합하면서 제3차 산업혁명을 일으키고 있는 것이다.

20세기 제2차 산업혁명 시대의 에너지원은 화석연료였다. 화석연료에 의존하는 생산활동이 급격히 늘어나면서 땅속의 고체(석탄), 액체(석유), 기체(천연가스) 형태로 갇혀 있던 대량의 탄소물질이 유출되었다. 자동차연료와 난방수단, 전기발전과 산업생산을 위한 재료로 화석연료가 사용되면서 대기 중 이산화탄소의 비중이 빠르게 증가했다. 현재 지구의 대기 속에 존재하는 이산화탄소의 대부분은 산업혁명 이후 땅속의 화석연료로부터 유출된 것이다. 이렇게 늘어난 이산화탄소가 온실효과를 일으키며 기온을 상승시키는 지구 온난화 문제를 야기하고 있다.

지구온난화 문제를 해결하기 위해서는 화석연료를 사용하는 전력생산을 태양광이나 풍력발전과 같은 재생에너지로 대체하는 에너지 혁명(Energy Revolution)이 필요하다. 화력발전이나 원자력발전을 사용하는 기존의 전력생산은 중앙집중형 에너지 관리시스템인 반면, 태양광과 풍력과 같은 재생에너지원들은 분산화된 소규모 전원들이다. 뿐만 아니라 재생에너지는 가정이나 공장과 같은 전력소비자들을 자가설비로 전력을 생산하는 프로슈머(Prosumer)로 전환시키는 역할을 한다. 전력시스템에서 가장 중요한 것은 안정성과 경제성이다. 태양광이나 풍력발전은 자연환경에 따라 에너지 생산이 변하는 변동성으로 인해 전력망의 안정성을 해칠 위험이 크다. 전력망 안정성의 저해는 곧바로 대규모 정전으로 연결된다. 소규모로 분산화된 다수의 발전원을 사용하는 새로운 에너지 시스템은 규모의 경제를 최대화하는 기존의 중앙집중형 전력망에 비해 경제성이 떨어질 가능성도 높다. 소수의 대형 중앙집중형 발전소가 다수의 소규모 분산전원으로 대체되므로, 규모의 경제를 잃게 되기 때문이다. 새로운 전력시스템의 경제성 제고를 위해서는 소규모 발전원들이 쌍방향 커뮤니케이션을 통해 전력을 상호 거래하는 스마트한 인프라와 함께 복잡한 시장 메커니즘을 필요로 한다. 기존의 화석연료를 재생에너지로 전환할 경우 전력망의 안정성과 경제성 문제를 해결해야 하는데, 이를 위해서는 인공지능, 사물인터넷, 그리고 빅데이터와 같은 디지털 기술을 활용하는 것이 필수적이다. 재생에너지라는 새로운 에너지가 디지털 기술과 만나야 하는 이유다.

본고는 탄소중립을 위해 기존의 화석연료를 대체할 재생에너지를 관리하고 운영하기 위해 디지털 기술을 활용해야 하는 이유와 방법을 제시한다. 제2장에서 지구온난화가 가져올 기후재앙과 온실효과에 대해 살펴본 후, 제3장에서 탄소중립을 위한 에너지 혁명과, 태양광 및 풍력과 같은 재생에너지 시스템이 가져올 문제점을 분석한다. 제4장에서는 디지털 기술의 사용이 가져올 분권화(Decentralization)와, 디지털 플랫폼이 양산하는 프로슈머의 사례를 통해, 분산화되고 프로슈머화되는 전력망의 운영과 관리를 위해 디지털 기술이 필요함을 강조한다. 제5장에서는 새로운 에너지(재생에너지)와 디지털 기술이 만나는 '스마트그리드'에 대해 구체적으로 살펴본다.

2. 지구온난화와 탄소중립

2021년 노벨물리학상은 1975년 미국 기상학회지에 기념비적인 논문을 발표한 슈쿠로 마나베(Syukuro Manabe) 박사가 수상했다. 정통 기상학을 전공한 학자가 노벨물리학상을 받은 것은 노벨상이 제정된 지 120년 만에 처음 있는 일이었다. 슈쿠로 박사는 3차원 기후모형을 이용해 최초로 지구 온난화 현상을 예측한 공로를 인정받았다. 기후모형은 대기와 해양의 물리과정을 표현한 일종의 컴퓨터 프로그램이다. 기후모형을 사용한 시뮬레이션 결과는 대기 중 이산화탄소가 두 배로 증가하면 지표부터 대류권 전반에 걸쳐 기온이 상승하고, 북극은 빠르게 따뜻해진다는 사실을 보여주었다. 3차원 기후모형은 놀랍게도 지난 50년간 지구의 기후변화를 그대로 대변하고 있다. 이산화탄소가 지구온난화를 가져올 수 있음을 경고한 최초의 연구결과였다.

지구온난화로 기상이변이 '뉴 노멀(New Normal)'이 되어버린 지역이 지구상에서 지속적으로 늘어나고 있다. 과거에는 거의 불가능했거나 100년에 한번 일어날까 말까 하는 폭염이 이제는 거의 매년 발생할 정도로 빈번해지고 있다. 기록적인 폭염이 일반화되면서 폭염도 태풍이나 허리케인처럼 기후재난으로 취급해 미리 예보하는 나라와 도시가 늘어나고 있다. 만성화된 폭염은 반드시 산불을 동반한다. 폭염으로 기온이 오르면 토양수분이 더 많이 증발하고, 상대적으로 습도가 낮아지면서 나무들이 바짝 말라 산불위험이 커지기 때문이다. 유엔환경계획(UNEP)[2]은 '2022 프론티어 보고서'에서 지난 15년간 전 세계적으로 남한 면적의 42배에 해당하는 숲이 산불로 소실되었다고 밝히면서, 앞으로 폭염 때문에 이전에는 산불이 발생하지 않던 지역에서도 강렬한 산불이 빈번하게 발생할 것이라고 경고했다.

지구촌의 이상기온은 폭염과 산불에만 국한되지 않는다. 한쪽에서는 극심한 가뭄에 시달리는데, 다른 쪽에서는 엄청난 홍수피해를 입는 경우가 다반사로 일어나고 있다. 뜨거운 공기는 더 많은 수분을 머금을 수 있고, 따뜻해질수록 더 갈증을 느껴 땅에서 더 많은 물을 필요로 한다. 즉 토양의 수분이 감소하면서 가뭄의 위험이 점점 커지는 것이다. 인위적으로 상승한 기온은 태풍도 훨씬 파괴적으로 만든다. 지구온난화로 해수면의 온도가 올라가면 따뜻한 바다에서 증발하는 수증기가 늘어나고 이것이 상공의 찬 공기와 만나 응결하는 과정에서 방출하는 에너지가 태풍의 에너지원이다. 해수면 온도 상승으로 초속 50미터 이상의 강풍을 동반하는 초강력 태풍이 점점 늘어나는 이유가 여기에 있다.

지구온난화의 또 다른 영향은 해수면 상승이다. 해수면이 상승하

---

2) 유엔환경계획(UNEP, United Nations Environment Program)은 유엔이 환경분야에 대한 국제적인 협력을 도모하기 위해 1972년에 설립한 기구로 유네프(UNEP)라고 부른다.

는 이유는 북극의 빙하가 녹고 바닷물 온도가 높아져 팽창하기 때문이다. 넓은 바다의 수면이 몇 십 센티미터 정도 상승하는 것이 그리 위협적으로 보이지 않을 수 있다. 하지만 해수면 상승이 조수간만의 차이, 해일이나 태풍과 겹치면 해수면이 최대 10미터까지 상승해 해안지역의 주민들은 삶의 터전을 버리고 이주해야 한다. 2020년 네이처 저널에 게재된 연구[3]에 따르면 해수면 상승으로 2060년에 인구 1,000만 명 이상이 이주해야 하는 나라가 6개나 된다. 중국의 경우 2060년에 대한민국 전체 인구의 두 배에 가까운 1억 명이 넘는 해안가 주민이 해수면 상승의 직격탄을 맞아 집을 옮겨야 하는 운명에 처하게 된다. 해수면 상승은 세계에서 가장 가난한 사람들에게 더 심각한 위협이 된다. 최근 빠른 경제발전을 이루고 있는 방글라데시가 대표적인 예다. 수백 킬로미터에 달하는 방글라데시의 해안선은 뱅골만에 인접해 있으며, 국토의 대부분은 홍수에 취약한 저지대 삼각주에 위치해 있다. 폭풍 해일과 홍수 때문에 매년 20~30퍼센트의 국토가 침수되고 농작물과 집이 물에 잠겨 수많은 사람이 목숨을 잃고 있는 방글라데시에게 해수면 상승은 엄청나게 심각한 위협이 될 수밖에 없다.

지구촌에서 발생하고 있는 이러한 기상이변은 기후변화 탓이다.

---

3) 네이처에 게재된 논문 '해수면 상승과 인간 이주(Sea-level Rise and Human Migration)'에 나오는 분석결과다. 이 논문에 따르면 2060년에 해수면 상승으로 인구 1,000만 명 이상이 이주해야 하는 국가는 중국(1억 300만 명), 인도(6,300만 명), 베트남(5,000만 명), 이집트(2,000만 명), 인도네시아(1,400만 명), 그리고 방글라데시(1,200만 명)다.

지구의 평균온도가 상승하면서 국지적으로 온도 차이가 더 벌어져 극단적인 날씨 패턴이 나타나고 있는 것이다. '기후변화에 관한 정부간 협의체'[4](이하 IPCC라고 함)는 2021년에 발표한 제6차 보고서[5]에서 산업혁명 이전에 비해 지구의 평균온도가 이미 섭씨 1.1도 상승했다고 발표했다. 일반인은 섭씨 1도 정도 상승한 것을 두고 너무 민감하게 반응하는 게 아닌가 생각할지도 모른다. 하지만 기후학에서 평균 1~2도의 기온변화는 엄청난 결과를 수반할 수 있는 심각한 문제다. 가장 최근의 빙하기 때 지구온도는 지금보다 겨우 섭씨 6도 낮았을 뿐이지만 얼음이 모든 것을 삼켜버렸다. 공룡이 지구를 지배하던 시절 지구의 평균온도는 지금보다 섭씨 4도 높았을 뿐인데, 이 당시 북극권 북쪽에는 악어가 살 정도로 따뜻했다. 최근의 지구 온난화로 인한 기상이변은 산업화 이전보다 평균 1도 정도 상승하면서 나타나는 현상들이다.

지구온난화는 온실효과(Greenhouse Effects) 때문에 지구의 평균기온이 상승해서 일어나는 현상이다. 온실효과는 태양의 열이 지구로 들어와서 나가지 못하고 갇히는 현상을 뜻한다(그림 1 참조). 태양에

---

4) '기후변화에 관한 정부간 협의체(IPCC, International Panel on Climate Change)'는 기후변화의 과학적 규명을 위해 세계기상기구(WMO)와 유엔환경계획(UNEP)이 1988년 공동 설립한 국제협의체다. 기후변화에 관한 가장 포괄적인 최신 정보를 제공한다. IPCC 보고서는 1990년에 처음 나온 후 5~7년 간격을 두고 발간되고 있으며, 기후변화 관련 표준 참고자료로 각국 정부의 기후변화 정책 수립에 과학적 근거로 사용된다. 제6차 IPCC 보고서는 2021년 8월에 발표되었다.

5) 제6차보고서에서 IPCC는 2003년부터 2012년까지의 지구기온은 산업화 이전대비 0.78도 상승에 그쳤지만, 2011년에서 2020년 사이 지구기온은 1.1도 상승했다고 밝혔다.

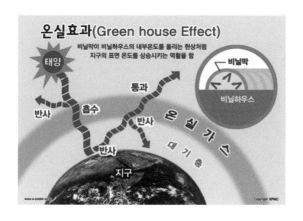

〈그림 1〉 지구온난화를 야기하는 온실효과 (출처: KPMC)

서 방출된 빛 에너지가 지구 대기층에 도달하면 약 50퍼센트 정도
는 대기에 반사되어 우주로 빠져나간다. 대기층을 통과한 나머지
50퍼센트의 빛 에너지는 지표면에 도달한 후 흡수되거나 반사되어
지구 밖으로 방출된다. 이 과정에서 온실가스(Greenhouse Gas)라 불
리는 기체들이 지구를 싸고 있다가 지표면에서 반사되어 방출되는
열에너지들이 우주 밖으로 나가지 못하도록 가두어 둠으로써 지구를
따뜻하게 유지하는 것이 온실효과다. 햇빛이 잘 드는 곳에 차를 주차
해 본 사람은 이미 작은 규모의 온실효과를 경험한 셈이다. 자동차 앞
유리가 햇빛을 받아들이고 자동차 내부에 열을 가둔다. 그래서 자동
차 내부의 온도가 외부의 온도보다 훨씬 뜨거워지는 것과 유사하다.

　20세기에 들어와 인류는 석탄, 석유 등 화석 연료를 활용한 산업
혁명기를 거쳐 오늘의 번영을 이루었다. 문제는 현재 인류가 누리

고 있는 번영의 이면에 막대한 화석연료와 도시화, 토지개발 등에 따른 산림파괴가 자리 잡고 있으며, 그로 인해 지구온난화라는 기후위기가 진행되고 있다는 것이다. 화석연료에 의존하는 생산활동이 급격히 늘어나면서 땅속의 고체(석탄), 액체(석유), 기체(천연가스) 형태로 갇혀 있던 대량의 탄소물질이 유출되었다. 자동차연료와 난방수단, 전기발전과 산업생산을 위한 재료로 화석연료가 사용되면서 대기 중 이산화탄소의 비중이 급격하게 늘어났다. 이렇게 늘어난 이산화탄소가 온실효과를 일으키며 지구 기온을 상승시켰다.

지구온난화를 초래하는 온실가스의 종류에는 여섯 가지 기체[6]가 있다. 이 가운데 이산화탄소가 규제대상 온실가스의 89퍼센트를 차지하고 있어, 지구온난화를 방지하기 위한 정책은 주로 이산화탄소의 감축에 초점을 맞추고 있다. 탄소중립은 탄소제로(Carbon Zero), 또는 넷 제로(Net Zero)라고도 하는데, 인간활동에 의한 이산화탄소 배출량을 최대한 줄이고, 이미 발생한 이산화탄소는 산림 등으로 흡수하거나 포집해[7] 실질적인 이산화탄소 배출량을 제로(Zero)로 만든다는 의미다. 즉, 최종적으로 배출하는 양과 흡수하는 이산화탄소 양을 같게 해서 대기 중에 탄소의 비중이 늘어나지 않게 하는 것

---

6) 1997년에 채택된 교토의정서에서는 6대 온실가스로 이산화탄소(CO_2), 메탄(CH_4), 아산화질소(N_2O), 수소불화탄소(HFCs), 과불화탄소(PFCs), 육불화황(SF_6)을 지정하고 이들 가스를 규제대상으로 결정했다. 이 가운데 이산화탄소의 양이 가장 많아 지구온난화에 가장 큰 위협이 되고 있다.

7) 공기 중에 배출된 이산화탄소를 포집해서 응용하는 기술을 CCUS(Carbon Capture Utilization and Storage)라고 한다.

이 탄소중립이다. 반면에 온실가스중립은 이산화탄소를 포함한 6대 온실가스의 모든 배출량을 제로로 한다는 의미로 기후중립(Climate Neutral)이라고 한다. 따라서 온실가스중립이 탄소중립보다 더 실현하기 어려운 목표인 셈이다.

3. 에너지 혁명(Energy Revolution)

우리에게 재앙을 가져올 지구온난화 현상을 극복하기 위해 무엇을 해야 할까? 당연히 온실가스를 줄이는 것이 정답이다. 〈그림 2〉는 1970년부터 최근까지의 전 세계 탄소배출량 추이와 함께 IPCC가 요구하는 탄소 배출량의 감축경로 시나리오를 보여주고 있다. 2020년 기준으로 이산화탄소 배출총량은 370억 톤인데, IPCC는 2050년까지 순 배출량을 제로(net-Zero)로 만들기 위해 2010년 대비 탄소배출량을 2030년까지 최소한 45퍼센트 이상 감축해야 하며, 이후 2031년부터 20년간 나머지 55퍼센트를 추가로 감축해야 한다고 분석하고 있다.

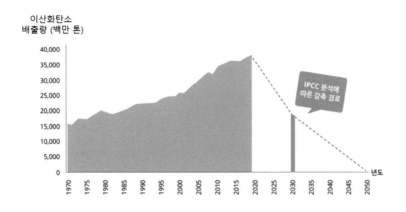

이산화탄소
배출량 (백만 톤)

〈그림 2〉 전 세계 탄소 배출량 추이와 IPCC 감축경로 (출처: IPCC)[8]

온실가스 배출을 줄이기 위해서는 먼저 어떤 분야에서 어느 정도의 온실가스가 배출되고 있는지를 이해해야 한다. 온실가스의 주요 배출원을 알면, 어떠한 방법이 이들의 배출을 줄이거나 제거하는 데 가장 효율적인지를 파악할 수 있기 때문이다. 여기서는 분야별 온실가스 배출원에 대한 분석자료로 빌 게이츠(Bill Gates)가 최근 출간한 『기후재앙을 피하는 법』[9]에 나오는 내용을 참고했다. 마이크로소프트를 창업해 한때 세상에서 가장 부유한 사람으로 기록되었던 빌 게이츠는 1996년부터 '게이츠 재단'을 설립해 그의 아내였던 멜

---

8) IPCC는 2018년에 발표한 '지구온난화 1.5도 특별보고서'에서 2030년까지 이산화탄소 배출을 현재의 45퍼센트까지 감축하고, 2050년에는 넷제로를 달성해야만 지구 평균기온 상승을 1.5도로 유지할 수 있다고 발표했다.

9) 『기후재앙을 피하는 법』 빌 게이츠(김민주, 이엽 역), 김영사, 2021년.

III. 에너지 전환 시대 도시의 미래

린다(Melinda Gates)와 함께 세계 공중보건과 미국의 교육문제 등을 위한 자선사업을 수행해 왔다. 그러다 우연한 기회에 온실가스가 기후재앙을 불러올 수 있음을 인식한 이후부터 스스로 많은 공부와 연구를 수행했고 수많은 전문가도 만났다. 그 결과 자신이 지구온난화 문제해결을 위한 전문가가 되었고, 그가 생각하는 과학적인 해결방안을 책으로 정리해 출간했다.

빌 게이츠는 영역별로 온실가스 배출원을 분석하기 위해 '이산화탄소 환산톤(Carbon Dioxide Equivalents)'이라는 개념을 사용했다. 앞에서 이미 언급한 것처럼 온실가스는 이산화탄소를 포함한 6개 가스로 이루어져 있다. 이 가운데 이산화탄소가 지구온난화에 가장 큰 영향을 미치지만 지구온난화 문제해결을 위해서는 이산화탄소뿐 아니라 다른 온실가스도 함께 감축해야 한다. 문제는 이들 온실가스는 배출된 이후 대기권에 머무르는 시간뿐 아니라 지구온난화에 미치는 영향이 모두 다르다. 예를 들어 메탄은 대기권에 진입하는 순간 이산화탄소보다 120배나 더 심한 온난화를 초래하지만 이산화탄소만큼 대기에 오래 머물지 않는다. 어떤 가스는 더 많은 열을 가두지만 대기권에 머무는 시간이 짧다는 이 같은 사실을 고려해 '이산화탄소 환산톤'이라는 개념을 사용한 것이다. 이 개념을 사용해 2020년 기준 연간 온실가스 배출량을 계산하면 510억 톤이 된다. 〈그림 2〉에서 IPCC가 제시한 370억 톤은 이산화탄소만 고려한 배출량이다. 따라서 이산화탄소를 제외한 나머지 5개 온실가스가 이산화탄소 140억 톤 분량만큼 배출된다고 가정하면 된다.

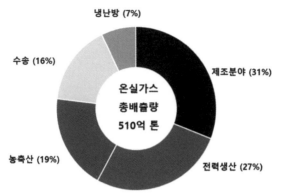

냉난방 (7%)

수송 (16%)

제조분야 (31%)

온실가스
총배출량
510억 톤

농축산 (19%)

전력생산 (27%)

■ 제조분야 (철강, 석유화학, 시멘트 등)　　■ 전력생산분야 (화력발전, 열병합 발전 등)
■ 농축산 분야 (가축사육, 비료사용 등)　　■ 수송분야 (자동차, 선박, 비행기 등)
■ 냉난방분야 (가정, 사무실, 빌딩 등 냉난방)

출처: 빌 게이츠

〈그림 3〉 분야별 온실가스 배출 비중

　〈그림 3〉은 연간 배출되는 510억 톤의 온실가스(이산화탄소 환산 톤)가 영역별로 얼마만큼 배출되는지를 보여주고 있다. 가장 많은 온실가스가 배출되는 분야는 제조분야(31퍼센트)이며, 그 다음이 전력생산분야(27퍼센트)다. 농업과 축산분야(19퍼센트)가 그 뒤를 잇고 있으며 자동차와 비행기 등 수송분야(16퍼센트)와 냉난방 분야(7퍼센트)가 나머지 부분을 차지하고 있다.

　전력생산보다 제조분야가 더 많은 온실가스를 배출한다는 사실에 놀라는 독자도 있을 것이다. 또한 수많은 이산화탄소를 배출하는 수송분야가 농업이나 축산업보다 적은 온실가스를 배출한다는 사실에 의아해할 수도 있을 것 같다. 이는 단순히 이산화탄소만 고려한 것이 아니라 모든 온실가스를 고려한 '이산화탄소 환산톤'을 사용한 결과이기 때문이다. 분야별 온실가스 배출 비중을 제시한 〈그림 3〉에서 참고해야 할 내용이 하나 더 있다. 예를 들면 수송분야가 필요로 하는 화석연료(휘발유)를 제조하는 과정에서 배출되는 온실가스는 제조분야에 포함되어 있다. 하지만 정밀화학공정을 통해 만들어진 석유 등 화석연료를 사용하는 자동차나 비행기가 배출하는 온실가스는 수송분야에서 배출된 것으로 계산하고 있다.

전력생산이 전체 온실가스 배출의 27퍼센트밖에 차지하지 않아, 탄소중립을 위해 전기 에너지를 만드는 분야의 온실가스 배출감소가 상대적으로 중요하지 않은 것처럼 보일 수도 있다. 하지만 제조나 수송, 냉난방 같은 분야에서 화석연료를 사용해 열에너지를 얻는 시스템이 점차 전기를 사용하는 방식으로 대체되면서 전기 사용량은 앞으로 크게 늘어날 것으로 전망된다. 따라서 전력생산에서 온실가스를 줄이는 것이 탄소중립을 위해 가장 중요하면서도 효율적인 방식이 될 수밖에 없다. 예를 들어 철강, 석유화학, 시멘트와 같은 제조산업에서 제품생산을 위해 고온의 열처리를 하는데 여기서 다량의 온실가스가 배출된다. 제철공정은 섭씨 1,700도 이상의 매우 높은 온도에서 철광석과 코크스(석탄의 일종으로 탄소를 배출한다)를 함께 녹여 철을 생산한다. 이때 용광로를 고온으로 만드는 과정에서 사용하는 화석연료를 전기로 바꿀 수 있으면 온실가스 배출을 크게 줄일 수 있다. 석유화학산업도 제품을 만들기 위해 원유를 분리·정제하는 과정에서 열에너지를 많이 사용하는데, 이러한 에너지를 얻기 위해 화석연료를 소비하는 과정에서 온실가스가 다량 배출된다. 시멘트도 석회암을 태워서 만드는데, 용광로에서 석회암을 태우기 위해 유연탄(석탄)을 사용하기 때문에 그 과정에서 엄청난 양의 이산화탄소가 배출된다. 즉 제조산업에서 고온의 열을 얻기 위해 사용하는 화석연료를 전기로 대체(이를 전기화 또는 Electrification 이라고 한다)하면 온실가스를 크게 줄일 수 있게 된다.

수송분야도 마찬가지다. 자동차나 버스 등은 전기차로 전환되면서 배터리가 휘발유나 디젤과 같은 화석연료를 대체하고 있으므로 자연히 온실가스 배출은 감소될 것이다. 비행기나 선박, 장거리 운송트럭처럼 수송수단의 엄청난 무게 때문에 배터리를 사용할 수 없거나 배터리 충전이 어려운 경우에는 수소연료전지[10]가 화력연료를 대신할 수 있다. 즉, 수송분야도 화석연료를 전기로 대체함으로써 온실가스 배출을 줄일 수 있다는 의미다. 가정이나 건물에서 사용하는 냉난방시스템도 석탄, 석유, 도시가스 등과 같은 화석연료를 연소시켜 에너지를 얻는 과정에서 온실가스가 다량 배출된다. 화석연료가 아닌 전기를 사용하는 냉난방 시스템으로 교체하면 냉난방 분야도 온실가스 배출을 크게 줄일 수 있다.

앞으로 온실가스를 줄이기 위해 제조분야, 수송분야, 냉난방 분야의 전기화 (Electrification)가 진행되면, 전기가 전체 에너지에서 차지

---

10) 수소연료전지는 수소와 공기중의 산소를 화학반응 시켜 전기와 열을 얻는다. 물(H_2O)을 전기분해 하면 수소(H)와 산소(O)가 만들어지는 과정의 정반대인 셈이다. 즉 수소와 산소를 결합해 물이 만들어 지는 과정에서 전기에너지가 발생하는데 이를 사용하는 것이 수소연료전지다.

하는 비중은 지금보다 크게 늘어날 것이 명약관화하다.[11] 즉, 전기화(Electrification) 추이 때문에 탄소중립의 실현을 목표로 하는 2050년에는 지금보다 전력 수요가 3배 이상 늘어날 것으로 보인다. 따라서 온실가스를 배출하지 않는 '깨끗한 전기'를 만들어 내는 것이 탄소중립을 위해 가장 중요한 과제가 되는 셈이다. 즉, 화석연료를 사용해 전기를 생산하는 현재의 체계에서 재생에너지를 주요 에너지원으로 사용하는 에너지 혁명(Energy Revolution)이 무엇보다도 중요하다.

2021년 12월 우리나라 정부가 발표한 '2050 탄소중립 시나리오 최종안'은 2050년 탄소중립(넷제로)을 달성하기 위해 향후 전력생산을 위한 에너지원 구성(에너지 믹스)를 어떻게 변화시켜 나갈지에 대한 청사진을 제시하고 있다(그림 4 참조). 2021년 현재 국내 전력생산용 에너지 믹스는 석탄과 천연가스와 같은 화석연료의 비중이 67퍼센트(석탄 40.3퍼센트, 천연가스 26.6퍼센트)로 주종을 이루고 있고, 그 다음 원자력발전이 24.7퍼센트, 신재생 에너지의 비율은 7퍼센트 정도다. 정부는 탄소중립 달성을 위한 두 가지 시나리오(A안과 B안)을 제시하고 있는데, 2050년에는 전체 에너지믹스에서 재생에너

---

11) 농업과 축산분야는 전기화가 상대적으로 어렵다. 농업과 축산분야에서는 가축사육이 가장 큰 온실가스 배출원이다. 예를 들어 전세계에서 약 10억 마리의 소를 기르고 있는데, 소의 배 속에는 위가 무려 4개나 있어 박테리아를 사용한 장내 발효를 통해 많은 양의 메탄이 만들어지고, 이들 메탄가스가 트림이나 방귀의 형태로 배출된다. 농업분야에서는 합성비료의 사용이 온실가스 배출의 주범이다. 토양에 뿌려진 비료에 함유된 질소의 절반은 아산화질소 형태로 대기 중으로 빠져나가 온실가스 역할을 하기 때문이다. 따라서 농·축산 분야는 화석연료에서 열에너지를 얻는 비중이 낮기 때문에 전기화로 온실가스를 줄이는 것이 상대적으로 제한적이다.

지의 비중이 60~70퍼센트까지 늘어난다. 석탄을 사용하는 화력발
전소는 완전히 없어지며, A안에서는 천연가스가 사용되지 않는 반
면, B안에서는 천연가스가 일부(5퍼센트 정도) 사용되는 것으로 되어
있다. 원자력의 비중은 많이 줄어들어 6~7퍼센트 정도의 에너지 믹
스를 구성할 것으로 전망된다. 이외에 수소와 산소의 화학적 반응
을 통해 전력을 생산하는 연료전지(수소연료전지), 발전용 가스터빈
연료를 수소나 암모니아로 100퍼센트 전환해서 탄소가 배출되지 않
는 무탄소 가스터빈, 철강과 같은 제품생산 과정에서 부산물로 발
생하는 부생가스를 발전에 이용하는 부생가스 발전 등 에너지원의
다양화가 이루어지고 있음을 알 수 있다.

출처: 탄소중립위원회

〈그림 4〉 2050년 탄소중립 시나리오[12]

---

12) 탄소중립 시나리오에서 '동북아 그리드'는 한국, 중국, 일본, 러시아, 몽고를 잇는 국
가 간 전력망을 통해 전력을 상호 거래하는 대안을 의미한다. 재생에너지와 천연자원
에 한계가 있는 우리와는 달리 시베리아는 천연가스가, 몽고 고비사막은 태양광/풍력

Ⅲ. 에너지 전환 시대 도시의 미래

탄소중립을 위해 재생에너지가 원자력이나 화력발전을 대체하면 기존의 전력망은 분산화(Decentralization)된다. 원자력발전과 화석연료를 사용하는 화력발전 중심의 에너지를 사용하던 과거의 전력망은 중앙집중형 시스템이다. 수도권이나 대도시에서 멀리 떨어진 원격지에서 대규모 화력발전과 원자력발전으로 전기를 생산한 후, 장거리 송전망을 통해 소비지인 수도권이나 대도시로 전기를 보내는 전국 단일 전력망이다. 따라서 주요 인프라인 전력망은 발전사업자에서 송전사업자로, 그리고 마지막 소비자에게 한쪽 방향으로 전기를 흘려 보내는 구조로 되어 있다.

풍력과 태양광 같은 소규모 재생에너지는 전력 소비지역 부근에 분산 배치된 발전설비로 분산전원(DR, Distributed Resources)이라 부른다. 대규모의 원자력과 화력발전이 소비자(Prosumer)가 생산하는 소규모 태양광이나 풍력발전으로 대체되는 것이다. 소규모 발전원끼리 사용하고 남은 전력을 서로 주고받아야 하므로 전기가 흐르는 전력망도 단방향이 아니라 양방향으로 전환되어야 한다.

풍력과 태양광 발전과 같은 소규모 재생에너지의 비중이 커지면 가정이나 공장과 같은 전력소비자가 직접 전기를 생산하는 프로슈머(Prosumer)가 늘어날 수 밖에 없다. 분산에너지는 전원이 소규모로 나누어져 있기 때문에 중앙집중형 에너지보다 더 안정적인 전력망 운영이 가능하다. 중앙집중형 에너지는 광역 송전망을 기반으로 전력을

이 풍부해 청정 에너지를 공급받을 수 있다는 가정이다.

공급하다 보니 전력망에 문제가 발생하면 전체적인 정전사태를 유발한다. 하지만 에너지원이 분산되면 전력망에 문제가 생기더라도 국지적인 문제로 한정되고, 다른 분산전원들은 계속 가동이 가능하기 때문에 전국적인 규모의 대정전과 같은 문제를 최소화할 수 있다.

분산전원(DR)은 기존의 중앙집중형 전력망이 가지고 있는 여러 가지 단점을 보완해준다. 분산에너지는 규모가 작은 발전원이 에너지 소비지역 인근에 위치하므로 장거리 전력망을 필요로 하지 않는다. 대규모 발전시설을 위해 입지를 확보할 필요가 없고 장거리 송전망 건설을 위한 투자와 운영비용도 크게 절감할 수 있다. 송전망을 통해 전력을 전송하는 과정에서 생기는 전력손실[13]도 줄일 수 있다.

하지만 분산에너지는 중앙집중형 에너지에 비해 규모의 경제와 설비이용률이 떨어진다. 기존의 원자력이나 화력발전과는 달리 태양광과 풍력은 소비지 근처에 소규모로 건설되므로 규모의 경제를 실현하기 어렵다. 분산에너지는 최대 발전가능량 대비 실제발전량의 비율을 의미하는 설비이용률도 낮다. 중앙집중형 에너지는 발전원에 따라 50~70퍼센트의 설비이용률을 보이는데 태양광과 풍력발전은 설비이용률이 각각 15퍼센트와 20퍼센트 정도에 불과하다.

분산에너지의 가장 큰 문제점은 발전량의 변동성이다. 햇빛과 바람은 간헐적이다. 해와 바람은 하루 24시간, 365일 내내 전기를 생

---

13) 송전을 위한 전력선은 전기저항이 있어서 장거리 전송을 하게 되면 전기에너지의 일부는 열로 변해 버려 전력손실이 불가피하다. 국내에서 최근 5년간 송전과정에서 손실되는 전력규모를 금액으로 환산하면 8조 2천억 원이 넘는다.

산하지 못한다. 하지만 전력 수요는 간헐적이지 않으며 항상 전기를 필요로 한다. 해가 저문 다음에는 태양광 전기공급이 끊긴다는 것이 간헐성의 가장 대표적인 예다. 여름과 겨울의 계절적 차이는 더 큰 장애물이다. 태양광에 크게 의존하는 경우 전기를 여름에는 과잉 생산하고 겨울에는 과소 생산하는 문제가 발생한다. 지구의 자전축이 기울어져 있어 지구의 특정 부분에 내리쬐는 햇빛의 양과 강도가 계절별로 다르기 때문이다. 풍력발전도 바람이 불지 않으면 전기를 생산할 수 없으며, 바람이 너무 세게 불면 전기생산이 과도하게 이루어지는 간헐성의 문제에서 자유롭지 못하다.

이처럼 태양광과 풍력발전은 일조량과 풍력에 의존하기 때문에 원하는 시간에 필요한 전력을 생산하지 못할 수 있고 반대로 전력수요보다 과도하게 발전이 이루어질 수 있다. 2050년에 탄소중립을 실현하면 전체 에너지의 70퍼센트 정도를 태양광과 풍력발전과 같은 분산전원에 의존할 수밖에 없다. 규모의 경제에 기반해 안정적으로 전력을 생산해 온 중앙집중형 대규모 발전원(원자력발전과 화력발전 등)이 태양광과 풍력발전으로 대체되므로 분산에너지 자원의 변동성과 간헐성 문제는 반드시 해결해야만 한다.

탄소중립을 위한 분산에너지 전력망이 가지고 있는 경제성과 안정성의 문제를 해결하기 위해서는 디지털 기술이 필수적이다. 과거의 중앙집중형 에너지와 달리 탄소중립을 위한 에너지 체계에서는 수많은 분산전원들이 연결된다. 이들 분산전력들이 상호 협력을 통해 자동적으로 전력 수급을 맞추기 위해서는 사물인터넷과 같은 센서장비를 설치해 모니터링하고, 이들 장비를 통해 실시간으로 빅데이터를 분석해서 의사결정을 내리는 인공지능과 같은 기술이 필요하다. 소규모 분산자원들을 쌍방향 네트워크로 연결해 서로 소통하며 경제성과 간헐성의 문제를 해결하는 데에도 디지털 기술이 큰 역할을 할 수 있다.

　디지털 기술, 특히 플랫폼 기술은 프로슈머를 만들고 관리하는 데에 탁월한 인프라 역할을 할 수 있음을 이미 증명했다. 위키피디아는 소수의 전문가들이 집필진으로 참가해서 제작했던 백과사전 시장에서 불특정 소비자들이 지식생산에 참여하는 플랫폼이다. 인터넷을 통해 동영상 콘텐츠를 공유하는 유튜브는 1인 미디어 시대를 열어, 이제는 영화사나 방송사가 아닌 일반 시청자가 유튜브에서 콘텐츠를 만들고 방송사의 역할을 수행한다. 우버나 에어비엔비와 같은 공유경제 플랫폼 때문에 택시 고객이 우버 드라이버가 되고, 여행객이 호스트가 되어 자신의 숙소를 다른 여행자에게 제공한다. 당근마켓에서는 수많은 소비자가 판매자로 변신한다. 이처럼 디지털 기술은 다양한 분야에서 프로슈머를 등장시켰고 이로 인해 이전보다 훨씬 복잡해진 네트워크를 효율적으로 관리하는데 탁월한 인프라가 될 수 있음을 보여주었다. 디지털 플랫폼과 제4차 산업혁명의 대표적인 기술인 사물인터넷, 빅데이터, 인공지능과 같은 신기술이 프로슈머의 등장으로 분산에너지를 경험하고 있는 에너지 분야의 중요한 인프라가 될 수 있는 이유다.

4. 디지털 기술과 분권화, 그리고 프로슈머

1) 디지털 기술과 분권화

세계경제포럼은 미래의 비전을 기술이 아닌 '인간 중심'의 사회라고 제시했다. 미래 디지털 사회의 핵심은 '개별 인간이 좀 더 중시되는 분권화 (Decentralization)'가 심화될 것이라는 전망이다. 분권화란 중앙집권화의 반대, 즉 권력이 한 곳으로 쏠리지 않고 책임과 권한이 배분된다는 의미다. 디지털 기술은 우리의 경제사회 전반에 분권화와 분산화 경향을 증가시켜 왔다.

디지털 기술을 활용한 소셜미디어는 메시지 전달의 속도를 엄청나게 빠르게 만들었을 뿐 아니라 메시지의 전달비용을 크게 줄였다. 네트워크를 통한 정보의 전파가 용이해지면서 한 개인의 의견도 소셜미디어를 거치면 강력한 정치 사회적 담론으로 발전할 수 있게 된 것이다. 소셜미디어를 통해 제도변화나 입법청원을 쉽게 할 수 있고, 정치인에게 직접 메시지를 전달할 수도 있으며, 다른 시민들과 주요 현안에 대해 즉각적인 온라인 토론도 할 수 있다. 이제는 소셜미디어가 제공하는 정보를 단순히 수용하는 데에서 발전해 적극적으로 정보를 찾고 수집하며, 정보의 관계망을 형성하는 스마트 시민으로 성장하는 소비자가 늘어나고 있다. 이 과정에서 소셜미디어가 사회적 공론장으로 변화하면서 시민참여의 질을 향상시키고 있는 것이다. 즉, 소셜미디어는 시민들의 정치적 영향력을 증가시키며 20세기에 이루어진 분권화를 21세기에 더욱 가속화하는 인프라의 역할을 담당하고 있다.

2010년 12월 아프리카 북부 튀니지에서 한 청년이 분신 자살을 시도했다. 노점상에 대한 경찰의 과잉단속에 대한 항의의 행동이었다. 당시 튀니지는 30퍼센트에 이르는 청년실업으로 인해 노점상으로 뛰어든 젊은이들이 많았다. 이 사건이 튀니지 전체를 격분시킨 '재스민 혁명(Jasmine Revolution)'[14]으로 번지게 된 데에는 소셜미디어의 힘이 컸다. 분신 장면이 담긴 동영상이 페이스북에 업로드 되면서 전국의 청년들이 시위를 일으켰기 때문이다.

튀니지 정부를 전복시킨 재스민 혁명은 이듬해 중동지역의 아랍권 곳곳으로 번져나갔다. 모로코, 알제리, 리비아, 이집트 등 튀니지 인근의 북아프리카 국가들뿐만 아니라 요르단, 시리아, 예멘, 이란 등 중동국가에서도 대규모 반정부시위가 일어났다. 세계언론은 2011년 봄까지 지속된 갑작스런 혁명의 물결에 대해 '아랍의 봄'이라는 이름을 붙였다. 중동 국가들은 비상사태를 선언하고 통신망을 차단하는 등 진화에 나섰지만, 아무리 중앙집권적 통제국가라 해도 모든 소통 채널을 막을 순 없었다. 성난 시위대는 트위터, 페이스북 등 소셜미디어를 통해 동향을 살피고 정보를 교환했다. 철권통치로 군림하던 독재자, 대통령, 국가원수들은 결국 권좌를 내주거나 해외로 도피할 수밖에 없었다. 중동 혁명은 인터넷의 파고를 타고 인근 지역으로 계속 번져갔으며, 지구 반대편의 중국, 미국에서도 연

---

14) 재스민이 튀니지의 국화(國花)이므로 '재스민 혁명'이라 불린다.

계시위가 벌어졌다. '트위터 혁명'이라고도 불린 중동혁명은 소셜미디어의 위력을 제대로 보여주었다.

　디지털 기술이 분권화를 초래하는 또 다른 사례는 암호화폐와 블록체인(Block Chain)이다. 비트코인(Bitcoin)은 블록체인 기술을 기반으로 하는 온라인 암호화폐다. 비트코인은 2008년 10월 사토시 나카모토라는 가명을 사용하는 프로그래머가 발표한 한편의 논문에서 시작됐다.[15] 비트코인은 2009년 1월부터 일반 화폐와 다르게 중앙은행과 같은 중개기관 없이 P2P 방식[16]으로 사용자간에 자유롭게 거래할 수 있는 암호화폐로 발행되기 시작했다. 즉 각국의 중앙은행이 독점적으로 화폐를 발행하고 관리하는 중앙집중형 화폐관리가 아닌, 네트워크에 참여하는 모든 사람이 화폐거래에 대한 기록을 분산·관리하는 체계를 사용한다.

　비트코인 창시자는 2008년 글로벌 금융위기 이후 각국 정부가 통화량을 인위적으로 조정하는 것이 불합리하다는 생각에 암호화폐를 설계했다. 한정된 수량의 비트코인을 만들어두고, 설계자가 디자인한 알고리즘에 따라 기존 거래의 유효성을 검증하는 연산 작업을 통해 비트코인을 채굴할 수 있도록 한 것이다. 채굴된 비트코인 거래 정보는 암호화한 후 블록체인이라는 공개된 분산 원장(元帳)에

---

15) 사토시 나카모토(Satoshi Nakamoto)가 2008년 10월 학술지에 게재한 논문의 제목은 "Bitcoin: A Peer-to-Peer Electronic Cash System"였다.
16) P2P(Peer-to-Peer)는 기존의 서버(중앙 장치)를 통해 사용자간에 정보교환을 하는 방식이 아니라, 네트워크로 연결된 개인들이 중앙서버의 개입없이 직접 정보와 자료를 공유하는 방식을 뜻한다.

기록해 둔다. 보안성 때문에 경제적인 가치를 담보할 수 있고, 물건
이나 서비스의 지급수단으로 사용될 수만 있다면 궁극적으로 기존
화폐를 대체할 수 있다는 것이 비트코인 아이디어다.

비트코인과 같은 암호화폐를 안전하게 저장하고 사용하기 위해
고안된 보안기술이 바로 블록체인이다. 블록체인은 금융거래 시 발
생할 수 있는 이중지불 방지 및 위·변조가 불가능한 기술로 암호화
폐뿐만 아니라 스마트 거래 등을 위한 인프라로 활용될 수 있는 기
술이다. 따라서 비트코인은 블록체인의 다양한 응용분야 가운데 한
가지 사례에 불과하다. 제4차 산업혁명시대에는 암호화폐 그 자체
보다 다양한 분야에서 기존의 거래 개념을 혁신하며 새로운 패러다
임을 제시할 블록체인 기술이 더 중요해질 것으로 보인다.

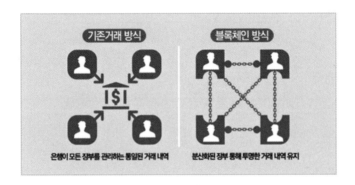

〈그림 5〉 거래기록을 분산화하는 블록체인

블록체인은 공공거래장부, 또는 분산장부(Distributed Ledger)라고
불린다. 블록체인은 네트워크 내의 모든 참여자가 공동으로 거래정

Ⅲ. 에너지 전환 시대 도시의 미래

보를 검증, 기록, 보관함으로써 은행과 같은 공인된 제3자가 없어도 거래 기록의 신뢰성을 확보하는 기술이다. 은행을 포함한 금융회사들은 거래장부를 안전하게 기록하고 관리하기 위해 접근성을 제한하는 보안방법을 사용해 왔다. 거래장부를 보관하는 서버는 아무나 접근할 수 없는 건물 깊숙한 곳에 두고 각종 보안프로그램과 장비를 설치한다. 24시간 경비를 서고 서버를 관리해야 함은 물론 컴퓨터 접속을 통제하기 위해 강력한 보안프로그램을 설치해야 하므로 상당히 많은 비용이 발생한다. 반면 블록체인은 중요한 정보를 깊숙이 숨겨야 한다는 전통적인 보안상식을 뒤엎고, 오히려 모든 사람이 정보를 공유하게 함으로써 거래내역을 조작하지 못하게 막는 방법을 사용한다. 블록체인이 분권화를 위한 기술이라고 평가되는 이유가 여기에 있다.

블록체인의 가장 큰 특성은 중앙집중형 중개자가 없는 완전히 분산화된 시스템이라는 점이다. 블록체인은 모든 참여자가 정보를 공유하고 함께 거래의 신뢰성을 검증하는 네트워크를 구성하므로 은행이나 금융기관과 같은 중앙집중형 관리조직이 필요 없다. 따라서 거래상에 발생하는 불필요한 비용들을 최소화할 수 있으며, 이는 복잡한 거래기록 관리 및 추적을 용이하게 한다. 여러 기관이 참여하는 경우에도 시스템 통합에 따른 복잡한 프로세스가 필요 없어 큰 비용이 들지 않는다. 블록체인이 금융거래를 위해 사용될 경우 수수료가 없어지거나 낮아져 금융비용이 절감될 수 있는 이유가 여기에 있다.

블록체인을 사용하면 전통적인 중앙집중식 시스템의 대안인 '탈중앙화된 자율조직(DAO, Decentralized Autonomous Organization)'의 실현이 가능하다. 즉 특정한 중앙집권 주체의 개입 없이 개인들이 모여 자율적으로 제안하며, 투표와 같은 의사표시를 통해 다수결로 의결하고 이를 통해 운영되는 조직이 DAO다. 경영진과 정관에 의한 물리적이고 인위적인 경영이 아니라 사전에 프로그래밍이 된 스마트 계약(Smart Contract)에 의한 코드경영이 가능해질 뿐 아니라, 별도의 입사과정 없이 누구든지 자율적으로 DAO 조직에 가입해 활동할 수 있다. 근무장소나 시간, 그리고 작업방법에 대한 자율성이 강화되고, 임금이나 급여 같은 전통적인 보상수단이 블록체인 기반의 암호화폐로 변환된다. 개인은 하나의 조직과 체결된 경직된 고용관계를 떠나 다수의 DAO에서 작업 시간을 분할해가며 탄력적으로 근무할 수도 있다.

현재는 개인의 창작물에 대한 거래를 중심으로 하는 유튜브나 NFT[17]몰 같은 창조산업에서 DAO가 주로 운영되고 있다. DAO는 코칭이나 컨설팅 및 콘텐츠 수익화를 위한 플랫폼 운영에 적용할 수 있으며, 크립토키티(CryptoKitties)[18] 같은 가상생물의 수집·번식·판매를 위한 게임조직에도 안성맞춤이다. 금융산업에서는 암호화폐 교환소, 크라우드 펀딩을 위한 신규 사업자금 조성과 운용, 벤처 캐피털 비즈니스에서도 적용이 활발하게 진행되고 있다. 거래나 투

---

17) Non-Fungible Token의 약자로 '대체 불가능한 토큰'이라 불린다. 블록체인 기술을 적용한 디지털 토큰을 뜻하는 것으로, 각 토큰(이미지 등과 같은 디지털 콘텐츠)에 고유한 인식값이 부여되어 있어 교환이나 복제가 불가능한 특성을 가지고 있다.

18) 크립토키티(CryptoKitties)는 블록체인 기반의 고양이 육성게임이다. 고양이를 사서 수집하고 서로 다른 종을 교배해 얻은 새로운 고양이를 사고 파는 디지털 게임이다.

자 목적으로 가상자산 프로젝트에 주로 등장했던 DAO가 최근에는 우주탐사와 문화재 수집까지 추진하는 등 가치관을 공유하는 도구로서 다양한 영역으로 활동범위를 넓히고 있다. DAO는 디지털 기술에 의한 조직분권화의 극치를 보여주는 사례다.

분권화와 민주화를 가져오는 디지털 기술은 소셜미디어와 블록체인에만 국한되지 않는다. 가상현실(Virtual Reality) 기술은 '문화의 민주화'를 주도하고 있다. 가상현실 경험을 위한 HMD(Head Mounted Display)를 착용하면 관광지나 문화공연장에 실제 가보지 않고도 실제 가본 것과 같은 체험을 할 수 있다. 루브르 박물관이나 브로드웨이에 갈 수 없는 사람들이 가상현실에서 세계 최고 수준의 예술작품과 뮤지컬을 현장에서 즐기는 것과 같은 경험을 할 수 있다. 히말라야를 오르고 싶은 심장 질환자에게 산정상의 만년설을 느껴볼 수 있게 하고, 몸이 불편한 사람들이 패러글라이딩을 타고 하늘을 나는 자유로움이 어떤 느낌인지를 체험할 수 있도록 하는 것이 가상현실 기술이다. 누구나 정보에 쉽게 접근할 수 있도록 하는 인터넷이 정보의 평등화를 가져온 것처럼, 가상현실은 경제적인 이유나 신체적인 결함 때문에 문화관광이나 스포츠 체험을 할 수 없는 사람들에게 가상경험을 할 수 있는 기회를 제공하므로 '문화의 민주화"를 달성하는 도구가 되고 있는 것이다.

크리스 앤더슨(Chris Anderson)은 그의 저서 『메이커스』[19]에서 1980

19) 『메이커스 (Makers)』 크리스 앤더슨 (윤태경 역), 알에이치코리아, 2013.

년대에 PC가 온라인 분야에서 소통의 민주화를 몰고 왔듯이, 미래에는 3D 프린팅 기술이 '제조의 민주화'를 가져올 것이라고 역설하고 있다. 3D 프린팅이 새로운 혁신이라고 불리는 이유는 전통적인 생산시설로 제작이 어려운 제품을 쉽게 만들 수 있을 뿐 아니라, 기존 제조방식보다 비용과 시간을 대폭 줄일 수 있기 때문이다. 전통적인 생산에서 사용되는 절삭가공 방식은 복잡한 형상의 제작이 어렵고, 제작인력의 기술숙련에 많은 시간이 소요되지만, 3D 프린팅을 사용하면 형상에 구애받지 않으면서 비교적 빠른 시간 안에 제작이 가능하다. 과거에는 뛰어난 아이디어가 있어도 이를 만들어줄 제조업체를 만나지 못하면 아이디어를 현실화하는 게 불가능했다. 미래에는 특별한 기술이나 대형 설비가 없어도, 설계도만 있으면 누구든지 3D 프린터를 이용해 복잡한 물건을 만들어낼 수 있게 된다. 다양한 형태의 'DIY(Do-It-Yourself)' 프로젝트를 통해 과거에는 꿈꾸지 못했던 제품들을 스스로 만들고 이를 바탕으로 창업하는 것이 훨씬 용이해진 것이다. 즉 3D 프린팅 기술이 '제조업의 민주화'를 촉진하고 있는 셈이다

2) 디지털 플랫폼과 프로슈머

디지털 플랫폼은 서비스를 제공하는 형태를 중앙집중형에서 분산형으로 전환함으로써 소비자(이용자)가 공급자의 역할을 동시에 수행하는 프로슈머(Prosumer)가 될 수 있는 기회를 넓힌다. 디지털 플랫폼은 다양한 분야에서 프로슈머를 양산하며 분권화를 이끌고 있

다. 마치 에너지 분야에서 재생에너지 증가로 전력소비자가 생산자의 역할을 겸하는 것처럼, 인터넷과 스마트폰의 증가는 다양한 서비스 시장에서 이전에는 서비스를 소비만 하던 이용자를 서비스 제공주체로 변모시키고 있다.

유튜브는 페이팔(PayPal)이라는 온라인 결제서비스를 만드는 벤처기업에서 일하던 스티브 첸(Steve Chan)이 동료들과 공동으로 창업한 회사다. 2005년 초 20대의 젊은 청년이었던 스티브 첸은 페이팔에서 함께 근무하던 채드 헐리(Chad Hurley)를 비롯한 10여 명의 친구들을 자신의 집으로 초대해 조촐한 파티를 열었다. 디지털 카메라로 파티 하는 모습을 동영상으로 촬영한 후 이를 친구들에게 이메일로 보내려고 했는데, 동영상 용량이 너무 커서 메일에 첨부할 수가 없었다. 스티브 첸은 여기서 사업적인 영감을 얻어 누구나 쉽게 동영상을 올리고 이를 감상할 수 있는 웹사이트를 제작할 결심을 하게 된다. 페이팔이 이베이(eBay)에 인수되자 회사를 퇴사한 스티브 첸과 채드 헐리는 유튜브를 창업했다. 스티브 첸이 기술부분을 책임지고, 채드 헐리는 디자인을 맡았다. 사이트의 이름도 유튜브로 정했는데, 유(You)는 모든 사람을, 튜브(Tube)는 TV를 의미한다. 두 단어를 합하면 모든 사람이 시청자이자 제작자라는 뜻이 되고 더 구체적으로는 '당신의 동영상 플랫폼'이란 의미도 된다. 즉, 유튜브는 시작단계부터 동영상 시장에서 소비자를 프로슈머로 전환하기 위해 만든 서비스임을 이름에서도 알 수 있다.

2006년 10월 구글이 유튜브를 16.5억 달러에 인수한 후 유튜브는 엄청난 속도로 성장했다. 2021년 현재 전 세계에는 20억 명이 넘는 사람들이 유튜브를 사용하고 있는데, 매일 3천만 명이 넘는 사용자가 유튜브에 접속한다. 유튜브의 가장 큰 특징 가운데 하나는 누구나 방송을 할 수 있다는 점이다. 진입장벽이 높은 기존의 TV 방송과는 다르게 누구나 '유튜브 크리에이터'로 활동할 수 있다. 새로이 탄생한 수많은 크리에이터들은 기존의 연예, 문화, 언론, 스포츠 등 한정된 주제의 콘텐츠에서 벗어나 음식, 게임, 음악, 영화 등 모든 분야에서 콘텐츠를 생산하고 있다. 단순히 자신의 일상 생활을 다룬 '브이로그'[20] 역시 유튜브에선 방송 콘텐츠로 활용된다. 음악, 게임 등의 콘텐츠와 다르게 특별한 재능이 필요 없기 때문에 진입장벽도 낮다. 단순해 보이는 브이로그는 나와 비슷하지만 다른 삶을 사는 타인의 일상을 공유할 수 있어 공감과 흥미를 이끌어낸다.

유튜브의 차별화된 수익구조 역시 성공의 열쇠로 작용했다. 구글은 2007년부터 시행한 '유튜브 파트너 프로그램'을 통해 일정 조회수 또는 구독자 수에 도달한 크리에이터에게 수익금을 지급하고 있다. 유튜브 파트너 프로그램은 크리에이터가 동영상 콘텐츠를 유튜브에 올리고 광고를 원할 시 유튜브 측에서 광고를 허가해 준 후, 광고 수익의 일부를 분배한다. 많은 수의 구독자를 보유한 크리에이터들은 높은 수익을 올릴 수 있는 구조다. 실제 유튜브 채널 가운데, 1억 명이 넘는 구독자를 보유한 크리에이터는 연간 수백억 원에 달하는 수익을 올리고 있다. 자신이 만든 콘텐츠로 큰 수익을 올릴 수

---

20) 브이로그(Vlog)는 Video와 Log의 합성어로 자신의 일상생활을 동영상으로 찍어 인터넷에 공개하는 일련의 게시물을 의미한다.

있는 구조가 되자 'IT 금광'을 찾아 수많은 크리에이터들이 유튜브로 몰리는 'IT 골드러시'가 일어나고 있는 것이다.

유튜브는 미디어 지형을 완전히 바꾸어 놓았다. 그동안 영상 유통 창구는 소수 방송국이 독점해 왔으며, 영상 콘텐츠를 제작하는 일은 전문적인 지식과 장비를 가진 사람들만이 할 수 있는 일이었다. 그러나 스마트폰과 편집 프로그램 기술이 빠르게 발전함에 따라 누구나 마음만 먹으면 쉽게 동영상을 제작할 수 있게 되었고, 구글 아이디만 있으면 바로 채널을 만들어 자신이 만든 동영상을 유튜브를 통해 방송하는 것이 가능해졌다. 누구든지 다양한 콘텐츠를 자유롭게 기획, 촬영, 방송할 수 있는 '1인 미디어 시대'가 열린 것이다. 수천억 원을 투자한 헐리우드 블록버스터 영화도, 자기 방에서 카메라 한 대 켜놓고 혼자 녹화하는 유튜버와 동등한 조건에서 경쟁하는 시대가 되었다. 몸의 균형을 잃고 개천에 떨어지는 소년, 피자를 끌고 가는 쥐, 언니를 노려보는 두 살짜리 여자아이 같이 폭발적인 인기를 누린 유튜브 영상들은 과거에는 기획서를 만들어 방송국을 찾아 갔다면 대부분 퇴짜 맞았을 내용들이다. 대중이 방송시장에서 단순한 소비자가 아니라 적극적인 생산자의 역할을 하면서 2021년 현재 유튜브에는 1,500만 명의 크리에이터가 3,800만 개의 채널을 운영하고 있다. 유튜브가 소비자를 프로슈머로 바꾸어 버린 미디어 시장의 모습이다.

공유경제(Sharing Economy)의 출현도 프로슈머를 양산하고 있다. 자본주의 체제에서 생산된 재화는 기본적으로 특정인에게만 소유권과 사용권이 이전된다. 국방, 소방, 도로와 같은 공공재는 모두에게 혜택이 돌아가지만 개인마다 서로 다른 가치를 가지는 재화는 소비자들이 직접 구매해서 사용하는 것이 일반적이다. 공유경제는 '사용하고자 하는 재화를 소유하는 것이 아니라 서로 대여해 주고 차용해 사용하는 경제활동'을 의미한다. 공유경제라는 용어는 2008년 하버드대학교의 로렌스 레시그(Lawrence Lessig) 교수가 처음 사용했다. 그는 한번 생산된 재화를 다수의 사람이 공유해 사용함으로써 자원의 가치를 극대화시키는 협력적 소비형태의 경제방식과 소비문화를 통틀어 공유경제라고 불렀다. 공유경제는 자동차, 공간, 의류, 도서와 같은 유형의 자산에서 시작되어, 점차 시간, 재능과 같이 형태가 없는 무형자산으로 확대되고 있다. 제러미 리프킨(Jeremy Rifkin)은 『소유의 종말』[21]에서 '이제 소유의 시대는 끝이 나고 접속의 시대가 오고 있다'고 역설하고 있다.

공유경제의 가장 대표적인 서비스는 우버(Uber)와 에어비앤비(Airbnb)이다. 우버는 운송 서비스가 필요한 승객과 주변에 있는 우버 등록 운전사의 차량을 연결해 주는 공유경제 서비스다. 승객이 앱으로 차량을 호출하면 차량의 위치가 실시간으로 제공된다. 승객은 앱에 등록된 운전자 정보를 미리 확인할 수 있고, 검색부터 요금 결제까지 모든 작업이 앱으로 이루어진다. 우버는 택시를 소유하고 있지 않아도 누구나 택시 서비스를 제공할 수 있으며, 누구나 승객이 될 수 있는 운송시스템이다. 우버는 디지털 플랫폼으로 이 둘(운

---

21) 『소유의 종말』 제러미 리프킨(이희재 역), 민음사, 2001.

전자와 승객)을 연결하는데, 운전기사와 승객이 직접적으로 운임을 주고받지 않으며, 결제와 송금은 우버를 통해서만 이루어진다. 이 과정에서 우버는 운임의 20퍼센트를 수수료로 가져 가는데, 이것이 우버의 주요 수익원이다.

에어비앤비는 숙박시설과 여행객을 온라인으로 연결해 주는 공유경제 서비스다. 홈페이지(디지털 플랫폼)에 집주인(호스트)이 임대할 집이나 방을 올려놓으면 고객이 이를 보고 원하는 조건에 예약한다. 집주인으로부터 숙박비의 3퍼센트를 수수료로 받으며, 여행객으로부터 예약요금의 6~12퍼센트의 수수료를 받는데, 이들이 에어비앤비의 주요 수익원인 셈이다. 2008년 창업한 에어비앤비는 2020년 12월 뉴욕증시에 상장했는데, 현재 시가총액이 255억 달러(약 37조 원)에 이른다. 직접 건설한 호텔 시설 하나 없이 공유경제를 위한 디지털 플랫폼만으로 세계에서 가장 큰 글로벌 호텔 체인인 메리어트 인터내셔날[22]보다 더 시장가치가 높은 기업을 만든 셈이다.

디지털 플랫폼은 공유경제를 가능하게 한 인프라이자 일등공신이다. 스마트폰의 보급이 늘어나고, 가정, 직장, 학교 등 거의 모든 장소가 인터넷에 연결됨에 따라 공유경제를 위한 서비스의 공급자와 소비자를 플랫폼으로 연결하는 것이 훨씬 용이해졌다. 재화를 공유하고자 하는 사람이 플랫폼에 정보를 올리면 이를 공유하고자 하는 소비자가 네트워크를 통해 공유재화에 쉽게 접근할 수 있게 된 것이

---

22) 메리어트 인터내셔날은 전세계에 7,100개의 호텔과 135만 개가 넘는 객실을 보유한 세계 최대 호텔 체인이다.

다. GPS(Global Positioning System)와 온라인 결제시스템과 같은 디지털 기술도 공유경제의 성장에 큰 몫을 담당했다. 우버의 경우 GPS 덕분에 운전자(공급자)와 승객(소비자)을 쉽게 연결할 수 있을 뿐 아니라, 운송 서비스 자체를 위해서도 큰 도움을 받고 있다. 온라인 지불결제 시스템 기술도 마찬가지다. 우버 사용자는 등록해 둔 신용카드로 서비스 사용료를 편리하게 지불할 수 있으며, 에어비앤비에서 여행자(소비자)는 호스트(숙박시설 제공자)에게 온라인으로 간편하게 비용을 지불할 수 있다.

'온라인 평가시스템'은 공유경제의 위험과 불확실성을 크게 줄였다. 우버의 경우, 서비스 제공자(차량 운전자)는 택시와 같은 면허를 가지고 있지 않으며, 이용자와 일면식도 없는 사람이다. 그럼에도 불구하고, 승객이 우버를 믿고 사용할 수 있는 것은 서비스 이용 이후 운전자를 평가할 수 있는 시스템 때문이다. 승객들로부터 나쁜 평가를 지속해서 받는 운전자는 우버에서 배제되고, 유사한 조건이라면 평가가 좋은 운전자가 선택될 가능성이 크기 때문에, 우버 운전자는 친절하게 최선을 다해 서비스를 제공하는 경향이 있다. 우버 운전자도 승객을 평가하므로 나쁜 피드백을 받은 승객은 서비스 요청 시 우버 드라이버들로부터 서비스를 거부당할 수도 있다. 에어비앤비도 여행자가 숙박시설 소유자(호스트)의 평가를 참조해 예약장소를 선택하도록 돕고 있다. 피드백이 좋은 숙박시설 제공자는 '슈퍼호스트'라는 자격을 부여해 여행객들이 선택할 확률을 높여준다. 호스트도 여행객을 평가하기 때문에 좋지 않은 피드백을 받은 여행객은 추후 숙박시설 예약 시 호스트들로부터 거부당하게 된다.

플랫폼이 제공하는 평가(피드백) 시스템이 서로 알지 못하는 호스트와 여행객이 상호신뢰를 가지고 시설을 공유할 수 있도록 불확실성을 줄여주는 역할을 하고 있다.

공유경제 플랫폼은 소비자를 프로슈머로 전환시키는 순환경제다. 우버 드라이버는 택시기사가 아닌 일반 소비자다. 우버는 일반 소비자(Consumer)를 운전자(Producer)로 전환시킨다. 에어비앤비의 호스트(서비스 제공자)도 전문 숙박업체 면허를 가진 사업자가 아닌 일반 시민이다. 공유경제 플랫폼이 일반인을 숙박서비스 제공자로 전환한 것이다. 우버와 에어비앤비와 같은 공유경제 기업은 규제와 관련하여 기존의 택시산업이나 호텔산업과의 갈등을 일부 겪고 있다. 그럼에도 불구하고 이들 공유경제 서비스를 허용하는 대도시에서는 빠르게 성장하며 기업가치를 늘려가고 있다.

최근 국내에서 선풍적인 인기를 끌고 있는 중고제품 거래사이트인 당근마켓에 참가하는 판매자는 대부분이 일반 소비자다. 당근마켓은 전자상거래 시장에서 소비자(Consumer)를 판매자(Producer)로 전환시키는 플랫폼 역할을 하고 있다. 중고품 거래는 온라인으로 이루어지지만, 결제와 물품인도는 오프라인에서 이루어지는 O2O(Online to Offline) 비즈니스의 대표적인 모델이 당근마켓이다. 2022년 총 가입자 수 2,100만 명으로 국내에서는 한 집에 한 명 꼴로 당근마켓을 사용하는 셈이다. 이제 우리에게 '당근한다'는 말은 '중고거래를 한다'라는 뜻과 동일하다. 2015년에 설립된 당근마켓의 기업가치는 3조 원에 이른다. 오프라인 유통 공룡인 신세계의 시가총액을 뛰어

넘는 당근마켓은 국내 16번째 유니콘 기업[23]으로 등극했다. 당근마켓은 온라인 플랫폼에서 물건을 구매만 하던 일반 소비자를 판매자로 전환함으로써 전자상거래 시장에서 '프로슈머'를 양산하는 디지털 플랫폼으로 성장했다.

5. 디지털과 에너지의 만남: 스마트그리드

전력생산을 위해 사용되는 화석연료를 재생에너지로 대체하는 에너지 혁명을 위해 이미 다양한 분야에서 디지털 기술이 활용되고 있다. 예를 들면 태양광 발전이 가지고 있는 간헐성 문제를 해결하기 위해 영국의 국영전력회사는 인공위성을 이용해 구름의 분포와 이동을 예측함으로써 태양광 발전량 예측치의 정확도를 높인다. 미국의 에너지부와 국립대기연구센터도 인공지능 기술을 사용해 지표면 태양열의 복사조도와 일조량을 예측하고, 이를 기반으로 15분 간격으로 72시간 앞의 태양광 발전량 예측값을 업데이트하고 있다.

풍력발전의 경우에도 발전량을 극대화하기 위한 최적의 입지를 선정하기 위해 디지털 기술이 활용되고 있다. 덴마크의 풍력발전 업체인 베스타스(Vestas)는 인공지능 기반의 풍력터빈 입지선정 모델을

---

23) 증권시장에 상장하기 전에 1조 원의 기업가치를 달성한 벤처기업을 '유니콘(Unicorn)'이라 부른다. 머리에 뿔이 달린 전설 속 동물인 유니콘처럼, 비상장 벤처기업이 1조 원 이상의 가치를 가지는 것은 상상 속에서나 가능하다는 의미로 '유니콘 기업'이라는 말이 사용되기 시작했다.

Ⅲ. 에너지 전환 시대 도시의 미래

개발해 사용하고 있다. 베스타스는 기온, 기압, 습도, 강우량, 바람의 이동 경로와 속도, 조수간만의 차이 등 풍력발전에 영향을 미치는 기상환경 데이터를 수집한 후, 이를 IBM의 슈퍼컴퓨터로 분석해 일반적으로 3주 정도 걸리는 풍력발전 입지선정 분석을 15분 정도로 단축시켰다. 뿐만 아니라 34,500개 이상의 풍력 터빈에서 매일 발생하는 1,030억 개 이상의 신호를 머신러닝 기술로 분석해, 2주일 전부터 풍력 발전량을 예측하고, 각 터빈의 성능 모니터링을 통해 이상징후를 미리 찾아냄으로써 풍력발전량을 끌어올리는 데활용하고 있다.

건물 내 냉난방 시스템의 효율을 제고하는 데에도 디지털 기술이 큰 역할을 하고 있다. 구글은 자체 데이터센터에 있는 수많은 서버의 냉각에 필요한 에너지를 절감하기 위해 알파고로 유명한 딥마인드사의 머신러닝 알고리즘을 사용한다. 구글은 인공지능 기술을 활용해 데이터센터 내의 수천 개 센서에서 수집되는 온도, 전력 등의 데이터와 팬, 냉각 시스템, 창문 등 120여 개의 변수로 최적화 모델을 개발했고, 이를 활용해 서버 냉각에 가장 적은 에너지가 사용되도록 하고 있다. 인공지능 사용 결과 데이터센터 전체 전력소모는 15퍼센트 이상 줄어들었고, 데이터센터 냉각에 드는 비용은 40퍼센트 이상 절감할 수 있었다.

이처럼 다양한 디지털 기술이 여러 분야에서 재생에너지와 전력 사용의 효율을 제고하기 위해 이미 활용되고 있다. 본 장에서는 에너지 혁명을 위한 중요한 인프라로 인식되고 있는 '스마트그리드'를 위해 제4차 산업혁명의 대표적인 디지털 기술(인공지능, 사물인터넷,

빅데이터 등)이 어떻게 활용될 수 있는지 살펴보기로 한다.

1) 스마트그리드

스마트그리드란 '똑똑한'을 뜻하는 'Smart'와 전기, 가스 등의 공급용 배급망이란 뜻의 'Grid'가 합쳐진 단어로 기존의 전력망(Grid)에 제4차 산업혁명의 대표적인 디지털 기술인 사물인터넷, 인공지능, 빅데이터 등을 접목해 공급자와 수요자가 양방향으로 실시간 전력 정보를 교환할 수 있도록 함으로써 에너지 효율을 최적화하는 차세대 전력망을 의미한다.

기존의 전력망에서는 전기생산자가 전기를 만들어서 보내면, 소비자가 그 전기를 필요할 때마다 받아서 쓰는 일방적인 구조였다. 발전소에서 생산된 전기는 인근 변전소까지 송전선로를 통하여 전송되고, 이 변전소에서는 전압이 높은 전기의 전압을 낮추어 배전선로를 통해 집 주변의 전주 위에 설치되어 있는 변압기로 보내게 된다. 이후 이 변압기는 일반 가정에서 사용하는 220V로 낮추어 최종적으로 각 가정에 공급하게 되고, 우리는 이 전기를 이용해 냉장고, 세탁기, TV 등 가전제품을 사용한다.

기존 전력망의 문제점은 이 과정에서 소비자들에게 현재 공급되고 있는 전기에 대한 정보가 전혀 전달되지 않는다는 점이다. 이러한 정보의 부재는 소비자들로 하여금 비효율적인 전기사용을 조장해 전력소비에 대한 통제를 어렵게 만든다. 소비에 대한 정보가 없는 전력공급자는 전기사용량이 가장 많은 때(피크)를 기준으로 전력을 생산할 수밖에 없다. 전력망의 특징은 생산된 전기와 소비되는 전기의 양이 같아야 안정적으로 운영된다. 따라서 피크 수요를 기준으로 생산한 전기는 수요가 많지 않은 다른 시간대에는 모두 버려지게 된다. 반대로 전기 사용량이 급증해 공급이 부족하게 될 경우에는 소비자들에게 전기 사용을 자제해 줄 것을 요구하는 방법 외에는 뾰족한 수가 없다.

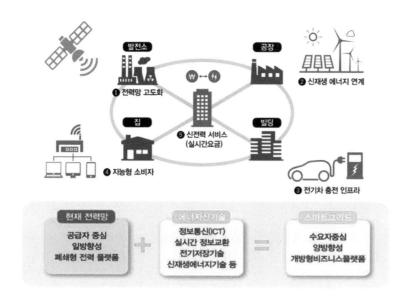

출처 : 한국스마트그리드 사업단

〈그림 6〉 스마트그리드 개념도

이에 반해 스마트그리드는 전력망과 소비자 간의 양방향 통신을 이용해 에너지 사용의 효율을 크게 늘린다(그림 6 참조). 스마트그리드는 공급되는 전기에 대한 요금, 전력예비율 등의 모든 정보를 제공하므로 소비자들은 주어진 정보에 기반해 선택적으로 전기를 사용할 수 있다. 반대로 전력망운영자는 소비자들의 시간대별 전력수요량을 정확히 파악해 신속하게 대처할 수 있게 된다. 이처럼 전력망운영자와 소비자 간에 쌍방향으로 정보를 주고받을 수 있다면 전기사용량이 급증해 공급량의 부족이 예상이 될 경우에는 실시간으로 전기요금을 올려, 소비자들이 피크 시간대를 피해 전기요금이 낮은 시간대에 전력을 사용하도록 수요를 이동시킬 수 있다. 반대로 전력공급이 수요를 초과해 전기가 남게 될 경우에는 요금을 싸게 책정함으로써 피크 시간대에 사용하려던 전기를 공급량이 여유로울 때 더 많이 사용하도록 유도할 수 있다. 여기서 더 나아가 스마트그리드에서는 전기 요금이 쌀 때 전기를 에너지저장장치(ESS)[24]에 저장해 두었다가 전기요금이 비쌀 때 사용하는 것도 가능하다. 이러한 과정들이 축적되면 '부하의 평준화'를 이룰 수 있게 되고, 결국 불필요한 전기의 생산을 줄일 수 있게 되는 것이다.

스마트그리드의 또 다른 장점은 늘어나는 분산전원(DR)의 증가가 야기하는 전력망의 불안정성을 디지털 기술을 활용해 해소할 수 있

---

[24] 에너지저장장치(ESS, Energy Storage System)는 저장이 어렵고 사용 후 없어져 버리는 전기를 효율적으로 사용할 수 있도록 저장·관리하는 시스템이다. ESS는 쓰고 남은 전기를 저장해 두었다가 수요가 많은 시간대에 저장된 전력을 사용함으로써, 정전피해를 최소화하고 전력요금을 절약할 수 있다. 또한 발전소에서는 태양광, 풍력 등과 같이 불규칙적으로 생산되는 재생에너지를 저장·관리하여 에너지의 이용효율을 높일 수 있다.

Ⅲ. 에너지 전환 시대 도시의 미래

다는 점이다. 태양광이나 풍력발전과 같은 재생에너지의 경우 고갈될 걱정이 없고, 자연 에너지를 이용하기 때문에 온실가스 배출은 없지만, 미래 예측이 불가능한 태양과 바람 등을 이용하기에 출력이 불안정하다는 점은 이미 앞에서 밝힌 바 있다. 지난 한 세기 동안 수많은 시행착오를 통해 이제는 안정화된 발전기를 중심으로 만들어진 기존의 중앙집중형 전력망에 출력 자체가 매우 불안정한 다수의 분산전원(재생에너지원)들을 연계할 경우 기존의 전력망 전체를 위험에 빠트릴 수 있다. 스마트그리드는 분산전원들을 자유롭고 안전하게 기존의 전력망에 연계시킬 수 있는 유일한 대안으로 평가받고 있다. 전력망에 설치된 센서(사물인터넷)들이 양방향으로 실시간 정보를 주고 받으면서 전력의 공급과 소비를 모니터링하기 때문에 전력망의 안정성을 도모할 수 있는 것이다.

그러면 스마트그리드를 위해 제4차 산업혁명의 대표적인 기술들이 어떻게 사용될 수 있는지 살펴보자. 전력망 운용에 사물인터넷, 빅데이터, 인공지능과 같은 디지털 기술을 활용하면 전력망 운영의 모니터링, 제어 및 최적화 그리고 자동화가 가능하다(그림 7 참조). 첫째, 전력망 곳곳에 장착된 센서와 고객사이트에 설치된 첨단계량기 덕분에 전력망의 컨디션, 작동상태, 고객의 전력 사용현황, 그리고 외부환경 등에 대한 모니터링을 할 수 있다. 모니터링 데이터가 만들어지면 네트워크 현황에 따라 고객에게 필요한 정보(실시간 요금정보 등)를 알려 줄 수도 있고, 네트워크 운영에 관한 과거의 빅데이터를 이용해 다양한 방법으로 관리할 수도 있다.

둘째, 모니터링이 가능해지면 그 다음 단계로 소프트웨어(알고리즘)를 사용해 전력망을 제어(Control)할 수 있고, 나아가 최적화 (Optimization)도 가능하다. 알고리즘은 전력망의 컨디션이나 외부 환경에 특정한 변화가 일어날 경우 전력망이 어떻게 대응해야 하는 지를 설정해 둔 규칙이다. 예를 들면 전력망에 제공되는 전력공급 이 부족할 때 에너지저장장치(ESS)에 저장되어 있는 전력을 공급하 거나, 전력의 과부하가 걸릴 때 특정 재생에너지 발전기의 전원을 네트워크에서 탈락시키는 것이 제어에 해당한다. 모니터링을 통해 만들어진 데이터를 사용해 전력망을 제어할 수 있다면 전력망의 효 율을 최적화하는 소프트웨어의 사용도 가능하다. 즉 전력의 수요와 공급의 불균형이 발생했을 때 전력의 공급증가나 수요조절을 위해 가장 비용이 적게 들고 효율적인 발전원을 선택해 전력망을 운용하 는 것이 가능해지는 것이다.

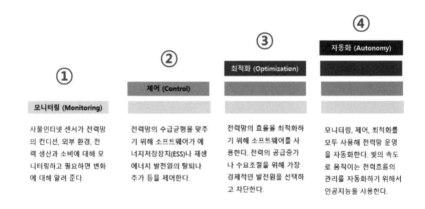

<그림 7> 스마트그리드를 위한 디지털 기술의 활용

III. 에너지 전환 시대 도시의 미래

마지막으로 모니터링과 제어, 최적화를 결합하면 전력망 운용의 자동화가 가능하다. 자동화의 대표적인 예가 최근 사용이 늘어나고 있는 로봇청소기다. 로봇청소기는 센서와 소프트웨어가 장착되어 있어 모양이나 크기가 다른 방에서도 주위 환경을 스캔하며 자동적으로 청소작업을 수행한다. 인공지능 기술이 자동화를 위해 사용되면서 주위 환경에 대해 학습하는 기능뿐 아니라 스스로 서비스를 수행하는 것이 가능해졌기 때문이다. 전력망에서 전기는 빛의 속도로 움직이므로, 전력망 운영을 위한 대응도 신속하게 이루어질 필요가 있다. 따라서 사람이 수동으로 운영하는 것이 아니라 모니터링 데이터에 기반해 자율적으로 판단하고 대응하는 인공지능 기술이 필수적이며, 최종적으로 전력망 운영을 위한 의사결정도 빅데이터에 기반해 자동화할 수 있다. 〈그림 7〉에서 전력망의 모니터링, 제어, 최적화, 자동화의 4단계는 순차적으로 구현이 가능하다. 즉, 제어는 모니터링이 가능해야 진행할 수 있으며, 최적화는 모니터링과 제어 단계가 완성되어야 실현할 수 있다. 따라서 전력망의 자동화는 이전의 3단계가 모두 완성되어야 도입될 수 있다.

2) 스마트그리드를 위한 디지털 기술

(1) 전력 소비자 측면

스마트그리드를 위해서는 현재의 전기사용을 실시간으로 모니터링하는 장치와, 모니터링으로 얻어진 데이터를 사용해 제어하고 최적화하는 소프트웨어가 필요하다. 가정이나 공장 같은 소비지에 설치되는 대표적인 모니터링 기기는 AMI(Advanced Metering Infrastructure)라고 불리는 첨단 디지털 계량기다. AMI는 양방향 정보통신망을 이용해 전력사용량, 시간대별 요금정보와 같은 전기사용 정보를 공급자뿐 아니라 소비자에게 제공함으로써 효율적인 전력소비를 유도하는 장치다. AMI는 원격으로 전기사용량을 측정하는 자동검침과 빅데이터를 응용한 전기이용 패턴 분석, 그리고 전력시스템의 경제성과 안정성의 최적화를 위해 소비자 측에 설치된 전자기기를 제어하는 데 사용된다. AMI에 전력시스템의 가격정보를 보내고 전기사용자가 자신이 선호하는 옵션을 사전에 미리 입력해두면 가격신호에 따라 에너지 이용기기를 가동하거나 대기시킬 수 있다. 즉 AMI를 통해 전기공급자가 현재의 전기사용량과 실시간 시간대별 요금을 소비자에게 제공함으로써 합리적인 전력소비를 유도하는 것이다.

스마트그리드를 위해서는 실시간요금제, 계절·시간별 요금제, 피크 요금제와 같은 다양한 전기요금 제도들이 도입되어야 한다. 소비자들은 이러한 요금제를 AMI를 통해 실시간으로 파악하면서 전기요금이 비쌀 때는 사용을 줄이고, 전기요금이 저렴할 때 사용량을 늘리는 등 합리적인 전기소비를 할 수 있다. 가정에서 사용한 전기를 바로 눈으로 확인할 수 있어 가계부를 쓰면서 비용을 절약하는 것처럼 전기를 아끼는 소비행동을 유도할 수 있는 것이다. 가정뿐만 아니라 빌딩이나 공장에서도 마찬가지다. 빌딩이나 공장에 설치된 AMI를 통해 기업들도 선택적으로 합리적인 전력사용을 할 수 있게 된다. 전력회사와 AMI 사이에 양방향 정보전달이 가능하므로 검침원이 직접 돌아다닐 필요 없이 원격으로 검침을 할 수 있다는 것도 장점이다.

AMI를 통해 모니터링이 가능해지면 이 데이터를 기반으로 에너지 사용을 제어하고 최적화하는 것이 에너지관리시스템(EMS, Energy Management System)이다. EMS는 가정, 빌딩, 공장 등 다양한 소비지에 설치될 수 있다. 가정에서 사용되는 홈에너지관리시스템(HEMS, Home Energy Management System)은 실시간으로 받은 요금정보를 바탕으로 가장 경제적인 방식으로 가전제품을 자동으로 가동시킨다. HEMS는 스마트폰을 사용해 외부에서 원격으로 제어할 수도 있다. HEMS는 가정에 설치된 재생에너지원으로 생산된 전기도 함께 관리한다. 재생에너지 설비에서 생산된 전기가 남게 되면 에너지저장장치(ESS)를 이용해 저장해 두었다가 전기가 필요할 때 꺼내어 사용할 수 있도록 도와주는 역할까지 HEMS가 담당한다. 가정에서 생산된 재생에너지로 전기자동차를 충전할 수도 있고, ESS나 전기자동차 배터리에 저장된 전기를 전력망 이용자에게 판매함으로써 이윤을 창출할 수도 있다. 일반 가정이 단순한 전력 소비자가 아닌 소비와 생산을 동시에 수행하는 생산적 소비자(Prosumer)로 전환되기 위해서는 HEMS가 필요한 이유다.

빌딩이나 공장에서도 에너지관리시스템(EMS)이 제어와 최적화를 위해 설치된다. 재생에너지를 통해 얻은 전기와 전력회사에서 공급되는 전기를 효율적으로 사용하기 위해 건물에서는 빌딩에너지관리시스템(BEMS, Building EMS)이, 그리고 생산현장에서는 공장에너지관리시스템(FEMS, Factory EMS)이 설치되어 운영되고 있다. BEMS는 빌딩에서 거주하는 이들이 기존과 유사한 수준의 쾌적도를 유지하면서 에너지 사용과 비용을 줄여주는 시스템을 말하며, FEMS는 공장에서 이루어지고 있는 주요 공정에 사물인터넷 센서를 설치해 에너지 흐름을 실시간으로 분석하고 낭비요소를 제거함으로써 에너지 효율을 높이는 시스템을 의미한다. 에너지관리시스템은 기업이 수요관리사업자[25] 등과 계약을 맺고 최대 부하(피크) 시에 전력수요감축(Demand Response) 프로그램에 참여하거나 자가용 재생에너지 발전기 및 에너지저장장치(ESS)에 저장된 전력을 판매함으로써 수익을 창출할 수 있도록 도움도 줄 수 있다.

(2) 전력 공급자 측면

최종 전력소비지에 설치된 AMI는 전력공급자에게도 도움이 된다. 전력공급이 부족할 경우 사전에 약정을 맺은 가정이나 기업 등에 전력감축 신호를 보내면 소비지에 설치된 에너지관리시스템이 에어컨 등 스마트 가전에 신호를 보내 제품의 동작시간을 적절히 조절함으로써 전력수요를 감소시킬 수 있기 때문이다. 즉 실시간 정보에 근거한 수요반응(Demand Response) 프로그램으로 전력수요를 감축할 수 있다. 전력의 피크수요를 적절하게 제어할 수 있으면 불필요하게 최대 피크를 예상해 발전소를 추가 건설하지 않아도 되므

---

25) 수요반응(Demand Response)은 전력공급이 부족할 때 전력소비자가 사전에 약정한 전력량만큼 수요를 감축하고 이에 대해 보상금을 지급받는 서비스다. 수요반응을 사용하면 전력망운영자가 전력 피크 시간대에 전력공급을 늘리지 않고도 수요를 감축하여 전력수급의 균형을 맞출 수 있다. 수요관리사업자는 수요반응 프로그램에 참여하는 전력소비자와 계약을 체결하고 실제 전력 감축이 일어나면 정산금을 배분하는 역할을 수행한다.

로 효율적이다. 발전소 건설을 최소화하면 그에 따른 송전 및 배전 시설에 대한 투자도 함께 줄어든다.

재생에너지를 사용하는 분산전원이 늘어나면서 발생할 수 있는 전력망의 불안정성을 해결하기 위해 스마트그리드는 전력망 차원에서 다양한 센서(사물인터넷)를 설치하고 이들 센서와 양방향 통신을 통해 전력수요와 공급의 균형을 맞춘다. 공급 측 센서로 가장 대표적인 장치는 감시제어와 데이터 획득이라는 뜻을 가진 SCADA(Supervisory Control And Data Acquisition)인데, 이는 산업시설에서 작업 공정을 감시하고 제어하는 디지털 기술을 의미한다. 전기는 발전소에서 생산된 후 전송되는 송전과정과 전기의 전압을 높이거나 낮추는 배전과정에서 다양한 문제가 발생할 수 있다. SCADA는 전력망 곳곳에 설치된 센서로부터 데이터를 받아 중앙에서 전기의 원활한 흐름을 원격으로 제어할 수 있게 해 준다.

SCADA를 통해 수집된 데이터는 중앙 에너지관리시스템(EMS)을 위해 사용된다. 가정이나 빌딩, 공장 등에서 에너지관리시스템(HEMS, BEMS, FEMS)을 사용하듯이 전력공급자도 전력망을 제어하고 관리하기 위해 EMS를 활용한다. 중앙 에너지관리시스템은 SCADA가 취합해서 보낸 자료를 소프트웨어로 분석한 후 발전기 등을 제어할 수 있는 신호로 만들어 다시 SCADA로 보낸다. 중앙 에너지관리시스템은 전력망의 전압이나 부하를 측정하고, 전력망의 안전도를 유지하기 위해 경제급전[26]을 지시하기도 한다. 이외에도 EMS는 전력운영을 위한 예비력이 적정한지를 관리하며 필요할 경우 예비력 확보를 위한 발전도 지시한다. 이처럼 스마트그리드에서는 소비자와 전력공급자 모두 사물인터넷(AMI, SCADA 등)을 설치해 전력사용을 모니터링하고 에너지관리시스템을 통한 제어와 최적화로 전력망의 효율을 최대화하고 있다.

3) 스마트그리드로 가기 위한 전제조건

스마트그리드가 성공적으로 실현되기 위해서는 기존의 전력망(그리드)과 디지털 기술을 접목한 인프라와 같은 기술적인 요건만으로는 부족하다. 전력망운영자와 소비자 간 양방향 정보소통으로 에너지 효율을 극대화하기 위해서는 실시간요금제(RTP, Real-Time Pricing)의 도입이 반드시 필요하다. 우리나라는 아직 실시간요금제를 도입하지 못하고 중간단계인 계시별요금제(TOU, Time-Of-Use)와 피크타임요금제(CPP, Critical-Peak Pricing)에 머물러 있다. 계시별요금제는 전력소비가 급증하는 계절(여름과 겨울)과 시간대(최대 부하 시간대)에는 높은 요금을 적용하고, 상대적으로 전력소비가 적은 계절(봄과 가을)과 시간대(경부하 또는 중간부하 시간대)에는 낮은 요금을 적용하는 제

---

26) 경제급전(Economic Dispatch)이란 전력망에 전기공급이 신속하게 필요할 때 가장 저렴한 비용으로 에너지를 공급할 수 있도록 발전기별 출력을 계산해 운영하는 것을 의미한다.

III. 에너지 전환 시대 도시의 미래

도다. 피크타임요금제는 전기사용이 몰리는 피트 시간대에 사전에 계약한 전력량을 초과해서 사용한 수요자에게 1년간 높은 기본요금을 부과하는 제도로, 피크 타임에 몰리는 전력수요를 낮추기 위해 도입된 것이다. 하지만 이들 요금제는 실시간으로 변하는 수요와 공급에 의해 요금이 결정되는 것이 아니라 미리 정해진 약관에 있는 요금표에 따라 가격이 결정되는 형태다. 소비자들이 참여하는 진정한 스마트그리드가 되기 위해서는 전력소비가 가격에 반응할 수 있도록 실시간요금제를 도입해야 한다.

전기시장의 소매판매 부문에 더 많은 민간 사업자들이 다양한 비즈니스 모델로 진입할 수 있도록 전력산업의 구조를 개편하는 작업도 병행되어야 한다. 재생에너지를 사용하는 분산전원이 증가하고, 전력소비자가 프로슈머로 전환되면 개인간 전기를 거래하는 P2P (Peer-to-Peer) 전력거래 시장이 활성화될 필요가 있다. 우리나라는 전력 소매시장을 아직도 한국전력(한전)이 거의 독점해 운영하고 있다. 아직은 태양광 패널과 같은 자가 에너지원을 설치한 대부분의 소비자는 사용하고 남은 전력을 한전에 역송하고 전기사용량을 상계하는 차감요금제(Net Metering)를 사용하고 있다. 차감요금제는 전기를 한전에 판매하는 것이 아니라 한전이 공급하는 전기량에서 자신이 생산한 전력을 차감한 최종 사용량에 요금을 부과하는 것으로 (전기요금의 할인과 유사함) P2P 전력거래와는 거리가 있다.

전기사업이 취급하는 재화는 판매자에 따라 품질차이가 크지 않기 때문에 새로운 사업자가 소매부문에 진입하기 쉽지 않다. 소비자의 입장에서 보면 태양광 발전설비에서 만들어진 전력이든 원자력발전에서 만들어진 전력이든 동일한 재화며 하나의 가격으로 제공되기 때문이다. 전기에 차별성이 없다는 특징 때문에 소매시장에서 차별화된 재화(전기)로 경쟁하기보다는 전달하는 서비스 방식으로 경쟁할 수밖에 없다. 즉 앞으로 전기 판매자는 EaaS(Energy as a Service)라는 새로운 개념으로 다양한 비즈니스 모델을 적용하는 것이 필요하다. EaaS는 사업자가 에너지 소비효율화를 통해 고객의 에너지 비용을 절감한 후 이를 고객과 공유하는 방식으로, 과거의 에너지 서비스 사업 모델과 달리 설비설치 및 관리까지 사업자가 책임지는 새로운 비즈니스 모델이다. 한전이 소매시장을 독점하고 있는 체제에서는 이러한 신규 비즈니스의 태동을 기대하기 어렵다. 그런 의미에서 2021년 10월에 도입된 '직접 PPA(Power Purchase Agreement)' 제도는 전력 소매시장에서 의미가 큰데, 한전의 개입 없이 재생에너지 생산자가 다른 소비자에게 직접 전력을 판매할 수 있는 길을 열었기 때문이다. 전력 소매시장에서 P2P거래가 활성화되면 국내 전력 소비자도 가격 등 다양한 요인을 고려해 전력공급자를 선택하는 시장이 될 수 있다. 전력 소매 부문의 개방을 확대해 경쟁체제를 구축하는 전력산업 구조개편이 필요한 이유다.

스마트그리드는 기존의 전력망에 디지털 기술을 접목한 차세대 전력망이다. 따라서 해킹으로 인한 보안위협이라는 새로운 리스크에 대한 대비가 필요하다. 스마트그리드는 폐쇄적인 네트워크인 기존의 전력망과 달리 개방형 구조를 가지고 있다. 해커가 AMI와 같은 디지털 계량기를 통해 스마트그리드 전체를 대상으로 악성코드를 사용한 사이버 공격을 감행할 수 있다. 이는 대규모 정전을 포함한 국가적 재난으로 이어질 수 있다.

미국의 경제학자 스콧 버그는 동시다발적인 사이버 공격으로 전력망이 마비되어 정전이 계속될 경우 나타날 수 있는 국가적 재앙의 모습을 단계적으로 제시하고 있다. 1단계는 정전 후 1일째로 국민 불편이 본격화된다. 2단계는 정전 후 3일째로 생필품 사재기가 시작된다. 정전 후 10일이 지난 3단계가 되면 인구대이동과 함께 사상자가 발생하기 시작하고, 정전 후 3개월이 지난 마지막 단계에 도달하면 국민폭동과 같은 재앙수준의 피해가 발생한다. 실제로 1977년 뉴욕에서 25시간 정전이 계속되었을 때 상점 1,700여 곳이 약탈당했고, 4천 명 이상이 체포되었으며 1억 5천만 달러 이상의 재산 피해를 기록했다. 이처럼 스마트그리드에 대한 사이버 공격은 대정전과 함께 국가적 재난을 초래할 수 있다.

스마트그리드는 소비자의 프라이버스를 위협할 소지도 크다. 스마트그리드에 연결된 디지털 계량기(AMI)는 가정 내 에너지사용에 대한 구체적인 정보를 저장하고 전송한다. AMI에 기록되는 정보는 가정 내 개인의 생활 패턴을 고스란히 보여준다. 누군가 집에 있는지, 얼마나 샤워를 했는지, 또는 요리를 하고 있는지에 대한 실시간 정보가 저장되고 전송된다. 저장된 정보가 누출되면 개인의 프라이버시는 크게 위협을 받을 수밖에 없다.

스마트그리드의 성공적인 안착을 위해서는 사이버 공격의 위협이나 개인정보의 침해로부터 자유로워야 한다. 아무리 좋은 시스템이라도 사이버 공격에 취약해 대정전의 위험이 크고 개인정보 침해 가능성이 높다면 이는 사회적으로 수용하기 어렵다. 스마트그리드 내에서 흐르는 모든 정보는 반드시 암호화 기술을 적용해 개인정보가 누출되더라도 그 내용을 알 수 없도록 안정장치를 마련해야 한다. 그리고 국가적인 차원에서 스마트그리드의 안전성을 위한 보안 가이드라인도 마련해야 한다. 보안 가이드라인은 스마트그리드에 적합한 국가단위의 보안체계, 전력망의 보안강화를 위한 보안표준과 보안인증제도 등을 포함해야 한다.

6. 결론

지구온난화가 가져올 기후재앙을 막기 위해 2050년까지 반드시 탄소중립을 실현해야 한다. 온실가스 배출을 줄이기 위해서는 제조산업과 수송분야, 그리고 냉난방 분야의 전기화(Electrification)로 향후 그 수요가 지금보다 3배 이상 늘어날 전기를 생산하는 분야에서 에너지 혁명(Energy Revolution)을 통해 '깨끗한 전기'를 만들어내는 것이 가장 효율적인 방법이다. '깨끗한 전기'는 화석연료가 아닌 재생에너지로 만든 전기다. 하지만 태양광과 풍력발전과 같은 재생에너지원은 기존의 중앙집중형 발전보다 규모의 경제를 추구하기 어렵고 발전량이 불규칙한 간헐성의 문제를 지니고 있다. 재생에너지 위주의 전력생산에서 경제성과 안정성이라는 두 마리 토끼를 한꺼번에 잡기 위해서는 전력망과 디지털 기술을 결합하는 방법 외에는 다른 해결책이 없다. 즉 탄소중립과 순환경제를 위해서는 에너지 시스템에 제4차 산업혁명의 대표적인 기술인 인공지능, 사물인터넷,

빅데이터 등을 도입해야 한다.

'깨끗한 전기'만으로 지구온난화 문제를 완전히 해결할 수는 없다. 앞에서 이미 언급한 것처럼 철강이나 시멘트 산업에서는 제품생산에 필수적인 화학반응에서 다량의 온실가스가 배출되고 있다. 인류를 먹이기 위한 가축사육과 농산물의 생산성 향상을 위한 합성비료의 사용도 온실가스를 늘린다. 이들 분야는 전기화(Electrification)로 온실가스를 줄이기 어렵다. 혁신을 통한 새로운 기술이 개발되어야만 문제해결이 가능하다. 인류가 직면한 위기를 혁신으로 해결한 사례는 많다.

1968년 미국 생물학자 폴 에얼릭(Paul Ehrlich)은 그의 베스트 셀러인 『인구폭탄(The Population Bomb)』에서 인류의 미래를 소설 '헝거 게임(The Hunger Games)'에 나오는 디스토피아와 크게 다르지 않은 우울한 모습으로 묘사했다. 그는 '모든 인류를 먹여 살리기 위한 전투는 끝났다'며 '비상 계획에도 불구하고 1970년대와 1980년대에 수억 명의 사람이 굶어 죽을 것이다'라고 예측했다. 특히 '인도는 1980년까지 2억 명의 사람이 굶주림에 목숨을 잃을 것'이라고 썼다. 하지만 그의 예측 중 어느 것도 맞은 것이 없다. 그의 책이 발간된 이후 인도 인구는 8억이 증가해 1968년에 비해 두 배 이상 늘었지만, 오늘날 인도는 당시의 인도보다 밀과 쌀 생산량이 세 배 이상 증가했고 경제는 50배 성장했다. 아시아와 남미 전역에서도 비슷한 수준의 농업생산성 혁신이 이루어졌다. 그 결과 세계인구의 증가에도 불구하고 인도뿐 아니라 세계 어느 곳에서도 수억 명의 사람이 굶어 죽는 상태는 발생하지 않았다. 그리고 이 추세는 세계의 다른 지역에서도 반복되고 있다. 물론 아직도 세계에서 가장 가난한 사람들은 영양실조라는 심각한 문제를 가지고 있으며, 이는 인류가 극복해야 할 과제로 남아 있지만 에얼릭이 예측한 대규모의 기아에 대한 예측은 틀린 게 확실하다.

에얼릭을 비롯한 비관론자들의 전망은 왜 틀렸을까? 인류가 가진 혁신의 힘을 생각하지 못했기 때문이다. 그들은 인도를 비롯한 세계 많은 곳에서 농업혁명을 일으켜 생산성 향상을 이끈 천재적인 농학자 노먼 볼로그(Norman Borlaug)와 같은 사람을 생각하지 못했다. 볼로그는 더 큰 낱알을 가진 밀 품종을 개발하는 혁신을 통해 식량 생산성을 향상시키는 데 크게 기여했다. 농부들의 입장에선 수확량이 증가한 것과 마찬가지였다. 밀의 낱알이 커지면서 밀이 무게를 견디지 못하고 자꾸 쓰러지자, 볼로그는 '앉은뱅이 밀(Semi-dwarf Wheat)'이라고 불리는 줄기가 짧은 밀을 만들어냈다. 블로그의 앉은뱅이 밀이 세계적으로 확산되자 다른 과학자들도 옥수수와 쌀에 비슷한 품종개량을 진행했다. 그 결과 대부분의 지역에서 수확량이 세 배로 뛰었고 기아는 급격히 감소했다. 볼로그는 10억 명 이상의 생명을 살린 사람으로 인정받아 1970년 노벨평화상을 수상했다. 혁신이 인류가 당면한 문제를 어떻게 해결할 수 있는지를 보여주는 사례다.

기후재앙을 막기 위해서는 온실가스 배출을 줄여야 한다. 그리고 온실가스 감축을 위해서는 다양한 분야에서 기술혁신이 일어나야 한다. 인류가 직면한 문제를 해결하는 기술을 개발하고 혁신을 이루는 것은 인류의 DNA에 기록되어 있는 특성이다. 지구온난화 문제도 결국 인류가 혁신을 통해 해결할 것이라고 믿는 이유다.

탄소중립·녹색성장 기본법을 중심으로 살펴본 에너지 전환의 기본 원칙으로서의 정의로운 전환

오관후

1. 서론 - 기후위기에 대한 대응, 그 변곡의 시대

　파리에서 열린 제21차 유엔기후변화협약(UNFCCC: United Nations Framework Convention on Climate Change)의 최고 의사결정기구인 당사국총회(COP: Conference of Parties)는 2020년부터 선진국과 개발도상국 등 모든 국가가 참여하는 신기후체제의 근간이 될 파리협정(Paris Agreement)을 채택하였다. 파리협정은 기존에 선진국 위주의 감축의무에서 벗어나 모든 당사국을 대상으로 2020년부터 적용되는 것으로, 지구 평균기온 상승을 산업화 이전 대비 2℃보다 상당히 낮은 수준으로 유지하고 더 나아가 지구 평균기온 상승을 1.5℃ 내로 제한하기 위해 노력한다는 장기목표를 세우고 탄소배출량의 감축과 이미 발생했거나 혹은 발생할 것으로 예상되는 기후변화와 이로 인한 부정적 영향에 대한 조정을 통한 적응하는 행동에 나가기 위해 기후

재원, 기술개발 및 이전, 역량배양 등의 이행수단을 핵심으로 하고 있다. 또한, 모든 당사국들이 기후행동에 참여하며 5년 주기 이행점검을 통해 노력을 강화하도록 하였으며, 모든 당사국이 스스로 결정한 온실가스 감축 목표를 5년 단위로 제출하고 국내에서 이행토록 하면서 보다 실질적인 행동을 나설 것을 정하였다.[1] 이는 기후위기 상황이 단순히 추상적, 관념적 위험이 아니라 구체적, 현실적 위험으로 다가오고 있다는 것을 전 세계가 인정하고 이를 실천하기 위한 이행에 목표를 둔 것이었다. 이후, 기후변화에 관한 정부 간 패널(Intergovernmental Panel on Climate Change, "IPCC")은 2018년 파리협정에서 정한 1.5℃ 제한노력에 대한 과학적 근거를 마련하기 위해 특별보고서[2]를 작성하였고, 이에 근거하여 각 국가들은 파리협정을 이행하기 위한 정책을 수립하고 실행할 구속력 있는 법제화를 시작하였다. 이러한 세계적인 흐름에 우리나라도 예외가 될 수 없다. 특

---

1) 『PARIS AGREEMENT』, UNITED NATIONS 2015 ; 환경부, 『파리협정 함께보기』, (환경부 기후변화국제협력팀, 한국환경공단 기후정책지원부, 2022. 3.)

2) 위 보고서는 인간 활동으로 인해 산업화 이전 대비 현재 약 1.0℃의 지구 온도가 상승하였고, 현재와 같은 속도로 온난화가 지속된다면 2030년~2052년에는 지구의 기온이 1.5℃이상 상승할 것으로 예측하면서, 지구의 기혼 상승폭을 1.5℃로 제한하는 것과 이를 넘어 1.5℃ ~ 2.0℃ 까지 상승하는 것은 건강, 생계, 식량안보와 물 공급, 인간 안보와 경제성장에 대한 위험도의 차이가 통계적으로 유의한 차이가 있으며, 지구 기온의 상승 폭을 1.5℃로 제한하기 위해서는 인간활동에 기인한 전 지구의 CO_2 순배출량을 2030년까지 2010년 대비 최소 45퍼센트까지 감소시키고 2050년에는 순제로(Net Zero)에 도달 하여야 한다고 하면서, 에너지, 토지이용, 도시, 수송, 건물 등 기반시설과 산업 전 분야에 걸쳐 빠르고 광범위한 변화가 필요하다고 하였다., 『Special Report on Global Warming of 1.5℃(지구온난화 1.5℃ 특별보고서)』, IPCC(2018) ; 기상청, 『지구온난화 1.5℃ 특별보고서 해설서』, (기상청 기후변화감시과, 2020. 12.)

III. 에너지 전환 시대 도시의 미래

히, 대외무역의존도가 심한 우리나라의 경우 글로벌 뉴노멀이 되어 가고 있는 탄소배출감소 더 나아가 탄소중립사회로의 이행에서 뒤처질 경우 국제사회에서 경제적, 정치적으로 도태될 가능성이 매우 높다. 이에 우리나라 역시 2021. 9. 24. "기후위기 대응을 위한 탄소중립 · 녹색성장 기본법(이하「탄소중립기본법」)"을 제정하고, 탄소중립시대로의 이행을 위한 준비를 시작하였다. 따라서 이하에서는 「탄소중립기본법」의 의의와 그 체계를 살펴보고, 이를 중심으로 탄소중립 사회로의 이행을 위한 방법으로서 에너지 전환의 필요성과 에너지 전환을 이행함에 있어 중요한 기본 원칙의 하나로서 "정의로운 전환"에 대해 논의해보고자 한다

2. 「탄소중립기본법」에 대하여

1) 「탄소중립기본법」의 제정

이처럼 2018년 파리협정 이후 세계 각국은 매우 빠른 속도로 구속력 있는 탄소중립사회로의 이행을 위한 노력을 시작하였다. 대표적으로 유럽의회는 2021. 6. 24. 「유럽기후법(European Climate Law)[3]」

---

3) REGULATION (EU) 2021/1119 OF THE EUROPEAN PARLIAMENT AND OF THE COUNCILof 30 June 2021establishing the framework for achieving climate neutrality and amending Regulations (EC) No 401/2009 and (EU) 2018/1999 ('European Climate Law') 〈https://eur-lex.europa.eu/legal-content/EN/

을 제정함으로써 기후변화에 관한 국제연합 기본협약(파리협정)의 원칙에 따라 파리협정의 장기 온도 목표와 관련하여 최적으로 이용가능한 과학적 지식에 기초하여 기후변화에 대처하기 위한 노력을 강화하고 기후변화에 관한 국제연합 기본 협약에 따라 채택된 파리협정을 이행하기로 선언하면서, 2030년까지 1990년 대비 온실가스 배출량을 55퍼센트 감축하고(Article 4 Intermediate UInion climate targets[4] 1.) 2050년까지 탄소중립[5]을 달성한다는 목표를 법률로 정하고 이를 위한 계획을 수립하도록 하였다(Article 2 Climate−neutrality objective[6] 1.).

영국은 2008년 제정된 「2008 기후변화법(Climate Cahnge Act 2008)」상 온실가스 배출에 대한 장기목표였던 온실가스 배출 감출량을 2050년까지 1990년 대비 "최소 80퍼센트"에서 "최소 100퍼센트"로 조정하여 완전한 탄소중립을 달성하고 이를 달성하는 데 필요한 실행계획을 수립할 것을 의무화하였다⟨1. The Target for 2050. (1)⟩.[7]

TXT/?uri=celex%3A32021R1119⟩

4) 원문은 다음과 같다 : "In order to reach the climate−neutrality objective set out in Article 2(1), the binding Union 2030 climate target shall be a domestic reduction of net greenhouse gas emissions (emissions after deduction of removals) by at least 55 % compared to 1990 levels by 2030."

5) 탄소중립(Net zero)란 대기 중에 배출·방출 또는 누출되는 온실가스의 양에서 온실가스 흡수의 양을 상쇄한 순배출량이 영(零)이 되는 상태를 의미한다.

6) 원문은 다음과 같다 : "Union−wide greenhouse gas emissions and removals regulated in Union law shall be balanced within the Union at the latest by 2050, thus reducing emissions to net zero by that date, and the Union shall aim to achieve negative emissions thereafter."

7) 원문은 다음과 같다 : "It is the duty of the Secretary of State to ensure that the net UK carbon account for the year 2050 is at least [100%] lower than the 1990

일본 역시 「지구온난화대책의 추진에 관한 법률」을 제정해 2050년까지 탄소중립을 달성하는 조항을 법률로 신설하였으며, 이외도 프랑스, 캐나다, 싱가포르 등 각국에서 앞다투어 탄소중립을 목표로 선언하고 이를 달성할 계획을 수립하는 의무를 부과하는 법률을 제정하였다.[8]

이처럼, 파리협약 이후 국제사회에서 2050년까지 온실가스 순배출량을 영(zero)으로 하는 탄소중립 목표를 앞다투어 선언하는 흐름이 진행되었고, 우리 정부 역시 2020년 7월 국제사회의 흐름에 발맞추어 그린뉴딜 정책을 발표하고, 같은 해 10월에 2050년 탄소중립 목표를 선언하였다. 그린뉴딜 정책은 코로나19에 따른 경제적 충격과 더불어 기후위기에 대한 전 세계적 차원의 대응 요구에 따라 중장기적으로 저탄소·친환경 경제로 전환을 가속화하고자 하는 방법으로 추진된 것으로, 생활 인프라·에너지의 녹색 전환과 녹색산업 혁신 추진으로 탄소중립(Net-zero)사회 지향을 목표로 1) 도시·공간·생활 인프라 녹색전환, 2) 저탄소·분산형 에너지 확산, 3) 녹색산업 혁신생태계 구축이라는 세 가지 세부과제로 이루어져 있다[9].

또한, 우리 정부는 위 그린뉴딜 정책의 연장선에서 그린뉴딜 정책

---

baseline."

8) 세계법제정보센터, "세계각국의 온실가스 감축목표 및 관련 법령"(법제동향, 2022. 4. 21.), 〈https://world.moleg.go.kr/web/dta/lgslTrendReadPage.do?&CTS_SEQ=50035&AST_SEQ=3891&ETC=7〉

9) 에너지경제연구원, "한국판그린뉴딜의방향 : 진단과 제언", 『에너지현안브리프』(2020. 11), 6면

이후 탄소중립이 글로벌 뉴노멀이 되는 상황에서, 우리나라의 2050년 탄소중립 목표를 달성하기 위한 신규 추진 과제를 그린뉴딜 정책에 포함하기 위해 2021. 7. (1) 디지털 뉴딜, (2) 그린 뉴딜, (3) 휴먼 뉴딜 분야 중 그린 뉴딜의 신규과제로 탄소중립 추진기반 구축을 포함시켰다. 이로써 우리나라는 국가 온실가스 감축목표 달성을 위한 온실가스 측정·평가 시스템을 정비하고 산업계 탄소감축 체제를 구축하기 위해 총사업비를 60조 원까지 증가시키는 등 탄소중립과 온실가스 감축의 차질 없는 이행을 위한 "한국판 그린뉴딜 2.0"추진 계획을 발표[10]해 2050년 탄소중립목표를 달성하기 위한 구체적인 계획, 정책을 마련하고자 하였다.

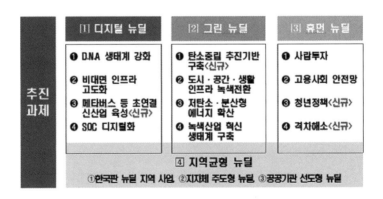

한국판 그린뉴딜 2.0 구조 중 추진과제[11]

---

10) 기획재정부, "정부합동「한국판 뉴딜 2.0 추진계획」발표, 2021. 7.14. 보도자료
11) 기획재정부, "대한민국 정책브리핑 〈대한민국 대전환 '한국판 뉴딜 2.0' 분야별 청사진 나왔다〉", 2021. 7. 15. 보도자료

Ⅲ. 에너지 전환 시대 도시의 미래

한편, 우리나라는 이러한 탄소중립 추진기반 구축을 포함한 그린뉴딜 정책을 계획하고 실행하기 위한 구속력 있는 법률로서 2021. 9. 24. "기후위기 대응을 위한 탄소중립 · 녹색성장 기본법(이하 「탄소중립기본법」)"을 제정하였는데, 종전에는 「저탄소녹색성장기본법」을 중심으로 국가 온실가스 감축목표를 설정하고 온실가스 배출권 거래제의 기반을 다지는 기후위기 대응정책을 이끌어 왔으나, 탄소중립 사회로의 이행을 위한 온실가스 감축과 기후위기에 대한 적응, 이행과정에서 발생하는 사회적 논란과 피해, 경제와 환경의 조화 등에 대응하기에는 「저탄소녹색성장기본법」으로는 한계가 있다는 지적 하에 "기본법"의 형태로 제정된 것이다. 이하에서는 「탄소중립기본법」의 체계를 살펴보고, 이를 중심으로 그 중 탄소중립 사회로의 이행을 위한 방법으로서 에너지 전환의 필요성과 에너지 전환을 이행함에 있어 중요한 기본 원칙의 하나로서 "정의로운 전환"에 대해 논의해보고자 한다.

2) 「탄소중립기본법[12]」의 체계

기본법이란 어떤 제도나 정책의 기본 방향이나 원칙 등을 규정한 법으로 관련 분야의 다른 일반 법률과 최상위 법규인 헌법을 연결시

---

[12] 탄소중립기본법의 제정을 환영하면서도 이 법이 갖는 한계와 문제점에 대한 비판도 다수 있으나, 본고에서는 이 부분에 대한 논의는 배제하였다. 이와 관련하여 "이준서, 『기후위기대응을 위한 탄소중립 녹색성장 기본법의 제정 의의와 그 이행을 위한 향우 화제』, 환경법연구 43권 3호, 2021, 256쪽" 이하 참조.

킬 목적으로 제정한 법률로서, 사회적 합의가 필요한 정책적 목표를 달성하기 위해 제도, 정책 등에 관한 기본 원칙, 기준, 이행계획 등을 제정한 법률을 의미한다.[13] 「탄소중립기본법」은 탄소중립 사회로 가기 위한 정책적 목표를 달성하기 위해 기본원칙과 국가목표, 계획 등을 내용으로 하면서 세부적인 사항을 규정한 개별 법률과 연계를 고려한 기본법으로 기능을 하기 위해 제정되었다.

이러한 「탄소중립기본법」은 기후위기의 심각한 영향을 예방하기 위하여 온실가스 감축 및 기후위기 적응대책을 강화하고 탄소중립 사회로의 이행 과정에서 발생할 수 있는 경제적·환경적·사회적 불평 등을 해소하며 녹색기술과 녹색산업의 육성·촉진·활성화를 통하여 경제와 환경의 조화로운 발전을 도모함으로써, 현재 세대와 미래 세대의 삶의 질을 높이고 생태계와 기후체계를 보호하며 국제사회의 지속가능발전에 이바지하는 것을 목적으로 제정되었다(제1조).

한편, 「탄소중립기본법」은 보칙을 제외한 총 10개의 장으로 구성되어 있다. 구체적으로 제1장에서는 탄소중립 사회[14]로의 이행과 녹색성장을 추진함에 있어 세대 간 형평성의 원칙과 지속가능발전의 원칙에 입각하여 진행하여야 한다는 등의 기본원칙을 규정하고

---

13) 기본법의 개념과 기능에 대해서는 우기택, "기본법과 체계정당성에 관한 연구 – 인권기본법 제정의 필요성을 중심으로", 『법제』, 제644호(법제처, 2016. 9.), 참조

14) 탄소중립사회란 화석연료에 대한 의존도를 낮추거나 없애고 기후위기 적응 및 정의로운 전환을 위한 재정·기술·제도 등의 기반을 구축함으로써 탄소중립을 원활히 달성하고 그 과정에서 발생하는 피해와 부작용을 예방 및 최소화할 수 있도록 하는 사회를 의미한다(제2조 제4호).

각 참여자인 국가, 지방자치단체, 기업, 국민의 책무에 대해 규정함으로써 탄소중립 사회로의 이행을 위한 목표와 계획수립에 대한 공통기준을 정하고 있다(총칙). 제2장에서는 2050년까지 탄소중립을 목표로 함을 선언하고 탄소중립사회로 이행에서 환경과 경제의 조화로운 발전을 국가비전으로 삼고 이를 위한 국가탄소중립녹색성장전략을 수립할 것을 규정하면서, 구체적으로 2030년까지 2018년도 온실가스 배출량 대비 35퍼센트 이상 감축할 것을 중장기 목표로 함을 정하고 있다(국가비전 및 온실가스 감축 목표 등). 제3장에서는 기본원칙에 따라 국가비전 및 중장기 감축목표를 달성하기 위해 국가탄소중립녹색성장기본계획을 수립 및 시행할 것을 법률로서 규정하고, 시·도/시·군·구로 하여금 국가탄소중립녹색성장기본계획을 고려한 각 기본계획을 수립 및 시행하도록 규정함으로써 각 행정단위별 계획수립을 의무화 하고 있다(국가 탄소중립 녹색성장 기본계획의 수립 등). 제4장에서는 제2장 제3장에 따라 탄소중립 사회로의 이행과 녹색성장의 추진을 위해 수립되는 정책 및 계획과 그 시행에 관한 사항에 대한 심의·의결을 위한 최고심의기구로 대통령 소속의 2050 탄소중립녹색성장위원회를 둘 수 있도록 하는 근거 규정을 마련하고 있다(2050 탄소중립녹색성장위원회 등).

또한, 제5장에서는 구체적으로 온실가스 감축을 위한 제도(기후변화영향평가의 실시, 온실가스 감축인지예산제도의 수립, 온실가스 배출권 거래제의 운영)의 근거를 마련하고, 에너지전환[15]을 위한 녹색건축물, 녹색교통 등 녹색산업[16]의 활성화에 대한 정책수립의 근거를 규정하고(온실가스 감축시책), 제6장에서는 기후위기 적응[17]을 위한 기후위기 감시 및 예측 관리 체계를 구축하도록 하고 국가, 지방자치단체 별로 이에 필요한 정책과 사업을 시행하도록 규정하고 있다(기후위기 적응 시책). 제7장에서는 탄소중립 사회로의 이행에서 발생할 수 있는 사회적 · 경제적 문제에 대한 대응 기준인 정의로운 전환[18]이 이루어질 수 있도록 지원책을 포함한 대책을 마련하도록 하고 있으며(정의로운 전환), 제8장에서는 탄소중립 사회로의 이행에서 경제와 환경이 조화를 이룰 수 있는 녹색산업 성장에 필요한 육성과 지원을 하도록 하고 있다(녹색성장 시책). 그리고 제9장에서는 탄소중립 사회 이행과 녹색성장의 문화 확산을 위한 지원에 대해, 제10장에서는

---

15) 에너지전환이란 에너지의 생산, 전달, 소비에 이르는 시스템 전반을 기후위기 대응(온실가스 감축, 기후위기 적응 및 관련 기반의 구축 등 기후위기에 대응하기 위한 일련의 활동을 말한다)과 환경성 · 안전성 · 에너지안보 · 지속가능성을 추구하도록 전환하는 것을 의미한다(제2조 제10호).

16) 녹색산업이란 온실가스를 배출하는 화석에너지의 사용을 대체하고 에너지와 자원 사용의 효율을 높이며, 환경을 개선할 수 있는 재화의 생산과 서비스의 제공 등을 통하여 탄소중립을 이루고 녹색성장을 촉진하기 위한 모든 산업을 말한다(제2조 제17호).

17) 기후위기 적응이란 기후위기에 대한 취약성을 줄이고 기후위기로 인한 건강피해와 자연재해에 대한 적응역량과 회복력을 높이는 등 현재 나타나고 있거나 미래에 나타날 것으로 예상되는 기후위기의 파급효과와 영향을 최소화하거나 유익한 기회로 촉진하는 모든 활동을 말한다(제2조 제11호).

18) 정의로운 전환이란 탄소중립 사회로 이행하는 과정에서 직 · 간접적 피해를 입을 수 있는 지역이나 산업의 노동자, 농민, 중소상공인 등을 보호하여 이행과정에서 발생하는 부담을 사회적으로 분담하고 취약계층의 피해를 최소화하는 정책방향을 의미한다(제2조 제13호).

목표를 달성하기 위한 기금조성에 대한 근거를 각 규정하고 있다.

「탄소중립기본법」은 제1장 총칙의 기본원칙을 중심으로 제2장 내지 제4장에서 국가와 지방자치단체 단계에서의 각 비전과 목표 및 이를 달성하기 위한 계획을 수립하고 시행을 하도록 하고 있으며, 제5장 이하에서는 이렇게 수립된 계획을 시행하고 목표를 달성하기 위해 필요한 기본적인 제도적, 정책적 방향을 규정하고 있는 구조로 이루어져 있다. 이처럼 우리나라는 『탄소중립기본법』을 제정함으로써 2050년 탄소중립 목표와 그린뉴딜 2.0을 추진하기 위한 법적 기반을 마련하였다고 할 수 있다.

3) 「탄소중립기본법」제정의 의의와 한계

이처럼 「탄소중립기본법」은 제1장 총칙의 기본원칙을 중심으로 제2장 내지 제4장에서 국가와 지방자치단체 단계에서의 각 비전과 목표 및 이를 달성하기 위한 계획을 수립하고 시행을 하도록 하고 있으며, 제5장 이하에서는 이렇게 수립된 계획을 시행하고 목표를 달성하기 위해 필요한 기본적인 제도적, 정책적 방향을 규정하고 있는 구조로 이루어져 있다. 이로써 우리나라도 세계적 탄소중립시대의 이행이라는 세계적 흐름에 맞춰 탄소중립 목표와 국가 온실가스 목표를 제시하고 이를 이행하기 위한 기본원칙을 선언함으로써 향후 이에 기반하여 이루어질 다양한 정책에 대한 법적기반을 마련하였다는 점에서 큰 의의가 있다 할 것이며, 무엇보다 명문으로 탄소중립시대로의 이행과정에서 필연적으로 발생할 다양한 사회적 갈

등 해결의 기준으로 "정의로운 전환"이 되도록 함으로써 정의로운 전환이 이루어지는 데 필요한 정책의 추진 근거를 마련하였다.

다만, 「탄소중립기본법」의 기본법적인 성질의 한계로 인해 2050 탄소중립 목표를 달성하는 데 필요한 구체적인 시책이나 계획이 명확하지 아니하고 이를 또다시 이루어야 할 목표로 정하고 있어서 이에 대응하는 개별 법률과 정책으로의 이행이 되어야 하는데 이에 대한 책임의 규정이 모호하다. 또한 기후위기라는 것이 단순히 환경적인 위기뿐만 아니라 사회적 위기를 포함하는 개념이므로 이를 위한 다양한 국가와 지방자치단체 등 참여자들의 사회적 책무에 대한 보다 심도 있는 논의가 이루어졌으면 하는 아쉬움이 있는 것도 사실이다. 이에 본 소고에서는 사회적 위기를 함께 극복한다는 의미에서 「탄소중립기본법」상 "정의로운 전환"이라는 원칙에 대한 논의를 이어나가고자 한다.

3. 「탄소중립기본법」과 정의로운 전환을 원칙으로 한 에너지 전환

1) 「탄소중립기본법」과 에너지 전환

우리나라를 포함한 세계 각국은 2050 탄소중립을 선언하고 탄소중립 시대로의 이행을 위한 각종 정책과 제도를 만들고 있다. 탄소중립의 선언은 산업화 이후 계속 되어왔던 소비의 시대가 종료하였음을 선언하는 것이고, 소비의 시대에서 시작된 기후위기에 대응하기 위해서는 개인에서부터 도시, 산업, 국가까지 모든 차원에서 근원적인 변화가 있어야 한다는 거대한 담론이자 목표라고 할 것이다. 따라서 이러한 목표가 공허한 선언적 표어로만으로 그치지 않기 위해서는 충분한 사회적 논의와 합의를 바탕으로 국가별·산업별·도시별로 온실가스 배출량 감축을 위한 세심하고 면밀한 계획, 설계, 정책이 필요할 것이다.

한편, 우리나라의 경우 2019년도 기준 온실가스의 총배출량이 701.4백만톤(단위: Co2eq., 이하 같다)으로 세계에서 9번째로 많은 양(量)의 온실가스를 배출하는 국가로서[19] 90년 대비 온실가스 배출량이 140퍼센트 가까이 증가하였다. 우리나라 온실가스 배출원은 크게 에너지, 산업공정, 농업, 폐기물 등으로 구성되는데 우리나라 온실가스 총 배출량의 약 90퍼센트에 달하는 611.5 백만톤이 에너지 분야에서 발생하고 있으며, 이 중 99.3.퍼센트에 달하는 607.3백만톤이 연료연소를 통한 온실가스 배출부분이 차지하고 있다. 세부적으로는 발전(공공전기)·열생산 분야에서 248.7백만톤, 제조·건설업 분야에서 12.2백만톤, 수송 분야에서 101.0백만톤의 온실가스를 배출하고 있으며, 상업/공공·가정 분야에서는 49.5백만토의 온실

---

19) 우리나라는 2019년 기준 중국, 미국, 인도, 러시아, 일본, 이란, 독일, 인도네시아, 케나다에 이어 9번째로 온실가스를 많이 배출하는 나라이다. (국가통계포털 : https://kosis.kr/statHtml/statHtml.do?orgId=101&tblId=DT_2KAAF02&conn_path=I2)

가스를 배출하고 있다. [20] 이처럼 우리나라는 에너지 분야에서 발생하는 온실가스 배출량의 약 50퍼센트 가까이가 발전·열생산 분야에서 배출되고 있어, 우리나라 온실가스 총 배출량의 대부분이 인간의 활동에 필요한 에너지를 생산하기 위한 발전·열생산에서 일어나는 연료연소 과정에서 배출되고 있음을 알 수 있다.

이러한 산업적 특성 이외에 우리나라 지역별로는 충청남도에서 154.7백만톤, 전라남도에서 91백만톤, 경기도에서 85.1백만톤, 경상남도에서 59.2백만톤, 경상북도에서 58백만톤, 인천광역시에서 53.6백만톤, 강원도에서 50백만톤, 울산광역시에서 38.5백만톤, 서울특별시에서 28백만톤, 충청북도에서 27.8백만톤, 부산광역시에서 14.6백만톤의 온실가스를 각 배출하고 있다. 이처럼 우리나라는 충청남도, 전라남도, 경기도, 경상남도, 경상북도 등이 주요 온실가스 배출 도시로서, 다음 2018년 기준 17개 광역지자체 지역별 온실가스 배출량 비교 그림을 보면 온실가스 배출량의 지역적 차이가 상당히 나타나고 있음을 알 수 있다. [21]

국내 광역지방자치단체 중 충청남도의 온실가스 배출량이 다른 광역지방자치단체를 압도할 정도로 많은 이유는 충청남도에 국내에서 운영 중이 석탄화력발전소 69기 중 절반이 가까운 30기가 운

---

20) 환경부, "2021년 국가 온실가스 인벤토리(1990-2019)공표", 온실가스정보센터, 2021. 12. 30.

21) 환경부, "광역지자체 기준 지역별 온실가스 인벤토리(1990-2019) 공표", 온실가스정보센터, 2021. 12. 30.

자료: 한국에너지기술연구원 기술정책플랫폼

2018년 기준 17개 광역지자체 지역별 온실가스 배출량 비교영되고 있기 때문으로, 충청남도 이외에도 석탄화력발전소가 다수 위치한 전라남도와 인천광역시 역시 타 지역과 비교하여 온실가스 배출량이 많은 지역이다. 즉, 앞서 산업별 온실가스 배출량의 대부분을 차지하고 있던 공공전기 및 열 생산 등 에너지 산업분야 중 석탄화력발전산업이 밀집된 충청남도, 전라남도 등의 온실가스 배출량이 많다는 점을 보면 우리나라 온실가스배출량의 많은 부분이 석탄화력발전과 연계된 에너지 산업이 차지하고 있다고 볼 수 있다. 결국 국내 각 지역별 온실가스배출량은 각 도시의 산업별 구조에 크게 영향을 받고 있음을 알 수 있다. 한편, 충청남도의 경우 2016년 기준 국내 전력생산량의 23.4퍼센트를 생산하고 있고 생산된 전력의 62.5퍼센트를 충청남도 이외의 지역으로 공급하는 등 에너지 생산 및 공급도시로서의 역할을 하고 있는데, 국내 전력생산기지로서의 그간 중요 역할을 했던 석탄화력발전소로 인해 온실가스 배출량 1위 지역이라는 오명을 차지하고 있다. 이처럼, 국내 온실가스 배출량의 지역적 차이가 발생하고 있는 것은 대부분 산업적 특성에 기인한 것으로,[22] 특히 에너지 산업 분야 중 에너지 생산 방식이 절대적인 영향을 미치고 있는 것이다.

탄소중립 목표를 달성하기 위해서는 필수적으로 온실가스 배출량을 감소시켜야만 하는데 이러한 우리나라 온실가스 배출량의 산업적·지역적 특성에 따르면 결국 우리나라가 탄소중립 사회로 가기

---

22) 여형범, "환경을 생각하는 미래 충남의 지역에너지 정책", 『열린충남』, 제76권(충남연구원, 2016.7), 30면

위해서는 최우선적으로 현재 화석연료 기반의 에너지 공급방식을 비(非)화석연로 에너지로의 전환하는 "에너지전환(Energy Transition)"이 반드시 이행되어야 함을 명확하게 알 수 있다. 이를 반대로 이야기하면 성공적인 "에너지 전환"을 이행할 수 있다면 2050 탄소중립의 목표달성과 탄소중립 사회로의 이행이 좀 더 가까워질 수 있다는 것이다. 산술적으로 충청남도의 석탄화력발전 산업으로 인한 온실가스 배출량을 "0"으로 줄일 수만 있어도 국내 온실가스 배출량의 약 20퍼센트가 줄어드는 막대한 효과가 발생한다 할 것이고, 궁극적으로 화석연료 기반의 에너지 공급정책을 온실가스 배출량을 획기적으로 줄이는 저탄소, 탄소중립형 에너지 공급정책으로 전환이 가능하다면 그 이상의 온실가스 배출량 감소 효과가 발생할 것이기 때문이다. 한편, 2019년 기준 우리나라의 각 에너지원별 소비구조는 석유가 51.5퍼센트로 가장 높고, 전력 20.6퍼센트, 석탄 13.2퍼센트, 가스 11.4퍼센트, 신재생에너지[23] 및 기타 3.3퍼센트[24]를 차지하고 있어, 아직도 우리나라 에너지 소비구조가 공급구조와 마찬가지로 화석연료 중심의 에너지 소비구조체계를 가지고 있음을 알 수 있다. 따라서 2050 탄소중립 목표 달성을 위해서는 화석연료 중

---

23) 「신에너지 및 재생에너지 개발·이용·보급 촉진법」 제2조에 따르면 "신에너지"란 기존의 화석연료를 변환시켜 이용하거나 수소·산소 등의 화학 반응을 통하여 전기 또는 열을 이용하는 에너지로서 수소에너지, 연료전지, 석탄을 액화·가스화한 에너지 등을 의미하고, "재생에너지"란 햇빛·물·지열·강수·생물유기체 등을 포함하는 재생 가능한 에너지를 변환시켜 이용하는 에너지로서 태양에너지, 풍력, 수력, 해양에너지, 지열에너지 등을 의미한다.

24) 산업통산자원부, "2020년 에너지 총조사(2018년 기준 에너지소비량)", 2022. 3. 18.

심의 에너지 공급 및 소비 구조를 신재생에너지 등 비화석연료 중심으로 이동하는 혁신적인 에너지 대전환이 필요하다 할 것이다.

우리나라는 이를 위해 그린뉴딜정책 2.0에서 온실가스 감축기반 마련을 위한 저탄소·분산형 에너지 확산을 위해 에너지관리 효율화 지능형 스마트그리드 구축, 신재생에너지 확산기반 구축, 전기차·수소차 등 그린 모빌리티 보급을 확대하는 것을 주요 추진과제로 삼으면서 에너지 공급 및 소비의 전환을 추진하는 것을 과제로 삼고 있다. 또한, 이를 뒷받침하기 위해 「탄소중립기본법」에서 국가로 하여금 에너지 전환을 위한 계획 및 정책을 수립하도록 하면서 지역별로 신·재생에너지의 보급·확대 방안을 마련하는 등 지방자치단체의 에너지 전환을 지원하는 정책을 수립·시행하도록 하고(제30조 제1항), 이를 위해 필요한 비용의 전부 또는 일부를 보조할 수 있도록 하고 있다(제30조 제2항). 또한, 에너지이용 효율과 신·재생에너지 사용비율을 높이고 온실가스 배출을 최소화하는 "녹색건축물"을 확대하고 기존 건축물이 "녹색건축물"로 전환되도록 하는 데 필요한 정책을 수립·시행하도록 하고(제31조), 온실가스 배출을 최소화하는 교통체계로서 녹색교통을 활성화하도록 함으로써(제32조) 사회 전 분야에 걸친 에너지 전환을 준비하도록 요구하고 있다.

또한, 「탄소중립기본법」은 에너지 전환이 기후위기 대응이라는 수단이 되어야 한다고 하면서도 이러한 전환과정에서 환경성·안전성·에너지안보·지속가능이 담보되도록 하고 있는바, 단순히 온실가스 배출량을 감축한다는 목표만을 위해 정책을 수립할 것이 아니라 이러한 에너지 전환의 방식이 환경친화적인지, 안전성이 담보된 것인지, 지속가능한 것인지를 종합적으로 살피도록 하고 있다. 단적으로, 원자력 발전소가 위치한 경상남도, 경상북도가 석탄화력 발전소가 위치한 타 에너지 공급지역과 비교할 때 상대적으로 온실가스 배출량이 적다는 측면만 보면 저탄소 에너지 생산, 공급방식을 위한 에너지 전환의 한 축으로 원자력 발전을 늘리는 것을 고려해 볼 수 있을 것이나, 원자력 발전 방식의 에너지 전환이 충분한 안전성을 확보하고 있는지, 환경친화적인지에 대해서는 서로 다른 많은 의견들이 있으므로 에너지 전환을 함에 있어서는 상당한 노력을 기울여 사회적으로 숙의를 거친 합의가 필요하며, 그 결과로서 탄소중립을 위한 균형있는 에너지 믹스가 수립될 필요가 있다.[25] 특히 국내의 경우 에너지 전환이 충분한 사회적 협의를 거친 후 장기적이고 지속적인 방향으로 추진되기보다는 정권의 정책적 지향에 따라 단기에 방향이 달라지기도 하는데, 탄소중립 시대로의 이행이 단기간 이룰 수 있는 것이 아닌 장기목표라는 점을 고려할 때 무엇보다 충분한 사회적 숙의를 거친 합의를 바탕으로 에너지 전환 방식이 지속가능하도록 정책이 수립되어야 할 것이다.

한편, 이러한 국가 및 지방자치단체 차원에서의 에너지 전환뿐만

---

25) 유럽연합은 2020. 6. 어떤 산업이 친환경인지 아닌지를 분류하는 기준과 체계인 그린 택소노미(Green taxonomy)를 발표하였는데, 전 세계적으로 ESG(환경, 사회, 지배구조) 경영과 이를 기반으로 한 투자가 확대되고 있어 그린 택소노미에 포함되느냐 아니냐는 투자결정의 중요한 요소가 될 전망이다. 한편, 유럽의회는 2022. 7. 원자력발전을 그린 택소노미에 포함하는 결의를 하였다. GS칼텍스미디어허브, "금융·투자 바로미터 '그린 택소노미'가 녹색경제 판도 바꾼다", 2022. 8. 17.

아니라 민간 차원에서도 2014년 영국의 다국적 비영리기구인 '더 클라이밋 그룹(The Climate Group)'에서 영향력 있는 기업들로 하여금 민간 차원에서의 에너지 전환 운동으로 기업이 필요한 전력을 2050년까지 전량 재생에너지 전력으로 구매 또는 자가생산으로 조달해 100퍼센트 재생에너지 전력 사용을 약속하는 자발적 캠페인인 RE100(Renewable Energy 100%)을 발족하였는데, 이후 전 세계적으로 자발적으로 RE100을 선언하는 기업들이 계속 늘어나고 있다. 이는 에너지 전환의 문제가 국가 차원의 에너지 생산, 공급에서의 문제를 넘어서서, 에너지의 주요 소비(또는 생산)의 한 축을 담당하고 있는 기업의 생존[26]과도 직접적인 연계가 되어 있다는 것을 보여주는 것이다.[27] 이처럼 화석연료에너지 중심에서 신재생, 녹색 에너지의 전환은 탄소중립 시대로 가기 위한 선택이 아니라 필수적 경로로서 국가, 도시, 기업의 생존을 위하여 반드시 필요하다 할 것이다.

2) 에너지 전환 원칙으로서의 정의로운 전환

(1) 역(逆)공유지의 비극과 에너지 전환

---

26) 향후, 유럽연합 등 선진국에서 온실가스 배출량, 재생에너지 사용 비율 등이 기업간 무역에 관여하는 비관세장벽으로 작용할 것으로 예상되어, 국내 기업들의 경우도 실질적인 온실가스 배출 감출 등 탄소중립을 위한 구체적인 이행에 돌입하고 있다.

27) 국내기업도 RE100을 선언하는 기업이 늘고 있으며 2022. 말.기준 SK 주식회사, LG 에너지솔루션, 현대자동차, 삼성전자, 네이버 등 27개의 주요 기업들이 동참을 선언하였다. 〈RE100정보플랫폼, 글로벌 RE100가입현황, https://www.k-re100.or.kr/bbs/board.php?bo_table=sub2_2_1〉

탄소중립 목표를 달성하기 위해서는 산업별·지역별 에너지의 생산, 공급 및 수요 등 모든 측면에서 에너지 대전환이 이루어져야 한다. 그렇다면 과연 우리는 탄소중립 시대를 맞이하기 위한 에너지 전환을 어떠한 원칙하에 이행하여야 할 것인가. 석탄화석연료 중심의 에너지 믹스를 신·재생에너지 등 탄소중립적인 에너지 믹스로 변경하는 것은 당연하게도 그리 간단한 문제가 아니며, 이는 기술적인 문제만으로 해결할 수 있는 것이 아니라 그 과정에서 발생하는 사회·경제적 문제를 함께 고려하여야만 한다.

미국의 생태학자인 Garett Hardin은 1968. 12. 미국 사이언스(Science)에 기고한 짧은 논문에서 "모두에게 개방된 목초지를 상상하면, 각각의 목동들은 가능한 한 많은 소를 공유지에서 기르려고 노력할 것이다. 이러한 상황은 상당한 기간 동안 만족할 수 있을 것인데, 이는 전쟁, 질병 등으로 인해 땅이 감당할 수 있는 만큼의 인간과 동물의 수가 유지될 것이기 때문이다.(…)그러나 목동들이 합리적인 한 자신의 이익을 극대화하려고 할 것이기에, 목동들은 자신에게 '한 마리의 소를 더 추가하는 것이 나에게 무슨 효용이 있을까'라는 것을 묻게 될 것인데, 이 효용은 긍정적 효용과 부정적 효용을 하나씩 가지고 있다. 긍정적인 부분은 소를 한 마리 추가함으로써 목동은 추가된 소 한 마리를 판매하면서 얻게 되는 모든 이익이므로 긍정적인 효용은 1이다. 부정적인 부분은 소를 한 마리 추가함으로써 과대방목으로 생기는 부분인데, 과대방목의 효과는 모든 목동들에게 공유되므로 특정한 의사결정을 한 목동의 부정적인 효용은 −1의 일부에 불과하다[28]"라고 하면서, 개개의 목동들이 합리적인 판단에 기한 이익극대화 행동으로 인해 모두 추가로 소를 공유목초지에 방목함으로써 결국은 목초지가 감당할 수 없는 한계를 넘어서서 황폐화될 것이라고 설명하였다. 그리고 이를 빗대어 무분별한 방문으로 인한 자연경관의 훼손과, 모두에게 손해 공유되는 방식으로 이루어지는 환경오염 등을 설명하였다. 즉, 현재의 기후위기는 각 국가, 도시, 기업가, 개인들이 자신의 이익을 극대화하는 과정에서 일종의 공공재인 물과 공기 등의 자연에 대하여 무차별적인 폐기물, 온실가스 등을 배출한 결과 발생하였다는 것이다.

이처럼 기후위기와 공유지의 비극은 이미 1968년에 이야기가 시작되었을 정도로 오래된 이야기인데, 전 세계적으로 기후위기 극복을 위한 탄소중립을 선언하고 그 시대로의 이행을 준비하는 지금 왜 또다시 공유지의 비극을 우려해야 할까. 공유지의 비극은 비단 기후위기의 시작에만 작동하는 것이 아니기 때문이다. 그 반대로 기후위기를 극복하기 위한 탄소중립 시대로의 이행과정에서도 여전히 개인의, 도시의, 국가의 합리적인 이익추구 행위로 인하여 일종의 공유지의 재건인 탄소중립으로의 이행의 대가를 특정 집단에게만 부담하게 하려는 일종의 역(逆)공유지의 비극[29]이 발생할 수 있

---

28) Garrett Hardin, "The Tragedy of the Commons – The population problem has no technical solution : it requires a fundamental extension in morality", Vol 162 issue 3859(1968), pp. 1243 ~ 1248.

29) 기후위기의 발생에는 한 행동으로 얻게되는 이익은 온전히 한 개인에게 돌아오는 반면, 그로 인해 얻게되는 손해가 집단으로 공유되는 것에서 비롯되었다면, 기후위기

다. 즉, 기존의 공유지의 비극이 한 개인의 합리적인 이익추구 행위로 인하여 황폐화되는 공유지를 일컬었다면, 반대로 황폐화된 공유지의 재건 과정에서 그 대가를 누가, 어떻게, 얼마를 치를 것인지에 대한 사회적 협의와 논의가 없다면 특정 개인의 공유지 재건을 위한 행동의 대가(비용)가 오로지 특정 개인에게 부과되는 반면 그 이익은 해당 공유지를 공유하는 모두에게 돌아오게 되므로 합리적인 경제인을 가정할 때 누구도 적극적으로 공유지의 재건을 위한 노력을 하지 않을 것이기 때문이다.

탄소중립 시대의 이행을 위한 에너지 대전환의 과정에서는 필연적으로 천문학적인 비용과 참여자들의 희생이 뒤따를 수밖에 없다. 단적으로, 석탄화력발전소가 밀집되어 있는 충청남도에서 50~100년의 장기간에 걸쳐 주요 지역산업을 석탄화력발전 산업에서 신재생에너지발전 산업으로 전환을 추진한다면 그 과정에서 충분한 논의와 숙의를 거쳐 점진적인 산업의 이전과정을 거침으로써 에너지 전환으로 인해 발생하는 피해의 예방 등이 마련될 수 있으나, 20~30년 내의 짧은 시간 동안 탄소중립을 위한 에너지 전환을 이루어야 한다는 이유로 단기간에 석탄화력발전 산업을 중단한다면 이로 인한 사회적 · 경제적 갈등과 피해가 발생할 수밖에 없다. 고에너지 소비사업인 석유화학 사업을 주요산업으로 가지고 있는 전라남도의 경우도 이를 짧은 시간 내에 탈탄소 산업으로 급격하게 전

극복의 과정은 한 개인의 행동으로 얻게되는 이익은 집단으로 공유되는 반면 그 손해는 온전히 한 개인에게 돌아오는 측면이 있기에, 역(逆)공유지의 비극이라 칭하였다.

환하게 된다면 어쩔 수 없이 그 과정에서 고탄소 산업 종사 노동자의 실업문제와 이들이 산업전환 과정에의 부적응 등으로 인한 불평등문제 등의 대가를 치를 수밖에 없을 것이다. 또한, 에너지 전환이 급격하게 이루어지는 결과 온실가스 고배출 산업군뿐만 아니라 이에 기생하여 운영되는 하위 산업과 그 산업에 근무하는 노동자, 그 산업과 관련한 중소상공인 등에게 에너지 전환으로 인해 발생하는 부담이 불공평하게 부담되어질 가능성이 매우 높다. 이렇게 에너지 전환이 지역별·산업별로 불공평, 불공정하게 이루어진다면 탄소중립이라는 목표를 달성한다 하더라도 또 다른 막대한 사회적 비용이 우리를 기다리게 될 것이며, 이는 결국 지속가능한 에너지 전환, 탄소중립이 불가능다는 것을 의미한다. 즉, 탄소중립 시대로의 이행이라는 거대한 명제에만 사로잡혀 이를 추진한다면 결국 누구도 그 이행에 따르는 대가를 부담하지 않으려 할 것이기 때문에 결국 특정 개인, 산업, 도시, 국가가 그 책임을 과다하게 부담할 수밖에 없게 될 것인데 이를 공동체 사회에서 공유하여 부담하지 않는다면 결코 지속가능한 탄소중립 시대는 올 수 없다 할 것이다.

따라서 에너지 전환 과정에서 발생하는 비용은 특정 개인, 산업, 도시, 국가가 아니라 전 사회적으로 분담이 이루어져야 할 것이다. 지역 간 산업구조, 인구의 차이로 인하여 에너지 전환 과정에서 발생하는 비용이 상이할 것인데, 이를 무시하고 한 지역과 사회, 또는 특정 집단에서 이를 모두 부담하여야 한다고 한다면 또 다시 개인의 이기적인 행동으로 인해 사회가 파괴되는 공유지의 비극이 반복될 수밖에 없을 것이기 때문이다. 그러므로 에너지 전환은 단순히 탄소중립이라는 목표를 달성하기 위한 최적의 방법만을 추구하여서는 아니 되고, 환경, 경제, 사회적으로 지속가능한 발전이 될 수 있도록 전환이 이루어져야 하는데, 이를 위해서는 역(逆)공유지의 비극을 극복하여야 하고 이를 위한 에너지 전환이 정의로운 전환이라는 원칙에 입각하여 진행되어야 한다.

(2) 정의로운 전환[30]의 개념 및 확산

"정의로운 전환(Just Transition)"은 기후위기와 에너지 전환의 과정에서 새롭게 등장한 개념은 아니다. 정의로운 전환의 시작에 대해 다양한 논의가 있으나, 대체적으로 미국에서 1980년 화학물질로 오염된 토양을 정화하여 복원하기 위해 천문학적으로 소요되는 비용에 대해 화학산업에 대한 환경규제의 일환으로 강력한 세금을 부과하는 제도인 일명 슈퍼펀드라 불리는 제도를 시작하였다. 이처럼 화학산업에 대한 규제강화 등 외부 압력에 따른 변화의 과정에서 의도치 않은 피해로 화학산업에 종사하는 노동자들의 노동권이 악화되어 실업 등의 피해를 입게 되자 이를 극복하기 위한 방안으로 노동자들이 안정적으로 새로운 삶을 시작할 수 있도록 지원과 부담을 공유하여야 한다는 요구가 거세지게 되었고, 이에 1993년 미국 석유 · 화학 · 원자력 노동조합(Oil, Chemical and Atomic Workers Union : OCAW)

---

30) 정식법령은 「종합적 환경대응, 보상, 책임법(Comprehensive Environmental Response, Compensation and Liability Act)」으로 제정과정에 대한 구체적인 내용은 미국 환경청 슈퍼펀드 홈페이지 참조⟨https://www.epa.gov/superfund⟩

의 대표였던 토니 마조치(Tony Mazzocchi)는 오염토양을 위한 슈퍼펀드가 아니라 "노동자를 위한 슈퍼펀드(Superfund for Workers)"를 주장하였고 이를 시작으로 "노동자를 위한 슈퍼펀드"에서 나아가 이러한 공공의 이익을 위한 변화의 과정에서 발생하는 비용을 소수에게만 부담하지 않도록 하는 차원에서 "정의로운 전환"이라는 개념으로 확산되기 시작하였다.

이처럼 "정의로운 전환"이란 환경오염 문제의 해결 등과 같은 공익적 목적 달성을 위해 오염원인 사업자에 대한 규제라는 정책의 실행과정에서 종전에 오염원인 사업에 종사하고 있던 노동자 등에 대한 부수적 피해(Collateral damage)를 외면하거나 소수인 이들에게 그 피해를 전가하지 않아야 한다는 원칙으로서, 기후위기 극복을 위한 탄소중립시대로의 이행 과정에서도 정책실행의 중요한 원칙으로 이해되고 적용되어야 하는 것이다.

(3) 탄소중립기본법과 정의로운 전환

이처럼 에너지 전환은 기본적으로 소비의 시대의 이익을 누려온 모두가 공정하게 비용을 부담하고 그 혜택을 공평하게 누려야 한다. 이를 위해, 「탄소중립기본법」은 "탄소중립 사회"는 정의로운 전환이 이루어지는 사회로서, 탄소중립 사회로 이행하는 과정에서 직·간접적 피해를 입을 수 있는 지역이나 산업의 노동자, 농민, 중소상공인 등을 보호하여 이행 과정에서 발생하는 부담을 사회적으로 분담하고 취약계층의 피해를 최소화하는 "정의로운 전환"을 실현하는 것을 기본원칙으로 삼음으로써 에너지 전환 과정에서 발생할 수 있는 사회적 문제를 예방하고 해결하여야 함을 선언하고 있다[31](제3조 제4호). 또한, 국가와 지방자치단체로 하여금 기후정의와 정의로운 전환의 원칙에 따라 기후위기로부터 국민의 안전과 재산을 보호하도록 하고(제4조 제6항), 국가 탄소중립 녹생성장 기본계획의 수립·시행에도 정의로운 전환에 관한 사항이 포함되도록 강제하며(제10조 제6호), 대통령 소속으로 설치되는 2050탄소중립녹색성장위원회의 위원으로 "정의로운 전환"의 분야에 관한 학식과 경험이 풍부한 사람이 되도록 함으로써, 정의로운 전환의 원칙이 국가 등의 계획에 반영되도록 하고 있다(제15조 제4항 제2호).

뿐만 아니라, 「탄소중립기본법」은 제7장으로 "정의로운 전환"이라는 장을 별도로 두고 정부로 하여금 기후위기에 취약한 계층 등의 현황과 일자리 감소, 지역경제의 영향 등 사회적·경제적 불평등이 심화되는 지역 및 산업 현황을 파악하고 이에 대한 지원대책과 재난 대비 역량을 강화하도록 하면서(제47조 제1항) 사전에 탄소중립 사회의 취약지역 및 산업을 파악하여 대비하도록 하고 있다. 또한, 탄소중립 사회로의 이행에 있어 산업전환 및 구조적 실업에 따른 피해를 최소화하기 위해 실업의 발생 등 고용상태의 영향을 조사하고, 재교육, 재취업, 전직 등을 지원하거나 생활지원을 하기 위한 방안을

---

31) 파리협정 역시 전문에 국가적으로 정한 발전 우선순위에 따라 노동력의 정의로운 전환과 양질의 일자리 창출의무를 고려해야 한다고 하여 정의로운 전환에 관한 규정을 포함하고 있다. 앞의 각주 1) 원문은 다음과 같다. "Taking into account the imperatives of a just transition of the workforce and the creation of decent work and quality jobs in accordance with nationally defined development priorities"

마련하도록 하고 있다(제47조 제2항). 나아가 탄소중립 사회로의 이행 과정에서 급격한 일자리 감소, 지역경제 침체, 산업구조의 변화에 따라 고용환경이 크게 변화되거나 변화될 것으로 예상되는 지역이나 사회적·경제적 환경의 급격한 변화가 예상되거나 변화된 지역 등에 대해 "정의로운 전환 특별지구"로 지정하여 해당 지역의 고용안전, 실업예방, 신사업육성 및 투자유지를 위한 지원 등 행정상·금융상 필요한 지원을 할 수 있도록 하고 있다(제48조). 이외에도, 기후위기 대응 및 탄소중립 사회로 이행과정에서 영향을 받을 수 있는 업종에 종사하는 기업이 녹색산업 분야로 사업전환을 요청하는 경우 사업전환을 지원하도록 하고(제49조), 탄소중립 사회로의 이행 과정에서 자산가치의 하락 등 기업 운영에 미치는 영향을 평가해 손실을 최소화할 수 있는 지원 시책을 마련하도록 하고 이를 투명하게 공시·공개하도록 하고 있으며(제50조), 탄소중립 사회로의 이행을 위한 정책의 수립·시행에 있어 국민참여를 보장하고, 국가와 지방자치단체의 정책 제안 플랫폼을 통해 제안된 의견을 반영하기 위한 행정적·재정적 지원을 할 수 있도록(제51조) 하는 등 탄소중립 사회로의 이행에 있어 정의로운 전환이 이루어질 수 있도록 기본원칙과 목표, 이를 달성하기 위한 정책을 규정하고 있다.

이처럼, 「탄소중립기본법」은 탄소중립 사회로의 이행의 원칙인 정의로운 전환을 탄소중립 사회로 이행하는 과정에서 직·간접적 피해를 입을 수 있는 지역이나 산업의 노동자, 농민, 중소상공인 등을 보호하여 이행 과정에서 발생하는 부담을 사회적으로 분담하고 취약계층의 피해를 최소화하는 것이라고 정의하고, 정의로운 전환이 이행되기 위한 정책과 제도를 마련하도록 함으로써 탄소중립의 목표를 달성함에 있어 이로 인해 피해를 입는 사회적 집단이 발생하지 않도록 예방하고, 이를 지원하도록 함으로써 환경, 경제, 사회적으로 지속가능한 발전이 될 수 있도록 전환이 이루어지도록 기본적인 규정을 두고 있다.

(4) 정의로운 전환으로 가기 위한 제도의 구비

앞서 이야기한 바와 같이 결국 지속가능한 탄소중립 사회로의 이행을 위해서는 역(逆)공유지의 비극을 극복하여야 할 것이고, 이를 위해서는 특정 개인, 산업, 도시, 국가가 탄소중립에 소요하는 경제적·사회적 비용을 부담하여서는 아니되며, 이러한 부담을 어떠한 기준에 의거하여, 누가, 얼마나, 어떻게 부담하는지에 대한 구체적인 논의와 사회적 협의가 있어야 할 것이다. 즉, 에너지 전환의 정의로운 전환의 핵심은 전환에 소요되는 경제적·사회적 비용과 책임을 사회적으로 어떻게 공정하게 분배할 것인가의 문제에 있다.

그러나 우리 「탄소중립기본법」은 탄소중립 사회로의 이행과정에서 발생할 수 있는 직·간접적 피해를 입을 수 있는 지역이나 산업의 노동자, 농민, 중소상공인 등을 보호하여 이행 과정에서 발생하는 부담을 사회적으로 분담하고 취약계층의 피해를 최소화하는 것을 정의로운 전환으로 정의함으로써, 적극적으로 사전에 에너지 전환과정에서 직·간접적 피해를 입을 것으로 예상되는 분야에 대한 사회적·경제적 비용을 누가, 얼마나, 어떻게 부담에 대한 구체적인 방향에 대한 규정이 미흡해 보인다.

한편, EU집행위원회는 2020. 1. '유럽 그린 딜 투자계획(European Green Deal Investment Plan, EGDIP[32])"을 발표하면서, 2050년까지 탄소중립 목표 실현은 적극적인 투자와 자금조달이 선행되어야 하는데 기존의 EU 예산만으로는 기후 변화를 해결하거나 대규모 글로벌 투자 요구를 충족시키지 않음을 인식한데서 출발하여, 2020년부터 2030년까지 지속 가능성 분야에 최소 1조 유로를 정의로운 전환 기금(Just Transition Fund)으로 조성하고 이를 통해 '정의로운 전환 메커니즘(Just Transition Mechanism)'이라는 지원체계를 구축하기로 하였다. EU의 정의로운 전환 메커니즘은 "누구도 뒤처지게 두지 않는다(leave no one behind)"는 지속가능발전 목표 아래 핵심가치인 "연대성(Soidarity)"을 기반으로 하고 있다. EU의 정의로운 전환 메커니즘은 세 가지 기둥의 자금조달 방식으로 구분되는데 1) 주로 이상화탄소 발생량이 많은 지역이나 산업이 에너지 전환에 필요한 일자리 창출, 산업 투자 등에 사용할 목적으로 EU의 예산 내에서 새롭게 75억 유로를 추가하고, EU 회원국들의 공동자금 조달을 합치면 2021년부터 2027년까지 300~500억 유로에 달하는 새로운 정의로운 펀드 기금(The new Just Transition Fund)과 2) InvestEU의 정의로운 전환 체계 아래에서 최대 450억 유로의 민간투자를 창출하는 계획, 3) EU예산으로 지원되는 유럽투자은행의 공공부문 대출을 신설하여 에너

---

32) 지속가능한 유럽 투자계획(Sustainable Europe Investment Plan, SEIP)라고도 불리운다. EU집행위원회 사이트, "The European Green Deal Investment Plan and Just Transition Mechanism explained", 2020. 1. 14. https://ec.europa.eu/commission/presscorner/detail/en/QANDA_20_24 (2023. 1. 25. 접속)

지 및 교통 인프라, 지역난방 등 공공부문에 대한 대출계획이 바로 그것이다.[33] 한편, EU의 정의로운 전환 기금은 ① 경제 다각화 및 전환에 기여하는 중소기업(스타트업)에 대한 투자, ② 창업지원을 통한 신규기업 육성, ③ 연구ㆍ개발 활동 및 선진 기술 이전 촉진 지원, ④ 수용가능한 청정에너지 기술 및 기반시설 배치, 온실가스 감축, 에너지 효율과 재생에너지에 대한 투자, ⑤ 디지털화와 디지털 연계에 대한 투자, ⑥ 순환경제 증진에 대한 투자(폐기물 발생 억제, 감량, 자원효율성, 재사용, 재수리, 재활용), ⑦ 노동자의 기술력 증진 및 재숙련 교육, ⑧ 구직자의 신규 일자리 탐색 지원, ⑨ 구직자를 위한 적극적인 지원(교육, 사회서비스, 복지 등), ⑩ 오염부지의 정화, 토지 복원, 활용에 대한 투자, ⑪ 기술적 지원에 기금이 제한하여 지원할 수 있도록 함과 동시에 원자력발전소의 건설이나 해체, 담배 관련사업, 부실기업인수, 화석연료관련 투자 등에는 정의로운 전환 기금의 사용을 할 수 없음을 명시하였다.[34] 이처럼 EU의 경우 구체적으로 에너지 전환의 과정에서 발생하는 피해를 예방하기 위한 기금을 조성하고, 이러한 기금을 신청할 수 있는 지역과 지원 가능 산업과 불가능 산업을 명시함으로써, 어떤 방식으로 정의로운 전환에 필요한 비용(재원)을 부담하고, 어떻게 사용할지를 정하고 있다.

---

33) 앞의 각주 31.

34) Official Journal of the European Union, REGULATION (EU) 2021/1056 OF THE EUROPEAN PARLIAMENT AND OF THE COUNCIL, establishing the Just Transition Fund, Article 8.

한편, 우리 「탄소중립기본법」은 정부로 하여금 기후위기에 효과적으로 대응하고 탄소중립 사회로의 이행과 녹색성장을 촉진하는 데 필요한 재원을 확보하기 위해 기후대응기금을 설치하고(제69조 제1항), 위 기금의 재원조성방법을 규정하고 있기는 하나(제69조 제2항) 이러한 기후대응기금에서 정의로운 전환의 용도로 사용될 수 있는 기금의 규모와 구체적인 지원산업, 지역 등을 정하지 아니하고 있는바, 향후 이를 구체화할 필요성이 있다. 뿐만 아니라 이러한 기후위기대응기금과 별도로 에너지 전환 과정에서 정의로운 전환의 중요성을 고려할 때, 직·간접적으로 피해를 입을 수 있는 지역이나 산업을 과학적으로 분석하여 구체화하고 세분화한 후, 구체적이고 실질적인 기금을 통해 피해를 입을 수 있는 지역이나 산업이 부담하여야 하는 비용을 어떻게 사회적으로 부담하고 분배할 것인지에 대해 정부, 시민, 기업 등 각 참여자들이 공론의 장에서 숙의하고 토론하는 과정을 거쳐 그 기준을 명확히 한 후 이를 실행할 수 있는 독자적인 정의로운 전환기금을 조성하기 위한 법, 정책을 만들어야 할 것이다. 그럼으로써 "정의로운 전환"이 누군가에게만 "정의로운" 것이 아니라 모두에게 "정의로운" 전환이 이루어져 우리 모두가 기후위기와 미래세대에 대한 부담의 책임자라는 인식을 갖게 될 것이다.

최근 충청남도에서 정의로운 전환 기본조례[35]를 제정하였는데 이에 따르면 도지사에게 탄소중립 사회로의 이행에 있어 충청남도 내

---

35) 충청남도조례 제5308호, 2022. 12. 30. 제정 및 시행

경제·사회·교육·문화·노동·산업 등 도정 모든 부문에서 정의로운 전환이 반영될 수 있도록 노력하고(제3조 제1항), 정의로운 전환을 위한 주민참여를 보장하도록 하는(제3조 제2항) 책무를 규정하고, 정의로운 전환의 추진을 위해 주민참여형 시·군 에너지 전환 및 정의로운 전환을 추진하는 정책을 수립·시행하도록 하고(제13조 제1항), 정의로운 전환에 따라 발생하는 급격한 산업·지역별 인력 수요 변화에 대응하고 원활한 노동전환을 위하여 필요한 시책을 마련하고 시행하도록 하는(제16조 제1항) 한편 도지사로 하여금 정의로운 전환을 지원하기 위하여 충청남도 정의로운 전환 기금을 설치하도록 하면서, 「탄소중립기본법」에 따른 정의로운 전환을 지역단위에서 실현하기 위한 도지사의 구체적인 책무를 규정하고 있다. 예상컨대 산업적 특성으로 인해 국내 온실가스 배출량 1위 지역인 충청남도가 탄소중립 사회로의 이행에 가장 큰 비용을 부담하고 희생이 뒤따를 것으로 보이는데, 이를 대비하기 위해 정의로운 전환 기본 조례를 제정하고 도지사로 하여금 이를 지원할 수 있는 기금마련의 책무를 부과하였다는 점은 매우 고무적이라 할 것이다.

3) 지속가능한 탄소중립을 위하여

정의로운 전환을 탄소중립 사회로의 이행에 있어 기본원칙으로 정한 것은 결국 탄소중립 목표를 달성하는 과정에서 다양한 사회적·경제적·문화적 갈등이 발생할 것이라는 점이 너무도 명확히 예측되기 때문일 것이다. 앞서 본 것처럼, 우리나라의 경우 지역별 주요 산업이 어떻게 구성되어 있느냐에 따라 탄소중립 사회로의 이행을 위한 에너지 전환에 필요한 부담 역시 달라질 수밖에 없다 할 것인데, 해당 지역의 산업 발전으로 인한 과실이 단지 해당 지역에서만 수취한 것이 아닌 이상 에너지 전환 등 탄소중립 시대로 가기 위해 부담하게 되는 대가도 한 지역, 도시 만의 문제가 아닌 전 국가, 사회적 부담으로 인식하여야 한다. 이를 위해 에너지 전환이 이루어지는 과정에서 정의로운 전환의 원칙을 기준으로 온실가스 감축이라는 목표 못지않게 산업전환을 지원하면서 신산업을 적극적으로 추진하여 지역의 고용불안을 해소하고, 전환과정에서 발생하는 사회적 불평등을 해소하기 위한 적극적 정책을 펼쳐야 한다.

이는 결국, 우리가 목표로 해야 할 것은 온실가스 배출량 감축이라는 결과가 되어서는 안 된다는 것을 의미한다. 즉, 온실가스 배출량 감축 목표에만 경도되어 기계적인 탄소중립 사회로의 이행이 이루어질 경우 설령 그 사회로 이행이 된다 하더라도 또 다른 갈등과 분쟁으로 인한 막대한 사회적 비용을 치러야 함은 물론 지속가능한 방식도 아니기 때문이다. 따라서 우리가 목표로 해야 할 것은 온실가스 배출량을 감축하는 것이 아니라 사회·경제적 시스템이 탄소중립 시대를 지속가능하게 유지할 수 있도록 변화하는 것이며, 이러한 시스템이 공정, 공평, 정의롭게 작동하도록 하는 것이다. 그리고 그 시스템은 정의로운 전환이 이루어지도록 설계하여 역(逆)공유지의 비극을 극복하기 위한 탄소중립 시대로의 이행에 또 다른 피해가 발생하지 않도록 하여야 할 것이다.

4. 결론 - 탄소중립 사회로의 이행

지난 10여 년간 탄소중립시대로의 이행에 대한 전 세계적인 논의가 빠르고 거침없이 지속되었고 그 결과 이제 탄소중립 사회로 가기 위한 탄소중립시대가 시작되었다. 우리나라 역시 앞서 살펴본 법적·제도적 변화 이외에도 실제 각 지방자치단체에서 탄소중립 목표를 수립하고 구체적인 계획과 이에 따른 이행을 하기 시작하였다. 최근에는 경기도 수원시와 충청북도 충주시가 「탄소중립기본법」 제29조에 따른 탄소중립 도시로 지정이 되어 앞으로 전국적인 테스트베드로서의 역할을 할 예정이다.

한편, 이에 앞서 제주특별자치도는 2012년 5월 2030년까지 제주도를 탄소 없는 섬으로 달성한다는 목표를 내세운 "탄소없는 섬 2030(Carbon Free Island Jeju by 2030, CFI 2030)"을 발표하고, 이를 위해 에너지 공급방식으로 풍력과 태양광 등 신재생에너지 방식으로 전환하는 목표를 세웠으며, 2020 탄소중립 시대를 준비하기 위해 2022년 1월 "2050탄소중립을 위한 기후변화 대응계획"을 수립하는 등 가장 적극적으로 탄소중립 사회를 준비하고 있다. 이처럼 제주특별자치도는 국내 어디보다 빠르게 지역적 특성을 이용해 탄소중립 사회를 준비하고 이행하고 있으나, 그로 인해 어느 지역보다 먼저 에너지 전환 등 변화의 과정에서 풍력 등 신재생에너지 산업의 성장에 따른 이익과 그 반대급부로의 자연훼손, 조망권, 소음 발생, 신재생에너지 시설 설치에 따른 지가하락 등으로 발생하는 지역주민의 손해발생 사이의 적절한 공유가 이루어지지 않아 수년간 갈등과 시행착오를 거친 바 있다. 이러한 제주특별자치도에서 겪고 있는 시행착오는 비단 그 안에서만 발생할 것들이 아니다. 국내 전역에서 탄소중립 사회로의 이행이 본격적으로 시작되면 우리 모두가 겪게 될 어려움이 될 것이 분명하다. 따라서 "정의로운 전환"이라는 기본원칙 아래에 제주특별자치도가 어떻게 탄소중립 사회로 이행이 이루어지는지 모두 관심있게 지켜보아야 할 것이다.

또한, 앞서 논의한 바와 같이 한 지역의 에너지 전환 등 탄소중립 사회로의 노력이 단순히 그 지역에 그치지 않도록 우리 모두가 참여자이자 감독자라는 생각으로 공정하고 포용력있는 정책이 이루질 수 있도록 함께 숙고하고 토론할 때 "정의로운 전환"을 기반으로 한 탄소중립 시대로의 이행이 이루어질 수 있을 것이다.

참고문헌

김종규

칼 폴라니, 『거대한 전환』, 홍기빈 옮김, 도서출판 길, 2009.

니콜라스 게오르게스쿠-뢰겐, 『엔트로피와 경제』, 김학진·유종일 옮김, 한울, 2017.

세르주 라투슈, 『낭비 사회를 넘어서』, 정기헌 옮김, 민음사, 2014.

Arendt., Hannah, The Human Condition, The University of Chicago Press, 1998.

Cassirer., E, Essay on Man—An Introduction to a Philosophy of Human Culture, Yale University Press, 1944.

Georgescu-Roegen., Nicholas, "THERMODYNAMICS AND WE, THE HUMANS." BIOECONOMICS REVIEW, 2(2), 2019, pp. 184−201.

Von Hayek., F. A., The Fatal Conceit - The Errors of Socialism, W. W. Bartley III(ed.), Routledge, 1988.

Block., Fred, & Somers., Margaret, "In the Shadow of Speenhamland: Social Policy and the Old Poor Law", Politics&Soceity, Vol.31 No.2, 2003. pp. 283−232.

DEMARIA., FEDERICO, SCHNEIDER., FRANÇOIS, SEKULOVA., FILKA, "What is Degrowth? From an Activist Slogan to a Social Movement", Environmental Values 22, 2013, pp. 191−215.

Korhonen., Jouni, Honkasalo., Antero, Seppälä., Jyri, "Circular Economy: The Concept and its Limitations", Ecological Economics 143, 2018, pp. 37−46.

Iglesias., Samuel Lee, "The Miscommunications and Misunderstanding of Nicholas Georgescu-Roegen", Durcham: Duke University, 2009.

WCED, World commission on environment and development(World council on environment and development), Our Common Future, Oxford University Press, New York, 1987.

이아름

국가안보전략연구원(2021). 『유럽의 '전략적 자율성' 논의와 시사점』.

김석수(2010). 자율성의 운명과 우리의 현실: 서구 자율성 이론과 연계하여. 『사회와 철학』, 19:101−128.

김인숙 · 남유선(2020). GAIA-X와 독일 정책플랫폼의 시사점. 『경상논총』, 38(4): 1-17.

김인숙 · 남유선(2022). 독일 산업데이터 생태계 설계기획과 그 시사점: Catena-X 자동차 네트워크를 중심으로. 『경상논총』, 40(4): 27-44.

국제무역통상연구원(2022). 『EU 배터리 여권으로 살펴본 이력 추적 플랫폼의 필요성』.

성균관대 하이브리드미래문화연구소(2020). 『산업계 주도 정책 플랫폼 구축 및 시범운영 : 고령사회와 스마트 헬스케어』.

송은주(2021). 인류세에 부활한 가이아: 가이아의 이름을 재정의하기. 『인문콘텐츠』, 62: 251-270.

앙리 베르그손(2008). 『창조적 진화』. 황수영 옮김. 아카넷.

양희태(2020). 스마트 제조 분야에서의 인공지능 기술 활용 전망과 제언. 『Future Horizon+』, 48: 32-37.

이용재(2018). 복원(안전)공학(Resilient Engineering). 『월간교통』, 239: 58-59.

이종관(2021). 4차 산업혁명, 인간의 일, 포스트코로나. 『미래도시와 기술혁명의 공공성』. 산과글. 15-51.

제러미 리프킨(2022). 『회복력 시대: 재야생화되는 지구에서 생존을 다시 상상하다』. 안진환 옮김. 민음사.

Antikainena, M. Uusitaloa, T., Kivikytö-Reponen, P. (2018). Digitalisation as an Enabler of Circular Economy. Procedia CIRP, 73: 45‒49.

Autolitano, S. & Pawlowska, A. (2021). Europe's Quest for Digital Sovereignty: GAIA-X as a Case Study. Istituto Affari Internazionali. https://www.jstor. org/stable/resrep30940

Bonfiglio, F. (2021). Vision and Strategy. https://gaia-x.eu/wp-content/ uploads/2021/12/Vision-Strategy.pdf

Bonfiglio, F. (2022). L'actualité de Gaia-X. 4esession plènière de Gaia-X France Hub. https://www.cigref.fr/wp/wp-content/uploads/2022/03/Master-pleniere-4. pdf

Catena-X (2022). Catena-X, The First Open and Collaborative Data Ecosystem. https://catena-x.net/fileadmin/user_upload/Vereinsdokumente/Catena-X_ Overview.pdf

European Policy Centre (2021). Building a circular economy: The role of information transfer.

Taillandier, A.-S. (2022). Gaia-X Federation Services. 4esession plènière de Gaia-X France Hub. https://www.cigref.fr/wp/wp-content/uploads/2022/03/ Master-pleniere-4.pdf

Tardieu, B. & Otto, B. (2021). Souveraineté digitale : Puissance européenne pour les Données et le Cloud. Groupe d'études géopolitiques. https://geopolitique.eu/articles/souverainete-digitale-puissance-europeenne-pour-les-donnees-et-le-cloud-in-varietate-concordia-2/

Tardieu, B. (2022). Role of Gaia-X in the European Data Space Ecosystem. Designing Data Spaces, Springer: 41-60.

웹사이트

독일 연방카르텔청 홈페이지(2022. 11. 30. 접속기준)

https://www.bundeskartellamt.de/SharedDocs/Meldung/EN/Pressemitteilung en/2022/24_05_2022_Catena.html

독일 Gaia-X 허브 홈페이지(2022. 11. 30. 접속기준)

https://www.data-infrastructure.eu/GAIAX/Navigation/EN/Home/home.html#id2845524

Catena-X 홈페이지(2022. 11. 30. 접속기준)

https://catena-x.net/en/

https://catena-x.net/fileadmin/user_upload/Vereinsdokumente/Catena-X_Overview.pdf

Gaia-X 홈페이지(2022. 11. 30. 접속기준)

https://gaia-x.eu

https://gaia-x.eu/who-we-are/lighthouse-projects/

https://gaia-x.eu/who-we-are/hubs/

김화자

김병규, 『호모 아딕투스: 알고리즘을 설계한 신인류의 탄생』, 다산북스, 2022.

니꼴라 부리요, 『포스트프로덕션: 시나리오로서의 문화, 예술은 세상을 어떻게 재프로그램 하는가』, 정연심 · 손부경 옮김, 그레파이트온핑크, 2011.

데이비드 건켈, 『리믹솔로지에대하여: 디지털 시대의 새로운 사유와 미학』, 문순표 · 박수동 · 최봉실 옮김, 포스트카드, 2018.

루치아노 플로리디, 『정보철학 입문』, 석기용 옮김, 필로소픽, 2022.

박유현, 『DQ 디지털 지능』, 한성희 옮김, 김영사, 2022.

베르나르 스티글러, 『자동화 사회 1: 알고리즘 인문학과 노동의 미래』, 김지현 · 박성우 · 조형준 옮김, 새물결, 2019.

에드문트 후설, 『순수현상학과 현상학적 철학의 이념들 1』, 이종훈 옮김, 한길사, 2021.

이광석, 『데이터 사회 비판』, 책읽는 수요일, 2017.

이광석, 『피지털 커먼즈-플랫폼 인클로저에 맞서는 기술생태 공통장』, 갈무리, 2021.

이종관 외, 『미래, 메타버스와 함께?』, 성균관대학교출판부, 2022.

조르조 아감벤, 『장치란 무엇인가?: 장치학을 위한 서론』, 양창렬 옮김, 난장, 2010.

질 들뢰즈, 『차이와 반복』, 김상환 옮김, 민음사, 2004.

질 들뢰즈, 『대담 1972-1990』, 김종호 옮김, 솔출판사, 1994.

콜린 고든 편, 『권력과 지식: 미셸 푸코와의 대담』, 홍성민 옮김, 나남, 1991.

프랑코 베라르디 비포, 『미래 이후』, 강서진 역, 난장, 2013.

히토 슈타이얼, 『스크린의 추방자들』, 김실비 옮김, Workroom, 2016.

Simondon, Gilbert, L'individuation à la lumière des notions de forme et d'information, Grenoble, Millon, 2005.

https://hangang.hallym.or.kr/hallymuniv_sub.asp?left_menu=left_health&screen=ptm802&Health_No=345, 한림대학교 한강성심병원, 〈건강백과사전〉

https://m.post.naver.com/viewer/postView.naver?volumeNo=20274265&memberNo=11919328, 〈긱 경제(gig economy)란 무엇인가?〉

https://www.youtube.com/watch?app=desktop&v=Dc_ADst9bts, 〈2021 데이터 주권국제포럼〉

오민정

고주현 외(2019): EU 스마트도시(Smart City) 모델과 발전전략 연구, 유럽연구 38-2.

멈퍼드, 루이스(2013): 기술과 문명, 문종만(역), 책세상.

_____(2016): 역사 속의 도시 Ⅱ, 김영기(역), 지식을만드는지식.

신종락(2020): 『파우스트』에 나타난 대립구도를 통한 인간 욕망 비판, 인문과학76권, 33-57.

앤서니 타운센드(2019): 스마트시티 더 나은 도시를 만들다, 도시이론연구모임(역).

이종관 외(2021): 미래도시와 기술혁명의 공공성, 산과글.

요한 볼프강 폰 괴테(2012): 파우스트. 한 편의 비극1, 김수용(역), 책세상.

요한 볼프강 폰 괴테(2012): 파우스트. 한 편의 비극2, 김수용(역), 책세상.

클라우스 슈밥 외(2016): 4차 산업혁명의 충격, 김진희(역), 흐름출판.

BMBF(2015): Zukunftsstadt.

BMI(2020): Modellprojekte Smart Cities 2020.

Haan, Gerherd (Hg.) (2017):Die Berliner Smart City Vision, iF—Schriftenreihe Sozialwissenschaftliche Zukunftsforschung.

Rintelen, Heiko: Making Berlin a more bikeable 발표 및 면담, (2022.05.31. CityLab Berlin)

Haraway, Donna(2016): Staying with the Trouble. Making Kin in the Chthulucene, Duke University Press.

Hollands, Robert(2008): Will the real smart city please stand up?, City 12—3, 303—321.

Kanter, Rosabeth Moss (Hg.) (2009): Informed and Interconnected: A Manifesto for Smarter Cities Harvard Business School Working Paper, 09—141, 1—27.

Mannville, Catriona (Hg.) (2014): Mapping Smart Cities in the EU", Policy Department A: Economic and Sciencetific Policy, European Parliament.

Mumford, Lewis(1975): Findings and Keepings, Harcourt Brace Jovanovich.

Susanne Dirks (Hg.) (2009): A vision of smarter cities: How cities can lead the way into a prosperous and sustainable future, IBM Global Business Services.

인터넷 자료 〈접속일 2023. 01. 07 현재〉

김도년(2017): 19세기 베를린이 '스마트시티에 주는 교훈, 서울경제. In: https://sedaily.com/NewsVIew/1OOZRJ0TJI#_enliple

Palmisano, Samuel J.(2009): Shining Cities on a Smarter Planet, The Huffington Post. In: http://www.huffingtonpost.com/sam—palmisano/shining—cities—on—asmart_b_206702.html

Singh, Sarwant(2014): Smart Cities – A $1.5 Trillion Market Opportunity, Forbes. In: https://www.forbes.com/sites/sarwantsingh/2014/06/19/smart—cities—a—1—5—trillion—market—opportunity/?sh=5aec2a146053

https://citylab—berlin.org/de/about—us/

https://citylab—berlin.org/de/about—us/

https://citylab—berlin.org/de/projects/giess—den—kiez/₩

https://citylab—berlin.org/de/projects/digitale—tools—fuer—radwegeplanung/

https://de.statista.com/statistik/daten/studie/662560/umfrage/urbanisierung—in—deutschland/

https://gemeinsamdigital.berlin.de/de/

https://mein.berlin.de/text/chapters/14715/?initialSlide=15

https://radwege—check.de/auswertung/

https://smart—city—berlin.de/smart—city—berlin/strategieprozess

이호근

Ehrlich, Paul(1968). The Population Bomb, Sierra Club/Ballantine Books.

Hauer, Mathew E., et. al(2019). Sea-level Rise and Human Migration, Nature Reviews Earth & Environment, 28-39.

IPCC(2018). Global Warming of 1.5℃, International Panel on Climate Change (IPCC).

IPCC(2021). Climate Change 2022: Mitigation of Climate Change, Sixth Assessment Report of International Panel on Climate Change (IPCC).

Nakamoto, Satoshi(2008). Bitcoin: A Peer-to-Peer Electronic Cash System, https://bitcoin.org/bitcoin.pdf.

빌 게이츠(2021). 기후재앙을 피하는 법 (How to avoid a climate disaster). 김민주, 이엽 역. 김영사.

제러미 리프킨(2001). 소유의 종말 (The Age of Access), 이희재 역, 민음사.

제러미 리프킨(2012), 3차산업혁명 (The Third Industrial Revolution), 안진환 역, 민음사.

크리스 앤더슨(2013). 메이커스 (Makers). 윤태경 역, 알에이치코리아.

탄소중립위원회(2021). 2050 탄소중립시나리오.

오관후

이준서, 「탄소중립 이행과 정의로운 전환을 위한 법적 과제」, 한양법학, 제33권 제2호

이준서, 「기후위기 대응을 위한 탄소중립·녹색성장 기본법의 제정 의의와 그 이행을 위한 향후과제」, 환경법연구, 제43권 제3호

우기택, "기본법과 체계정당성에 관한 연구 – 인권기본법 제정의 필요성을 중심으로", 『법제』, 제644호(법제처, 2016. 9.)

함태성, 「우리나라 탄소중립 법정책의 몇 가지 쟁점과 과제에 대한 고찰 – EU의 탄소중립법제와 비교를 통하여–」, 공법학연구 제23권 제3호

윤순진, 「한국의 2050 탄소중립 시나리오 : 내용과 과제」, 에너지경제연구원

김민주, 「파리협정 NDC의 이해와 국내이행의 문제 –정의로운 전환과 EU의 정의로운 전환 메커니즘의 문제를 중심으로 –」, 통권 57호.

한민지, 「ESG체제에 따른 유럽연합의 대응과 동향–기후위기 대응과 지속가능한 사회로의 전환을 중심으로–」, 법과 기업연구 제11권 제2호

Garrett Hardin, "The Tragedy of the Commons – The population problem has no technical solution : it requires a fundamental extension in morality", Vol 162 issue 3859(1968)

여형범, "환경을 생각하는 미래 충남의 지역에너지 정책", 『열린충남』, 제76권(충남연구원, 2016.7)

산업통산자원부, "2020년 에너지 총조사(2018년 기준 에너지소비량)", 2022. 3. 18.

에너지경제연구원, "한국판그린뉴딜의방향 : 진단과 제언"『에너지현안브리프』(2020. 11)

환경부, 『파리협정 함께보기』, 환경부 기후변화국국제협력팀, 한국환경공단 기후정책지원부, 2022. 3.)

IPCC(2018), 『Special Report on Global Warming of 1.5℃(지구온난화 1.5℃ 특별보고서)』

기상청, 『지구온난화 1.5℃ 특별보고서 해설서』, (기상청 기후변화감시과, 2020. 12.)

환경부, "2021년 국가 온실가스 인벤토리(1990-2019)공표", 온실가스정보센터

환경부, "광역지자체 기준 지역별 온실가스 인벤토리(1990-2019) 공표", 온실가스정보센터

GS칼텍스미디어허브, "금융·투자 바로미터 '그린 택소노미'가 녹색경제 판도 바꾼다", 2022. 8. 17.

Official Journal of the European Union, REGULATION (EU) 2021/1056 OF THE EUROPEAN PARLIAMENT AND OF THE COUNCIL, establishing the Just Transition Fund

〈온라인 자료〉

"그래프로 알아보는 한국온실가스배출량", 한국에너지기술연구원 기술정책플랫폼 https://www.kier.re.kr/tpp/energy/B/view/1?contentsName=green_gas&menuId=MENU00961#

세계법제정보센터, "세계각국의 온실가스 감축목표 및 관련 법령"(법제동향, 2022. 4. 21.), https://world.moleg.go.kr/web/dta/lgslTrendReadPage.do?&CTS_SEQ=50035&AST_SEQ=3891&ETC=7〉

국가통계포털 https://kosis.kr/statHtml/statHtml.do?orgId=101&tblId=DT_2KAAF02&conn_path=I2

〈RE100정보플랫폼, 글로벌 RE100가입현황〉 https://www.k-re100.or.kr/bbs/board.php?bo_table=sub2_2_1〉

EU집행위원회 사이트 "The European Green Deal Investment Plan and Just Transition Mechanism explained", 2020. 1. 14. 〈https://ec.europa.eu/commission/presscorner/detail/en/QANDA_20_24〉

〈보도자료〉

기획재정부, "정부합동 「한국판 뉴딜 2.0 추진계획」 발표, 2021. 7.14. 보도자료

기획재정부, "대한민국 정책브리핑 〈대한민국 대전환 '한국판 뉴딜 2.0' 분야별 청사진 나왔다〉", 2021. 7. 15. 보도자료

디지털 전환과
가야 할 미래

초판 1쇄 인쇄 2023년 3월 7일
초판 1쇄 발행 2023년 3월 10일

지은이 이종관, 이호근, 김재광, 김종규, 김화자, 오민정, 이아름, 오관후
펴낸이 유지범

펴낸곳 성균관대학교 출판부
등록 1975년 5월 21일 제1975-9호

주소 03063 서울특별시 종로구 성균관로 25-2
대표전화 (02)760-1253~4
팩시밀리 (02)762-7452
홈페이지 press.skku.edu

ISBN 979-11-5550-589-2 93300

※ 잘못된 책은 구입한 곳에서 교환해 드립니다.